Sogensha
History Books
創元世界史ライブラリー

ヴェネツィアの歴史

海と陸の共和国

中平 希 著

JN163617

創元社

はじめに

ヴェネツィアと聞いて、最初に思い浮かぶイメージは何であろうか。世にまれな海上都市、狭い路地と運河で構成された迷宮都市、運河に響く淡い水音、ゴンドラのゆきかう観光地としての「水の都ヴェニス」であろうか。それとも華やかな仮面で彩られた祝祭《カルネヴァーレ》か、ムラーノ島のガラス細工か、音楽好きならヴィヴァルディや、不死鳥を意味する名前の通りに何度も火事に遭いながら再建を繰りかえしてきたフェニーチェ劇場かもしれない。

シェイクスピアがこの都市を舞台にして『ヴェニスの商人』を書いたように、中世のヴェネツィアは「商人の国」として世に知られていた。利にさとく、時にあざとい駆け引きを繰りひろげる商人たちの共和国。この都市を表すシンボルは翼のあるライオンで、ヴェネツィアの守護聖人である聖マルコに由来している。そして、この聖人がヴェネツィアの守護聖人になった由来も、奸智に長けた商人らしい物語であった。

守護聖人を持ち帰った商人

九世紀初めの八二八年、二人のヴェネツィア商人がエジプトのアレクサンドリアからひとつの貴重な宝物を持ち帰った。二人によればこれはキリスト教の聖人、聖マルコの遺骸であるという。

聖マルコは、新約聖書におさめられた四つの福音書のうち最初のひとつを書いた重要な聖人である。聖書が書かれたのは一世紀のこと、伝承によればエジプトのアレクサンドリア教会の創始者であり、墓もその地にあった。

ところが、かつてはローマ教会とならぶほどの古い伝統を誇ったアレクサンドリア教会も、七世紀にイスラーム教が誕生して急速に拡大してからはイスラーム教圏に飲み込まれ、当時エジプトはイスラームの帝国アッバース朝の支配下にあった。イスラーム教徒の支配下ではこの重要な聖人もしかるべき崇拝を受けていないではないか。なんと嘆かわしいことだ。

そう考えた二人のヴェネツィア商人は、ちょうどそのころ現地で起きていた争乱に乗じて、聖マルコの墓に忍びこみ、遺骸をすり替えて盗み出してしまった。籠の中に隠して船に持ち込んだところ、数百年前の遺骸とはいえ異臭がしたのか、エジプトの港湾役人が不審に思って乗り込んできたが、そうしたこともあろうかと、二人はあらかじめ、遺骸の上に豚肉を詰め込んで隠しておいたのである。イスラーム教徒にとって、豚肉は汚れたものであり、決して口にすることはない。案の定、役人たちも目を背けた。異教徒の信条まで計算に入れた二人の機転のおかげで、聖マルコの遺骸は見つかることなく無事船は出航し、この貴重な宝物をヴェネツィアに持ち帰ることができた、という話である。

当時、都市国家としての姿を整えはじめたばかりであったヴェネツィア共和国は、この宝物を正式に聖マルコのものと認め、大いに歓迎した。キリスト教カトリック教会では、神であるイエスや聖人が残したものを「聖遺物」として教会に納め、あがめる対象とする。聖人の遺骨のかけらや衣服の切れ端であっても、そのかけらを通して聖人の聖性に触れることができると考え、金銀や水晶などで美しい容れものを作って大事に納め、人々はそれらに祈りを捧げるために巡礼の長い旅路をたどりもする。ましてや四名しかいない福音書家の丸ごとの身体であればまさに宝物である。

それまで、この都市の守護聖人は聖テオドルスという今ひとつ知名度の高くないギリシアの聖人であったが、その聖人にはこっそり引退してもらって、聖マルコを新しい守護聖人として迎え入れたのである。これから成長する都市のシンボルには、知る人の少ないマイナーな聖人よりも、聖書の書き手の一人として誰もが知っている有名な聖人をというわけである。

翼あるライオン――ヴェネツィアのシンボル

こうして、ヴェネツィアの旗には聖マルコのシンボルである「翼あるライオン」が描かれることになり、やがてヴェネツィア共和国そのもののシンボルとして知られるようになった。「聖マルコの共和国」といえば、ヴェネツィアのことを指すようになったのである。

翼あるライオンは聖人のシンボルとして光輪をいただき、多くの場合、前足を本に載せた姿で描かれる。その本には「PAX TIBI MARCE EVANGELISTA MEVS（我が福音書著者のマルコよ、汝に平安を）」という文字がある。これは昔、聖マルコがローマへの旅の途中でこの地方に立ち寄り、はじめてこの地にキリストの教えを伝えていたとき、天使が夢に現れて、いつの日か汝の遺骸はこの地に埋葬され、安らぐことになるだろうと告げた、という伝承に基づいている。

翼あるライオンはヴェネツィアのシンボルとして絵画にも多く登場するが、なかでも有名なのは一五世紀の画家カルパッチョの作品である。この本の表紙をご覧いただきたい。カルパッチョのライオンは定石通りに右前足を本に載せているが、さらに左前足は陸に、後ろ足は海におき、陸海の境界に立っている。背景はヴェネツィアの風景で、ライオンの顔のあたりに薄紅色の元首公邸と鐘楼が見える。その奥に屋根だけのぞいているのが聖マルコをまつったサン・マルコ教会である。

この図像は、この絵が描かれた当時のヴェネツィア共和国の政策を端的に表している。ヴェネツィアは商人の国であり、地中海を舞台とした海上交易を立脚点とする。一三世紀から一五世紀にかけてのヴェネツィアは、海上交易を支えるために東地中海の商業ルート沿いに自国の拠点を確保しようとした。中世のヴェネツィアは、ヨーロッパとアジアとを結ぶ交易で栄えた海上帝国であった。

しかし、ヴェネツィア商人の活躍の場は海の上ばかりではなかった。聖マルコのライオンの前足が陸の上にあるように、ヴェネツィア共和国の目は陸上にも向いていた。船で運んできた商品は、やがて陸揚げされてヨーロッパの顧客のもとに届けられる。そのための商業路の安全を確保しようと、ヴェネツィアは一五世紀、陸上の領土を広げ、やがてはイタリア有数の地域国家に成長するのである。ヴェネツィアの支配が及んだ地域には、現在でも、聖マルコのライオンのレリーフが彫り込まれた建物が数多くある。

本書の視点

本書のねらいは、伝説上では五世紀から、確認できるだけでも九世紀から一八世紀末までという長い歴史をもつヴェネツィア共和国を、海と陸の二つの面をもった国として描くことにある。

ヴェネツィアは地中海交易で栄えた海の共和国であると同時に、陸上にも領土を持ち、一五世紀にはミラノ公国やフィレンツェ共和国、ローマ教会国家、ナポリ王国といったイタリア有数の地域国家と覇を競う勢力であった。

また、一六世紀のイタリア戦争以降、多くの国がハプスブルク家の支配下におかれ、一七世紀に入ると地中海交易の覇権もオランダ・イギリス・フランスといった北の国々に移ったが、そうしたなかにあってヴェネツィアは唯一、独立した共和国であり続けた。一八世紀末ナポレオンの侵攻によって滅ぼされるまで、実に一〇〇〇年以上にわたって命脈を保ったのである。地中海交易の主役の座を降りたのちも、ヴェネツィアはなお二〇〇年のあいだ豊かな街であり続け、多くの人々を引きつける祝祭の都市になった。その活力を支えたのが北イタリアに広がった「陸の国」であった。

こうした長きにわたるヴェネツィアの歴史を読み解くためには、海洋商業都市としてのヴェネツィアだけでなく、陸に領土を持った地域国家としての側面にも目を向ける必要があるのである。


第1章では、五世紀の伝説上の建国から一二世紀までをあつかう。浅瀬を埋め立てて建設された海上都市であるヴェネツィアの街の特殊な構造や、東のビザンツ世界と西のローマ・カトリック世界との間にあるという特殊な立地条件からヴェネツィア共和国が勝ち取った政治的・経済的立場について概観し、そこから生まれた「地中海交易の中心地としてのヴェネツィア」について考える。

第2章では、交易都市ヴェネツィアが大きく発展する契機となった、一二〇四年の第四回十字軍から一五世紀までを対象にする。この時期、ヴェネツィアは都市ヴェネツィアとその周辺だけを領域とする都市国家から、地中海の交易ルート沿いに「植民地」をもつ海上帝国に拡大した。イタリア中世に覇を競った四つの海運都市と比較しながら、ヴェネツィア共和国が広げた海上帝国と東地中海交易についてあつかう。

ヴェネツィアは共和国であるが、一三世紀、この国は国政に参加する市民を「貴族」と定め、さまざまな政府の組織を定めた。第3章では、ヴェネツィアで成立した貴族共和政の構造と性格についてあつかう。

第4章では、ヴェネツィアの陸上領土のはじまりと、海上商業国家として繁栄を築いたヴェネツィアを揺さぶった大きな国際状況の変化についてあつかう。東方のイスラーム世界でのオスマン帝国の台頭と、西方のヨーロッパでの大航海時代のはじまり、そしてハプスブルク家とフランスとがイタリアを舞台に争ったイタリア戦争は、ヴェネツィアの繁栄の源を掘り崩すことになった。

第5章では、ヴェネツィアが陸上で支配領域を広げた一五世紀から一七世紀までをあつかう。東地中海に商業拠点を建設していた一五世紀は、同時にイタリア北部での陸上領土が広がった時期でもあった。海上勢力であるヴェネツィアがなぜ陸上に領土を求めることになったのか、その動機について考える。

第6章では、一六世紀初頭にヴェネツィア共和国が直面したカンブレー同盟戦争の危機と、危機をくぐり抜け、ヴェネツィアが再建した陸上の地域国家がどのように構成されていたかについて検討する。ヴェネツィアが地域国家を築いた北イタリアでは、ヴェネツィアよりも古い歴史をもつ諸都市が農村領域を支配しており、それぞれの地域中心都市の支配層の協力を得なくては陸上領土の維持は不可能であった。ヴェネツィアの陸上領土は征服した諸都市との個別の契約によって成り立っており、中央政府から行政官が派遣されるとはいえ、実務は現地の支配層が担っていた。ヴェネツィア中央政府はこの地方分権的な体制のなかで、各地の支配層と被支配層との紛争の調停役を務めることで、中央政府の必要性を維持しようとしていた。

第7章では、ヴェネツィアとルネサンスとの関係についてあつかう。人体の理想的なデッサンや理論的な遠近法に基づいた造形を重視したフィレンツェのルネサンスに対して、ヴェネツィアでは鮮やかな色彩のルネサンス絵画が発展した。建築の分野では、本格的な古代風のルネサンス建築がヴェネツィアに導入されたのは一六世紀であったが、都市の政治の中心であるサン・マルコ広場へのルネサンス建築の導入は、共和国の威信を取り戻そうとする元首の政治的意図が反映されたものであった。

第8章では、イタリア諸国がヴェネツィア共和国のみを残して外国勢力の支配下となった一六世紀から、一九世紀までをあつかう。一六世紀から文化国家としてのアピールを始めたヴェネツィアは、一八世紀には「観光地」になった。主権国家が台頭し、経済の中心も大西洋岸の国々に移行するなか、ヴェネツィアは高級品の生産と歓楽と祝祭を売り物にする観光地として繁栄を続けた。イギリス貴族子弟の教育の仕上げにおこなわれていた卒業旅行、いわゆるグランドツアーの目的地としても人気のあった場所である。海上領土はオスマン帝国の台頭によってほとんどが失われていたが、陸上領土では手工業が発展し、ヴェネツィア港はその積出港としても機能していたのである。

フランス革命後の一七九七年、ナポレオンの侵攻によって、ヴェネツィア共和国は静かに滅亡した。その後のナポレオンの失脚によって、ロンバルディア地方とともにヴェネツィアを中心とするヴェネト地方もオーストリア帝国へ組み込まれたが、ヨーロッパに吹き荒れた一八四八年の革命の嵐のなかで、イタリアでは各地で独立と統合をめざす反乱が起こった。リソルジメントの第一次独立戦争である。ヴェネツィアでも暴動が起こり、独立をめざす臨時政府が起ち上がった。しかし、数ヵ月の包囲戦の結果、サン・マルコ共和国再興の夢は失敗に終わる。二度目の共和国の滅亡は死力を尽くした抵抗の末であった。十年後にはじまる第二次独立戦争によって一八六一年にイタリア王国が成立したが、ヴェネツィアがイタリア王国に統合されたのは、五年遅れて一八六六年のことであった。

海のなかに誕生し、海上での商業活動をエネルギーにして成長したヴェネツィアは、他のイタリア諸国と比べると、およそ百年遅れて陸上でも領土を広げ、「海の国」と「陸の国」の双方に立脚する共和国になった。本書は海と陸の二つの面からヴェネツィアの歴史を見たものである。

目次

第2章 地中海交易による繁栄 54

地図　河本佳樹　　装幀　濱崎実幸

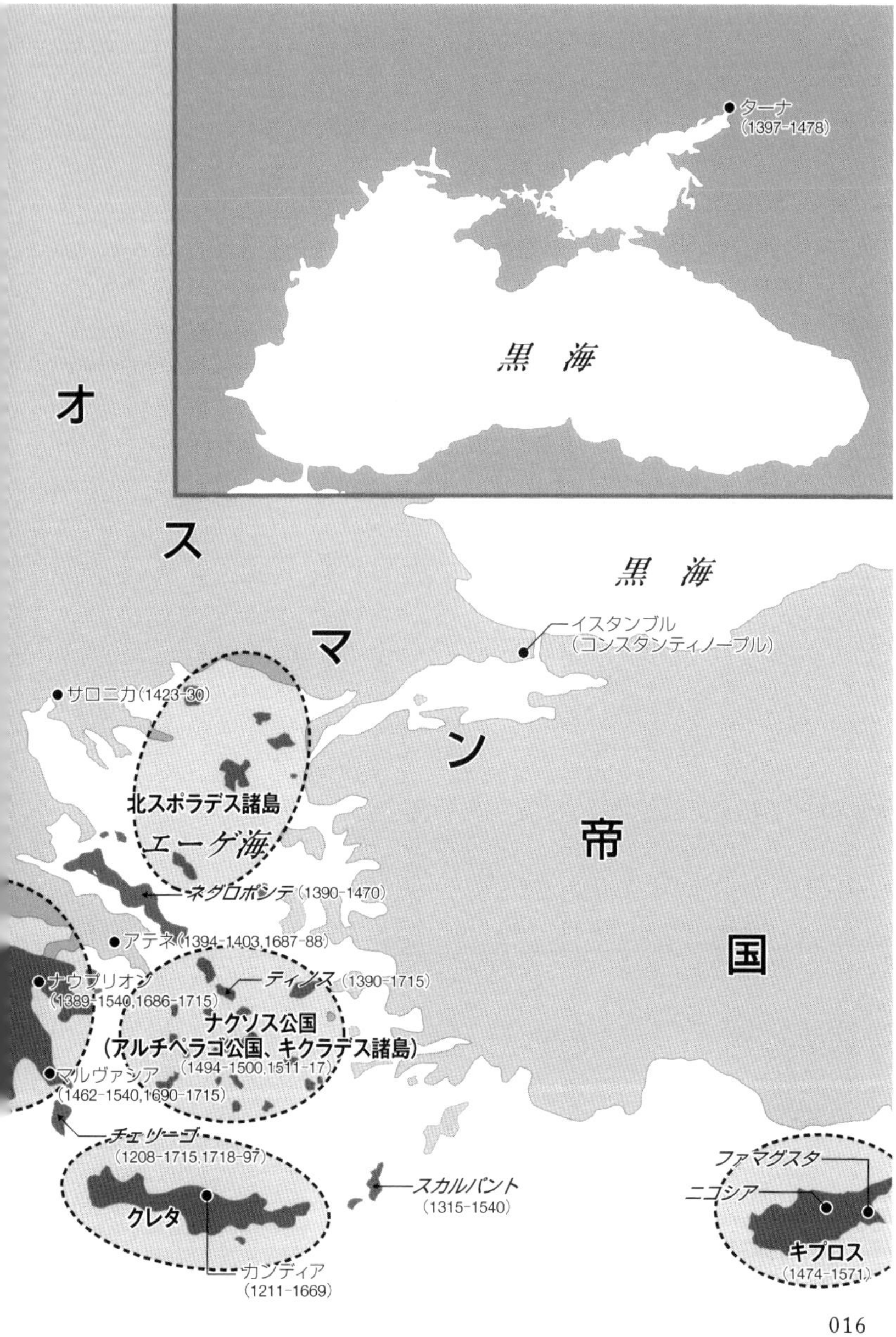
ターナ
(1397-1478)
黒　海
オ
ス
マ
ン
帝
国
黒　海
イスタンブル
(コンスタンティノープル)
サロニカ(1423-30)
北スポラデス諸島
エーゲ海
ネグロポンテ(1390-1470)
アテネ(1394-1403,1687-88)
ナウプリオン
(1389-1540,1686-1715)
ティノス(1390-1715)
ナクソス公国
(アルチペラゴ公国、キクラデス諸島)
(1494-1500,1511-17)
マルヴァシア
(1462-1540,1690-1715)
チェリーゴ
(1208-1715,1718-97)
クレタ
カンディア
(1211-1669)
スカルパント
(1315-1540)
ファマグスタ
ニコシア
キプロス
(1474-1571)

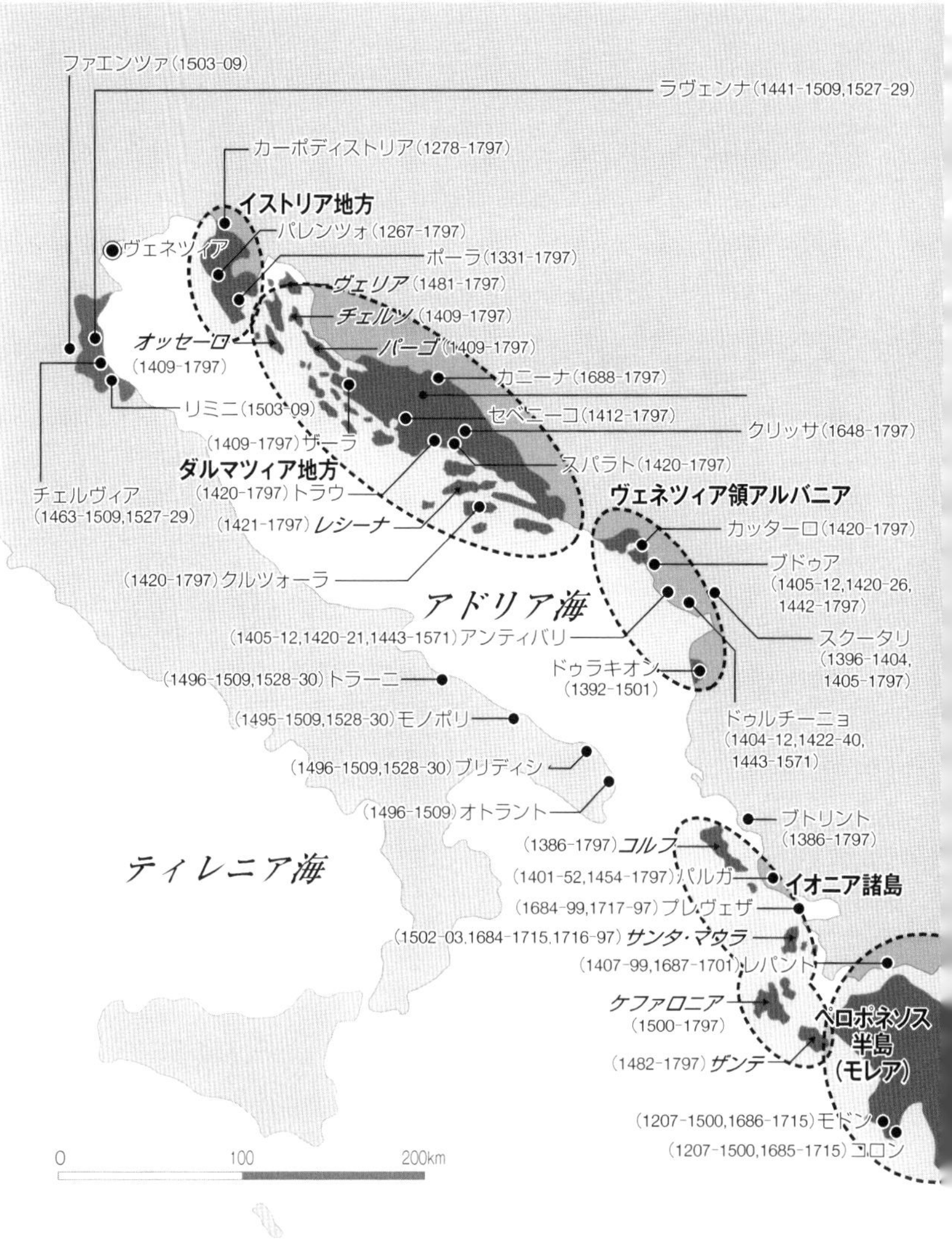

ヴェネツィアの海上領土

拠点名（ヴェネツィア共和国が統治官を派遣していた期間）
A Companion to Venetian History (2014) p. 126から作成

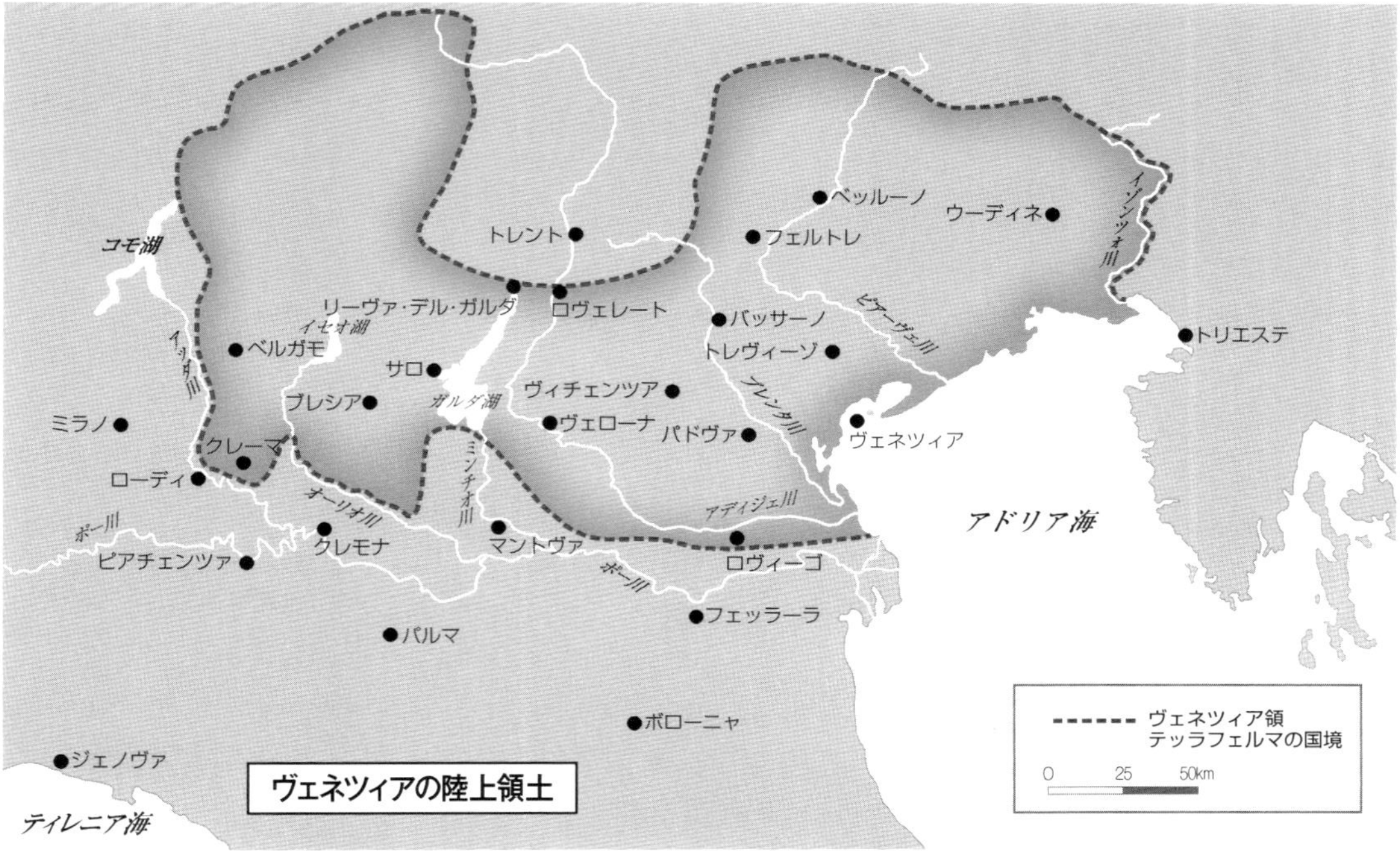
ヴェネツィアの陸上領土
ヴェネツィア領
テッラフェルマの国境
0
25
50km
コモ湖
トレント
ベッルーノ
ウーディネ
フェルトレ
イゾンツォ川
リーヴァ・デル・ガルダ
ロヴェレート
バッサーノ
ピアーヴェ川
トリエステ
イセオ湖
ベルガモ
トレヴィーゾ
イッダ川
サロ
ヴィチェンツァ
ブレシア
ガルダ湖
ブレンタ川
ヴェローナ
パドヴァ
ヴェネツィア
ミラノ
クレーマ
ミンチオ川
ローディ
オーリオ川
アディジェ川
アドリア海
ポー川
クレモナ
マントヴァ
ピアチェンツァ
ロヴィーゴ
フェッラーラ
パルマ
ボローニャ
ジェノヴァ
ティレニア海

第1章　ヴェネツィア誕生——海の上の街として

海の上につくられた都市ヴェネツィアは、古代ローマ帝国の終わりとともに生まれた。西のヨーロッパにありながら、東のビザンツ帝国の宗主権のもとに成長したヴェネツィアは、西の皇帝とも、東の皇帝とも、そしてローマ教皇とも微妙な距離をとりながら、東西の狭間で成長する。

1　蛮族から逃げる

古代ローマ帝国の終わり

ヴェネツィアが海の上という特異な立地につくられることになる最初のきっかけを作ったのは、西ローマ帝国の崩壊である。

古代、ユーラシア大陸の西で繁栄していたローマ帝国は、イタリア半島の都市ローマから始まり、

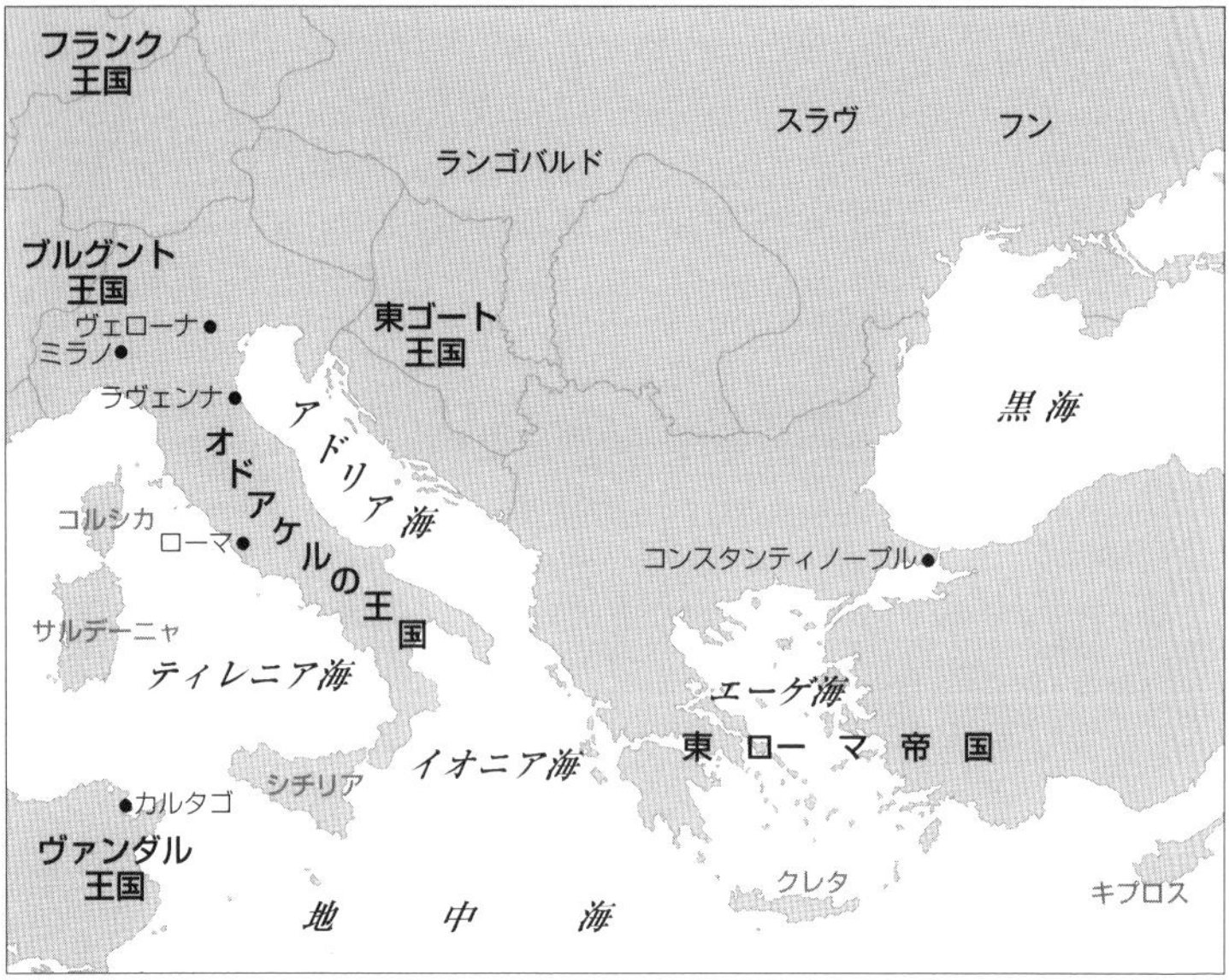

西ローマ帝国滅亡後の地中海世界（476年）

地中海を中心に大きく領土を広げた。ヨーロッパの古代として想起されがちであるが、その領土は地中海の東や北アフリカにまで広がっていた。

しかし、ゲルマン人の大移動への対応に追われた四世紀後半、ローマ帝国は東西に分裂する。ディオクレティアヌス帝やコンスタンティヌス帝の頃からすでに帝国の重心は東に移っており、コンスタンティノープルを都とした東ローマ帝国、別名ビザンツ帝国は、その後興隆したイスラーム勢力によって徐々に領土を奪われながらも、一五世紀半ばまで千年にわたって命脈を保った。

これに対して、西では状況が異なっていた。西ローマ帝国では、皇帝は名ばかりの存在となり、ゲルマン出身の将軍が実権を握るようになった。首都ははじめミラノにおかれたが、ホノリウス帝がラヴェンナに遷都したころ、アラリクス率いる西ゴート人がイタリアを荒らしまわり、ローマを占領する。これにフン人やヴァンダル人の侵入が続いた。

四七六年には、皇帝の護衛から軍司令官に出世したゲルマン人オドアケルが皇帝ロムルス・アウグストゥルスを廃位し、これによって西ローマ帝国は滅亡した。オドアケルは東ローマ帝国の皇帝に恭順を示して、皇帝の代理人としてイタリアの支配権を承認されたが、やがて東ゴート人の王テオドリクスによって殺害され、西ローマ帝国の跡地はゲルマン人の立てた諸王国が割拠する場となった。これが西ヨーロッパでは古代の終わり、中世の幕開けとなるのである。ヴェネツィア誕生のもとになったのが、こうした状況であった。

内海の潟のなかに

ヴェネツィアという都市は、アドリア海の奥の海上にある島である。現在は鉄道と自動車道の通る架橋で陸地とつながっているが、一九世紀にこの橋が架けられるまで、ヴェネツィアは陸と切り離された海上にあり、往来に常に船を必要とする特異な立地に作られた。

このヴェネツィアという都市名のもとになったラテン語の「ウェネティア（Venetia）」は、もともと「ウェネティ人の地」という意味で、ローマ皇帝アウグストゥスがイタリア半島を一〇の州に分けたときの一州の名称である。アドリア海北部の一帯を指していたが、帝国末期に異民族の侵入によって追われたこの地域の住民たちが一時的に難を逃れ、ラグーナの沼地に逃げ込んで居住地を作った。このときに作られた居住地が、都市ヴェネツィアの起源といわれている。

5世紀前半のアドリア海北部

異民族に追われて――伝説上の建国

ローマ帝国時代、ウェネティ人の中心的な都市であったのが、現在のヴェネツィアから東北東に八〇キロあまりの場所にあったアクイレイアである。紀元前一八一年にさかのぼる起源をもつ古い都市で、街道と河川交通が交わる港を備え、ローマ時代にはこの地域の行政・軍事・商業上の中心地であった。アクイレイアからはアルプス山脈を越えて北方に向かう街道が延び、南に下ってすぐの場所には海に面した港町グラードがあった。

まずは五世紀前半、四〇二年にアラリクス王率いる西ゴート人が、ついで四五二年に「神の鞭」と恐れられたフン人の王アッティラが軍を率いて侵攻し、アクイレイアに攻め入って付近を破壊した。外敵が侵略してくるたびに、何百人もの付近の住民たちが内海の潟のなかに逃げ込んだ。

空から見るとよくわかるが、現在ヴェネツィア市の周囲は陸地と細長い堤防のような島々に囲まれた浅い内海が、北東から南西にかけて長さ五〇キロ、幅一〇キロほどで緩い弧を描きながら広がっている。ラグーナの面積は五五〇平方キロに及ぶ（二二六頁参照）。

沿岸には農場兼避暑用のヴィッラがあったが、外部から容易に近づくことができない砂州のなかや島々の住民はわずかであった。ラグーナでは、水深が浅いところでは干潟になって丈の高い草に覆われた島が顔を出し、比較的深いところは水路になる。潮の満ち引きや季節の変化に伴って水深は変化するため、水が引けば水路は干上がり、水深が増せば沼になり、海になる。家も財産も捨てて逃げ込むならば、身を隠す場所はある。船を持たない追っ手は、内海の沼地までは踏み込んで来なかったはずである。

アッティラの玉座と伝えられる石の椅子（トルチェッロ島）

ヴェネツィアに伝わる伝承によれば、異民族から逃れた人々が浅瀬のなかの小島に居を定めたのは四二一年三月二五日、聖母マリアの受胎告知の祭日であった。ヴェネツィア人はのちに自分たちの長い歴史を誇り、起源を記憶し、祝うために、故郷が誕生した日をこの一点に定めたが、実際には移住は一度に起こった事件ではなく、侵略のたびにくりかえされ、何十年もの間に徐々に行われたと考えるべきであろう。

内海の潟で暮らす人々が実際に史料に現れるのは六世紀に入ってからである。東ゴート王テオドリクスの家臣カシオドルスが書いた手紙にその頃の様子が描かれている。

海鳥のように暮らす人々

西ローマ帝国を滅ぼしたオドアケルを殺害したのは、東ゴート王テオドリクスである。テオドリクスは、東ローマ皇帝ゼノンからオドアケルを排除するために皇帝直属の軍司令官に任命され、約一〇万人の部族を率いてイタリアに入り、東ゴート王国を建設した。ラヴェンナに宮廷をおき、東の皇帝の代理人パトリキウスとしての立場でイタリアを統治したのである。

カシオドルス

このテオドリクスの右腕であった行政長官カシオドルスが、王の死後の五三七年に、のちにヴェネツィアとなる、この潟の住民の代表（トリブーニ・マリッティミ）にあてて一通の手紙を送った。飢饉への対策として、イストリア地方から食糧を輸送し、ラヴェンナに塩を送るよう求めるためであったが、これがヴェネツィアに言及した最古の史料である。

カシオドルスがいうには、このラグーナの住民たちの居住地はギリシアのキクラデス諸島のように海上に分散しており、そこで住民たちは「海鳥のように」暮らしていた。その住まいは、なかば海上なかば陸地にあって、海の波からの守りとして柳の枝を編んだ柵を建て、ほかの街であれば乗ってきた馬を家の前につなぐように、家の前に平底船をつないでいた。

住民は海水を平鍋で煮て塩をとり、その塩を売ったり、潟で捕った魚や沼地の葦の茂みで捕った水鳥の肉を保存するために使ったりした。ほかの通常の陸地に暮らす人々とは違って、この地ではあらゆる人々が「平等に」暮らし、同じような住まいに住み、同じものを食べていた。俗世にあふれる悪徳である妬みを知らない人々であった。

カシオドルスが描いたヴェネツィアは、魚と塩しかとれないけれども平等で穏やかな桃源郷であったが、六世紀後半には状況は大きく変化した。五六八年、イタリアにランゴバルド人が侵入してきたことで、人々は単なる緊急避難ではなく、恒久的に故郷を捨ててラグーナの島々に逃げ込まざるを得なくなったからである。

当初、人々は異民族が攻め寄せるたびにラグーナに避難し、動乱が過ぎると、もといた都市に帰っていたが、ランゴバルド人は、来ては去っていく一時的な災厄ではなかった。推定一〇万人から二〇万人という大規模でイタリア半島に定住し、その後、半島の支配権をビザンツ帝国やのちにはフランク王国と争うことになった。イタリア史ではこのランゴバルド人の侵入から中世が始まると捉えることも多い。

内海の潟の住民たちの社会構造は、一時的に避難をしていた頃に比べると大きく変化した。移住した人々の中には、庶民ばかりでなく、土地財産を持つ富裕者や、かつての支配層、聖俗で高位にあった人々も含まれていたからである。腹をくってこの海と陸との境に居を定める覚悟を決めた人々は、この立地条件で可能な発展の仕方を模索することになる。

2 ヴェネツィアの下には森がある

魚のかたちをした島の集合体

航空写真で上から見ると、アドリア海の奥、陸地と細長い島々によって囲まれたラグーナのなかにあるヴェネツィアは、西に頭を向けた魚のかたちに見える。頭からしっぽまでが約五キロ、腹から背までが二キロほどと決して大きくはないが、中世都市の大きさとしては一般的である。

しかし、もっと近づいてみると、ひとつの島に見えた都市が無数の運河で区切られていることがわかる。ヴェネツィアはひとつの島ではなく、一一七の島を一七七の運河と四〇〇ほどの橋がつないでできた人工の島の集合体なのである。ヴェネツィアといえば思い浮かぶゴンドラは、水深が浅く、狭く複雑な運河網で操りやすい船のかたちとして独自に発展したものである。

空から見たヴェネツィア（NASA撮影）

砂州の上に都市を造る

最初に人々が逃げ込んだとき、内海の潟の小島が避難先になった。しかし、砂州のなかの小島では、一時的な避難先とはなっても、恒常的に生活するにはあまりに心許ない寄る辺であった。とはいえ、一〇万人を超える異民族が故郷を占拠しているともなれば、もはや戻る場所はなく、ラグーナのなかを終の住み処とせざるを得なかった。しかし小島があるとはいえ、居住に適した地は限られており、不安定な地盤に陸地と同じように建物を建てるわけにはいかない。この地を恒久的な都市にするためには、膨大な人間の力が必要であった。

ラグーナの小島は、もとは河川が運んだ砂や泥の堆積物で、地盤は安定していない。そこに建物を建てるためには、しっかりとした基礎を作る必要があった。人々は浅瀬を埋め立てるために、何千もの木の杭を砂州の下のカラント層と呼ばれる粘土層に届くまで打ち込んで安定させ、その上に厚い木の板を敷き、さらにイストリア産の石材をおいて建物の土台にした。杭の長さはところによって二メートルから一〇メートルにも及ぶ。

最初のうち、家々は木造にわらぶき屋根であったが、のちにこの都市が地中海商業の中心地に成長したころには、石造りの壮麗な建物が建ち並ぶ大都市に発展していく。ただし、その際にも石造りに見える建物の多くは、実は石ではなく木の柱にレンガを積んで壁を作り、外側に薄く板状にした石をはって化粧をしたものであった。地盤の弱さに配慮した重量対策である。

基礎部分が老朽化し、全体的に傾いた建物（右側）

それでも地盤の弱さを克服することは難しく、現在この街を訪れると、多くの建物が傾いているのがわかる。ピサの斜塔ならぬ、ヴェネツィアの斜塔は街中にいくつもある。建物の中に入ると、床が傾き、床面と扉のかまちや窓枠がそれぞれ平行でないこともしばしばある。傾いたまま、補修されている建物も多い。

さて、安定した大地でない場所を陸地に変えるためには、ただならぬ労力が必要である。それには多くの人々の協力が必要で、おのずと共同体が生まれる。人々は自分たちで足下を固めた小さな島ごとに小規模な建物を建て増ししながら、街を徐々に作り上げていった。島の中心には教会が建てられ、この小さな島がそれぞれカトリック教会の教区になった。この教区の数は一二〇〇年ごろには約六〇あり、のちに七〇ほどに増えた。「テマンツァの古地図」で確認できる。

飲料水の確保

これらの教会のそばには「カンポ」と呼ばれる広場がある。暮らしの中心に教会があり、そこに人々が集まる広場があるのは、キリスト教世界のヨーロッパでは一般的なことであるが、ヴェネツィアのカンポにはもう一つ重要な役割があった。飲料水の確保である。

ヴェネツィアは内海に囲まれた島である。天然の湧き水はなく、周囲をとりまくラグーナの水は海水と淡水の混ざった汽水であって、飲用には適していなかった。ヴェネツィアは水に囲まれていながら、飲み水に窮する立地にあった。しかし、飲み水は人間が生きていくためにどうしても必要である。飲料水をどう確保すればよいのか。

ヴェネツィアが編み出した解決法が、雨水による「貯水」である。とはいえ、土地は限られているため、大きな貯水池を作ることはできない。限りある土地で飲料水を確保するために、ヴェネツィアの人々は広場の下、つまり地下を利用した。広場の下に雨水を集める大きな貯水槽を埋め、広場に作った井戸から汲みあげることができるように工夫したのである。

豊かな上流階級の家では、やがて館の中庭に貯水槽を設けるようになるが、庶民にとっては広場の井戸が公共の水道として生活を支えていた。ただし、雨水だけでは不足することも多く、天候によって海水面が上がれば、塩水に汚染されてしまうこともある。

一六一一年になってようやく、イタリア本土のブレンタ川の支流としてセリオーラ運河が建設され、そこから真水が船で運ばれ、公共の井戸や個人宅の井戸に移し替えられるようになった。ヴェ

カンポに作られた共同井戸。この下に大きな貯水槽がある

ネツィアに上水道が開通し、雨水井戸に頼らずにすむようになったのは一八八四年のことである。

自然の防波堤ラグーナ

ヴェネツィアを囲むラグーナは、空から見るとまるで人工的に作られた防波堤のように見えるが、元来は何千年もかけて自然が形成した地形である。土地形成の原動力はイタリア本土から流れ込む河川とアドリア海の相互作用である。イタリア半島の東にあるアドリア海は南北に細長い海であるが、その一番奥にあたるこの地域には、今も昔も陸から多くの川が流れ込んでいる。イゾンツォ川、タリアメント川、ピアーヴェ川、シーレ川、ブレンタ川、バッキリオーネ川、アディジェ川、ポー川と、北イタリアでも最大級の河川の河口が互いに数キロの間隔で並び、川の流れとともに大量の砂や泥を運んでくるのである。

これらの土砂は、岸に沿って平行に流れる潮流によって沖に流されるが、アドリア海から吹く風や波の作用によって、土砂の一部が陸から少し離れたところにたまった。長年にわたるこうした作用の結果、海岸線に対して平行に細く伸びた自然の堰が作り出されたのである。

こうしてできたラグーナのなかの小島に逃げ込んだ人々にとっては、この立地が、アドリア海から吹き寄せる嵐から都市を守る防波堤となった。また、このような立地は海上交易のために出入りする船舶にとっても都合がよく、悪天候の際に避難できる安全な港が作られることとなった。

なお、現在ヴェネツィアを襲う高潮《アクア・アルタ》による冠水現象は、単なる悪天候の結果ではなく、冬の季節風と潮の干満に加えて、地盤沈下と世界的な海水面の上昇による複合作用である。秋から冬にかけてアフリカ大陸から吹く南風（シロッコ）がアドリア海の奥に海水を吹き寄せ、そこに満ち潮が重なった場合に海水面が上昇し、都市の護岸を越えて海水が流入し、街路や広場が冠水してしまうのである。一一月から二月ごろ、南風と満月の大潮が重なった場合に起こりやすい。水は夜から朝にかけてひたひたと水位を上げ、多くの場合は昼過ぎには引いていく。現在のヴェネツィア市では潮位を予測して高潮を予報するサービスもあり、高潮が予測される場合には、一階にある店舗では水の侵入を防ぐ板を戸口に立て、市当局が人通りの多い街路に踏み台《パッセレッラ》を並べて設置し、市民や観光客が水に濡れずに歩けるように工夫がなされている。

防壁としての海

自然に対する防波堤は、人間に対する防壁にもなった。

ヨーロッパの中世都市の多くは、防衛のために石造りの市壁でぐるりと周囲を囲んでいた。外敵の侵入を防ぐためであるから、しばしば膨大な労力を費やして堅固な市壁が作られたが、一方では市域の拡大を妨げる存在でもあった。近代以降、人口が増え、都市の規模を拡大する必要に迫られると、多くの場合、壁を壊して市域が拡大された。かつての市壁の跡地が、都市をぐるりと取り囲む大通りになっていることも多い。大通りを意味するブールヴァールは、元々はこうして作られたものであった。加えて、鉄道や自動車が主要な交通手段になると、街のあり方も変わった。駅や主要な道路に面した交通至便な場所が新しい街の中心地となることが多い。このように近代以降に発展した新市街地に対して、古代や中世の遺跡が多く残る地区を歴史的中心部《チェントロ・ストーリコ》と呼ぶ。

ヴェネツィアの場合、海に囲まれた島であるため、最初からこの市壁がない。その代わりを果たしたのがラグーナである。

㊨　ピピン艦隊との戦いに備えるヴェネツィアの住民（アンドレア・ヴィチェンティーノ画、16世紀）
㊧　ラグーナの路標になる杭（ブリコラ）

海が防壁になることを示した最初の例は、九世紀のカール大帝の息子ピピンによる侵攻である。

あとに述べるが、八世紀後半、ローマ教皇はランゴバルド王国の脅威に対抗するため、北のフランスやドイツに支配を広げていたフランク王国に援助を求めた。フランクの国王たちは教皇の願いに応じてランゴバルド王国と戦い、カール大帝の時にこれを征服して、イタリア王を名乗ることになった。

八一〇年、カール大帝の子ピピンはイタリア王として、自立しつつあるビザンツ帝国領のひとつヴェネツィアも支配下に置こうとしたのである。

降伏を迫るピピンに対して、ヴェネツィアの住民は徹底抗戦を挑んだ。

ヴェネツィアを囲むラグーナは水深がさまざまな内海で、河川からの水流とアドリア海からの水流が混ざり合い、編み目のように川筋が入り組んでいる。埋め立てて人が暮らせる島が作れるほどであるから、ラグーナの中は水深の浅い湿地帯が多い。一方、船が通れるほど水深が深いところは限られており、安全に航行するにはラグーナ内の川筋を熟知している必要があった。

ヴェネツィア人は船が航行できる水路に沿って木の杭を束ね

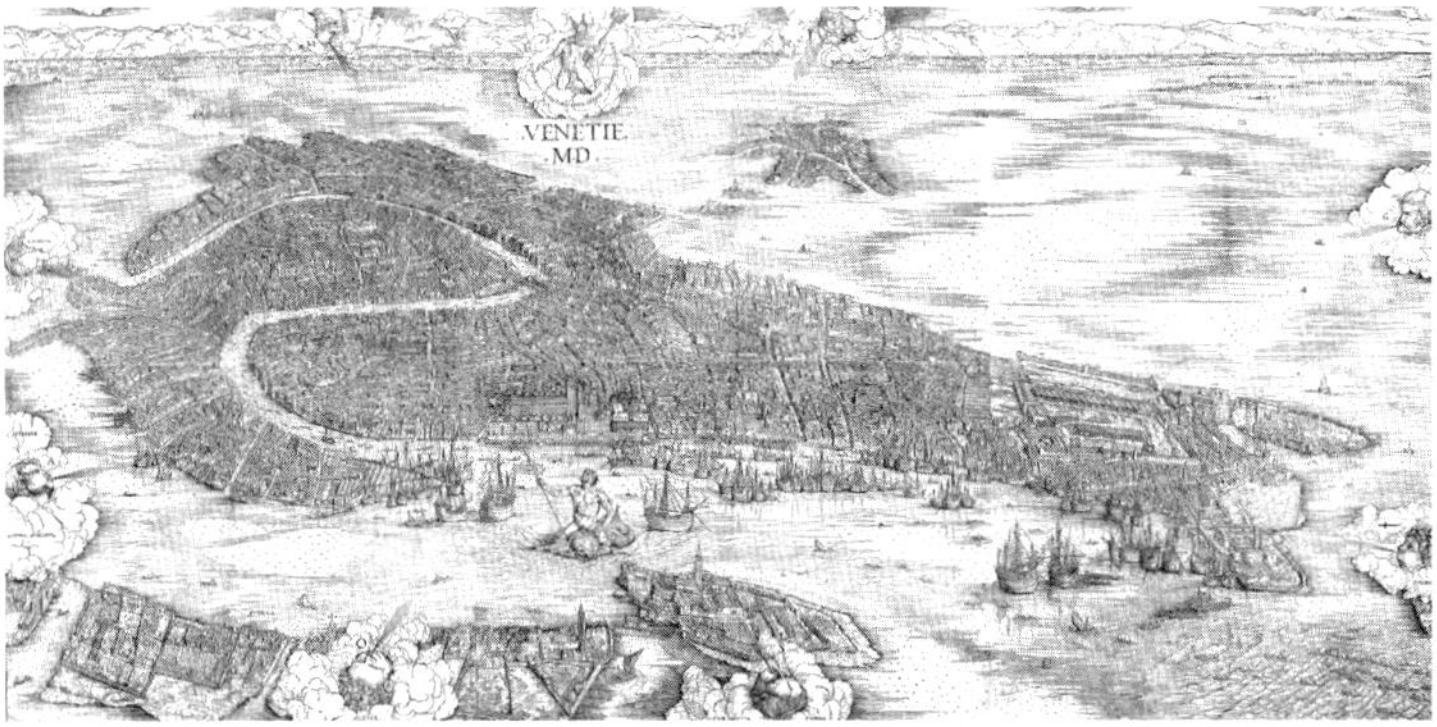

ヴェネツィア全景（ヤコポ・デ・バルバリ画、15世紀）

た路標（ブリコラ）を立てて目印にしていたが、敵軍を迎え撃つにあたってこれを引き抜き、逆に敵船の船底に穴を開けるべく、先の尖った杭を海底に打ち込んだ。ピピンの艦隊は座礁して立ち往生し、そこへヴェネツィア側がありったけの矢と投げ槍で攻撃をしかけた。頑強な抵抗にあったピピン王はしぶしぶ賠償金を受け取って撤退し、ヴェネツィアは防衛に成功した。ラグーナの海と湿地は見事に防壁として機能したのである。

海が表玄関

都市ヴェネツィアを魚のかたちに見立てると、北西の口から南東の腹まで、逆S字に流れているのが大運河（カナル・グランデ）であり、腹側の出口にあるのがヴェネツィアの表玄関サン・マルコ小広場である。

市壁で囲まれた中世都市であれば、人や物の出入りを管理する市門があるが、海に囲まれたヴェネツィアには市壁がない。代わりに海に面したこの広場の南端に二本の柱を立て、その間を門に見立てた。一二世紀の元首ヴィターレ・ミキエル二世の命によるものであった。ここが正式なこの都市の玄関であり、公的な場として、処刑を行う際にもこの二本の柱の間でおこなわれたという。血なまぐさい話であるが、中世には処刑はその都市が上級の裁判権を保持し、司法を執行できることを示す重要な行為であった。

二本の柱の上にはそれぞれ、東の柱にヴェネツィアの守護聖人である聖マルコのライオン、西の柱に以前の守護聖人であった聖テオドルスが退治した竜を踏みつけて立っている。新旧二人の守護聖人がこの都市を守ってくれるしるしというわけである。

サン・マルコ広場の２本の柱（ルカ・カルレヴァリス画、17〜18世紀）

元首公邸（パラッツォ・ドゥカーレ）

サン・マルコ小広場の東隣にある二階建ての建物は、かつてヴェネツィア共和国元首公邸（パラッツォ・ドゥカーレ）であった。白と薄紅色の壁にレースのような狭間飾《トレーサリ》りが美しいヴェネツィア・ゴシック建築である。ヴェネツィア政治の中心となる特徴的な建物なので、昔のヴェネツィアを描いた絵画にもよく登場する。このなかで共和国の政策を決定する議会や委員会が開かれた。元首公邸は九世紀からこの場所におかれたが、現在の建物は一三四〇年ごろから増改築を重ねて一四三八年に完成したものである。

サン・マルコ広場全景（カナレット画、1730年頃）。両側の建物が共和国の官庁、奥がサン・マルコ教会

このサン・マルコ小広場と、その奥にL字につながっているサン・マルコ広場とが、ヴェネツィア共和国の政治と宗教の中心であった。イタリア語では通常、広場のことを「ピアッツァ（piazza）」という。これに対してヴェネツィアでは、通常は野原を意味する「カンポ（campo）」という単語で広場のことを呼ぶが、そのヴェネツィアで唯一「ピアッツァ」と呼ばれるのが、このサン・マルコ広場なのである（隣接する小広場はピアツェッタ［piazzetta］）。かつて、ヴェネツィア共和国を征服したナポレオンは、この広場を「世界で最も美しい応接間」と呼んだといわれている。

この広場の東端には、ヴェネツィアの宗教的中心となるサン・マルコ教会（バシリカ・ディ・サン・マルコ。サン・マルコ寺院とも表記される）がある。ヴェネツィア共和国の守護聖人マルコに捧げられた教会であり、この都市と東のビザンツ帝国との関係の深さを示すようにビザンツ様式で建てられた。創建は九世紀前半であるが、現在の聖堂は一一世紀後半に再建されたものである。六世紀のユスティニアヌス帝が建てたコンスタンティノープルの聖使徒教会に倣《なら》ったといわれている。カトリックの教会でありながら、通常は東方正教の教会の特徴である聖十字の平面プランと五つのドームをもち、内部の装飾は黄金のモザイクで埋め尽くされている。教会の向かいには鐘《しょう》楼《ろう》がそびえ、時刻を知らせるとともに、船から見れば灯台としてヴェネツィアのランドマークになった。そこから始まる長方形のほかの三辺のうち、南北の二辺の建物は昔の共和国の行政官庁（プロクラティエ）であった。現在は、ここにヴェネツィア共和国の歴史を物語るコッレール博物館が入っている。

ひとつながりのサン・マルコ広場と小広場は小広場の南辺で海に面しているが、この南辺とすぐ向かいにある小さな島サン・ジョルジョ・マジョーレ島とジュデッカ島で囲まれた水面を「バチーノ（bacino）」と呼ぶ。ヴェネツィアが海運都市として栄えていた共和国時代、この水面には多くの船が行き交い、船の上で行われる儀式の舞台ともなった。ある意味ではこの水面も、他の都市であれば中央広場の役割を果たした場所である。

サン・マルコ広場の南側に広がる水面「バチーノ」（カナレット画、1740年頃）

一六世紀、共和国の政策でサン・マルコ広場を中心とする地区は共和国の威信にふさわしく整備し直されたが、その後、当時広く流行したパッラーディオ様式のファサードを持つ教会がバチーノの周囲に五つ配置され、この「広場」を飾った。岸と二つの島の間の空間であるバチーノは、実際には不定型なかたちであるが、古代復興をめざしたルネサンスらしく、古代ローマの神殿のような列柱のあるファサードが繰り返し目に入るおかげで、現在のわたしたちの目にも統一感のある空間として見えるのである。

3　東西の皇帝の間で——ビザンツ帝国と神聖ローマ帝国

ビザンツ帝国の版図縮小

ヴェネツィアは最初、ビザンツ帝国とのつながりを足かがりとして歴史の舞台に登場した。まずはその前提として、ビザンツ帝国の盛衰とイタリア半島との関わりを見ておこう。

六世紀のビザンツ皇帝ユスティニアヌス大帝は、西も含めた帝国の再建をめざし、地中海全域にローマ帝国の支配を復活させようと、イタリア半島や北アフリカ、イベリア半島南部に派兵した。コンスタンティノープルに都をおいた東ローマ帝国を以前のローマ帝国と区別して「ビザンツ帝国」と呼ぶのは後世の歴史家である。当時の人々は自らをローマ人と呼び、コンスタンティノープルを新たなローマと見なしていたから、ユスティニアヌス大帝のめざしたことも新たな領土拡大ではなく、「帝国の再建」であった。西方のゲルマン諸国の内紛に乗じておこなわれた大規模な軍事遠征は一時成功し、地中海周辺一帯を支配下におさめたが、それが頂点であった。ユスティニアヌス大帝の死後は継続せず、再びビザンツ帝国の領土は縮小していく。

七世紀前半、ビザンツ帝国は東のシリアやエジプトをめぐってササン朝ペルシアと死力を尽くして戦い、一時はペルシア本国まで遠征してこれらの領土を取り戻したが、その後、台頭したアラブのイスラームの侵攻に対抗できなかった。イスラーム軍は六三六年にシリアを奪い、六四二年にはエジプトのアレクサンドリアを、六九八年にカルタゴを征服し、六七四〜七八年と七一七〜一八年の二度にわたって帝都コンスタンティノープルまで迫った。

7世中頃のビザンツ帝国の版図

都の防衛にはなんとか成功したものの、一時は滅亡の瀬戸際まで追い詰められたビザンツ帝国は、地中海東沿岸と北アフリカの支配を失った。さらにバルカンでも、トルコ系遊牧民のブルガール人がバルカン東部にブルガリア王国を築いたことで、ビザンツ帝国の領土は、七世紀末にはほぼアナトリアとバルカン沿岸部まで縮小した。

六世紀後半のイタリア半島

イタリア半島でも、五四〇年に東ゴート王国の首都ラヴェンナを征服し、ビザンツ帝国領の総督府をおいたものの、東ゴート人の勢力は残った。さらに、ユスティニアヌス大帝の没後わずか三年の五六八年にランゴバルド人が侵入して以来、イタリア半島の大部分はランゴバルド人の支配するところとなった。イタリア北西部をさすロンバルディア地方という名称は、ランゴバルドに由来している。ランゴバルド人の影響はそれほどに大きかった。

六世紀後半のイタリア半島では、北西にパヴィアを中心とするランゴバルド王国があり、少し離れた中南部にスポレート大公領とベネヴェント大公領があった。二つの大公領はラ

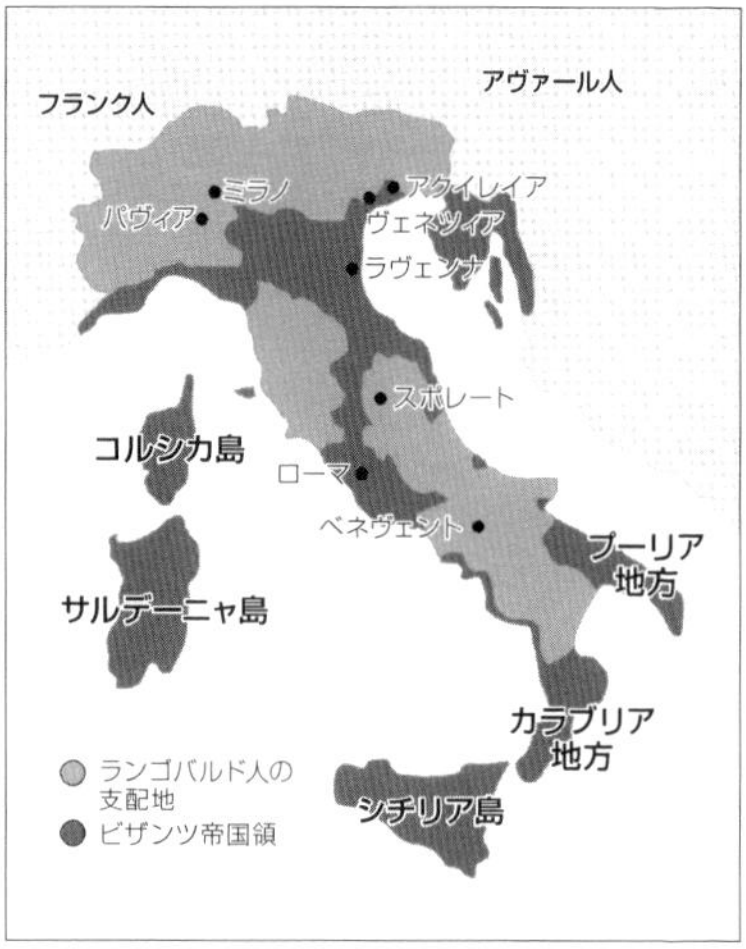

6世紀後半のイタリア半島

ンゴバルド系の君侯国であったが、ランゴバルド王からかなり独立した状態で存在していた。

両者の間には、北イタリアのラヴェンナから中部のローマにかけて北東から南西に半島を横断する回廊のようにビザンツ総督領があり、さらにビザンツの艦隊が海からシチリア島とカラブリア地方とプーリア地方という半島の南端部を押さえていた。六八〇年に和平が結ばれて、ようやくビザンツ皇帝はランゴバルド王国を正式に承認したが、緊張は続く。

ビザンツ帝国の属州「海のヴェネツィア」

ヴェネツィアはといえば、近隣のヴェネト地方の多くがランゴバルド王国の支配下に入ったのに対して、一貫してビザンツ帝国の宗主権のもとにあり続けた。ビザンツ帝国の属州「海のヴェネツィア（ヴェネツィア・マリッティマ）」は、ビザンツ総督府がおかれたラヴェンナに物資を供給する海運勢力として帝国に貢献し、ユスティニアヌス大帝が地中海の再統一のために派遣した将軍ベリサリオスや後任のナルセスに艦隊を調達した。

ビザンツ帝国から派遣された総督《エグザルコス》は支配下の都市に軍事司令官《マギステル・ミリトゥム》や公《ドゥクス》を任命して各地の防衛をゆだねたが、ヴェネツィアは協力に対する報償として、あるいは将来の協力を期待されて、かなりの独立性を与えられていた。

また、六八〇年のビザンツ帝国とランゴバルド王国との和平による緊張緩和を機に、ビザンツ帝国が任命していた公たちは自立化を強め、やがてヴェネツィア、ペルージャ、ローマ、ナポリ、カラブリアの公はビザンツ総督の介入を受けず、現地勢力によって選出されるようになった。一方、ビザンツ総督の勢力はラヴェンナの地域権力に縮小し、七五一年にはランゴバルド王国によって征服されてしまう。西方でのビザンツ帝国の支配はシチリア島に集中することになった。

「ドージェ」の選出

公《ドゥクス》はヴェネツィアの言葉で「ドージェ（Doge）」と呼ばれた。ヴェネツィア共和国の正史によると、ヴェネツィア人がビザンツ帝国から離れてはじめて独自に選出した初代ドージェは、六九七年に選出されたパオロ・ルチオ・アナフェスト（パウリキウス）である。しかしこの人物は、研究者ロベルト・チェッシによるとラヴェンナ総督パオロと同一人物であった。ヴェネツィア人の代表として確証があるのは、七二六年選出のオルソである。ビザンツ皇帝が同年に偶像崇拝禁止を徹底するために聖画像破壊令《イコノクラスム》を出したことに反発した選出といわれるが、この代表者はやがてビザンツ皇帝によって執政官《イパート》として承認された。ビザンツ皇帝の承認を重要視した証拠として、オルソとその次の元首ディオダート・オルソが、本人の名前とともにイパートを名乗っている。

ヴェネツィア共和国第３代元首オルソ・イパート

ヴェネツィアのドージェは、九世紀以降、ビザンツ帝国と密接な関係を保ちつつも次第にビザンツ帝国から自立し、ヴェネツィア人自らの政治的指導者となった。

中世ヨーロッパの「皇帝」の出現

七五一年にラヴェンナのビザンツ総督領がランゴバルド王国に征服された際、同じく危機にさらされたのがローマ教皇庁であった。かつてローマ帝国の首都であり、キリスト教カトリックの長である教皇が居を定めたローマは、これまでにも何度も蛮族の侵略に脅かされてきたが、このときもローマ近郊まで侵攻したランゴバルド王は貢納を要求した。

この危機に対して、ローマ教皇は半島を越えて北のフランク王国に救援を求めた。ビザンツ皇帝の聖画像破壊令をめぐって、教皇とビザンツ皇帝との関係がこじれていたからである。南東から攻め寄せるイスラーム勢力によって領土を奪われ、なんとか対抗しようとしていたビザンツ皇帝にとって、偶像崇拝禁止も含めて聖書の教えに忠実であろうとすることは自然な政策であったが、ゲルマン人へのキリスト教布教のために神の教えを物語る聖像や絵画を重視していたローマ教皇にとっては、おいそれと領けるものではなかった。ビザンツ皇帝が西方から撤退し、ランゴバルド王が領土拡張政策を推進してローマを脅かすなかで、軍事力をもたない教皇は、ビザンツ皇帝に代わる新たな後ろ盾を必要としていた。

ちょうどそのころフランク王国では、主人であったメロヴィング朝の王を廃して王位に就いたばかりのピピンが、自らのフランク王としての正統性を証明する方策を求めていたところであった。こうした状況を背景に、ピピンは教皇と同盟を結ぶことによって教皇から王として聖別の塗油を受け、自らが始祖となるカロリング王朝の正統性を確立することができた。教皇はその見返りとして、ピピンからランゴバルドに対抗する援軍を得た。

ピピンの軍はローマに迫っていたランゴバルド軍から占領地を奪い返し、その領土をそれまでの公式な支配者であったビザンツ皇帝ではなく、ローマ教皇に寄進した。この寄進地は、それまで宗教勢力として世俗の領土を持たなかったローマ教皇にとって初の領土となり、のちの「教皇領」の起源となる。

また、次代のランゴバルド王がローマを攻撃した際には、教皇ハドリアヌス一世がピピンの子カールに援軍を求め、フランク王カールによって七四四年、ランゴバルド王国は征服された。このフランク王が、八〇〇年のクリスマスに教皇レオ三世によって西ローマ帝国の皇帝として戴冠を受け、カール大帝（シャルル・マーニュ）となった。西ヨーロッパにビザンツ帝国とは別の、新たな「皇帝」が誕生したのである。半島は皇帝のもとでイタリア王国と呼ばれるようになった。

しかし、現実にはイタリア半島全体がフランクの皇帝のもとに服するイタリア王国になったわけではない。九世紀のイタリアの政治情勢は、カロリング朝に服するイタリア王国と、カロリング朝に従わなかったランゴバルド勢力と、自立化がますます進む旧ビザンツ帝国領の諸勢力との三つ巴の覇権争いとなった。これに加えて八三〇年代以降は、北アフリカのイスラーム勢力が海から南イタリアを襲撃するようになり、イタリア半島は不安定に揺れ動いた。

九世紀末にはイタリアでのカロリング家は途絶えたが、その時々で皇帝を名乗るものが現れた。やがて一〇世紀後半、九六二年にザクセン家のオットー一世が教皇から新たに帝冠を受けたことで、ドイツを本拠地とする「神聖ローマ帝国」が誕生した。歴代皇帝は「ドイツ王である皇帝がイタリア王を兼ねる」として、北中部イタリアの支配に乗り出した。南イタリアでは、ランゴバルド人の大公国が複数の侯国に分裂し、半島南端のつま先にあたるカラブリア地方とかかとのプーリア地方がビザンツ領として再編され、シチリア島がイスラーム勢力の支配下にあった。

「我々はローマ人の皇帝の臣民である」

九世紀、政治的に自立しはじめたヴェネツィアにとって、イタリア半島南端に支配地を残すのみとなったビザンツ帝国の勢力は、後ろ盾にするには遠くなっていた。九世紀初頭、八〇四年に選出された第七代元首オベレリオ・アンテノレオは、翌八〇五年にアーヘンに赴き、新たに登場した皇帝カール大帝に忠誠誓約をおこなった。そして勢力を拡大しつつあるフランク王国との連携を強くアピールするかのように、フランク人と結婚し、元首夫人として連れ帰った。

しかし、元首の努力にもかかわらず、ヴェネツィア住民は西の皇帝への服属を選ばなかった。先に述べたとおり、八一〇年、カール大帝の子ピピンがイタリア王としてヴェネツィアを支配下に治めるべく進軍してきたとき、ヴェネツィア人は断固抵抗したからである。親フランク派元首オベレリオは、このときむしろフランク人を招聘《しょうへい》しようとしたが、多くのヴェネツィア人の反乱にあい、亡命を余儀なくされた。

「汝らは我が臣民である。我が領土と支配権に属しているのだから」と主張するピピンに対して、ヴェネツィア側は「我々はローマ人の皇帝の臣民であり、貴殿の臣民ではない」と返答したという。ヴェネツィアは近隣にあって、実際に支配力を及ぼしてくるかもしれない西の皇帝（フランク王国やのちの神聖ローマ帝国）に服するよりも、遠方の東の皇帝の領土であることを選んだ。なお、八一四年には、ビザンツ帝国とフランク王国とが結んだ条約によってヴェネツィアはビザンツ帝国の属州であることが確認されている。

とはいえ、ラヴェンナという拠点を失い、南イタリアを押さえるだけのビザンツ帝国の支配は名目上に過ぎず、ヴェネツィアは実質的に独立を手にすることができた。皇帝がイタリア王を兼ねるとしてフランク王国やのちの神聖ローマ帝国がイタリアでの支配権を主張するなか、ヴェネツィアはビザンツ帝国の領土であると主張することによって、独立の立場を強化しようとしたのであった。

ビザンツ帝国とフランク王国との不可侵条約は八四〇年のロタール条約によって更新された。西の皇帝ロタールが公布したこの条約のなかで、ヴェネツィア元首は「ヴェネツィア人の誉れ高き君主」と呼ばれ、リアルト、オリーヴォロ、ムラーノ、マラモッコ、キオッジア、トルチェッロ、ブラーノ、チッタノーヴァ、カオルレ、グラードの自治権の承認を受けた（一一二頁地図参照）。ここで列挙されたラグーナの島々とグラードからポー川河口に至る沿岸領域はヴェネツィアの核となり、「ドージェの支配領域」すなわち「ドカード」と呼ばれるようになった。

独立した共和国として、ヴェネツィアが歴史の舞台に本格的に姿を現すのは、およそ一〇〇〇年以降のことである。

第７代元首オベレリオ・アンテノレオ

カトリック教会との微妙な距離

八一〇年にカール大帝の子ピピンがヴェネツィアを攻撃した際、ヴェネツィアを率いる元首の座所はアドリア海に面したマラモッコ（現在のリド島）であったが、防衛に成功した翌

第11代元首ジュスティニアーノ・パルテチパツィオ

年の八一一年、より防衛に適した内海のなかの「高い岸（リヴォ・アルトゥス）」に移動した。これが現在のヴェネツィア本島のサン・マルコ広場からリアルト橋にかけての一帯である。ここでやがて都市ヴェネツィアがうまれた。冒頭で述べた都市の守護聖人聖マルコを獲得したのが八二八年である。

しかし、聖マルコをまつるために建設された教会は司教座教会ではなかった。この地域のカトリック教会の権威は本来、ローマ時代から行政・経済・軍事の中心で、総大司教の座所であったアクイレイアにあった。

ヴェネト地方の伝承では、聖マルコはこの地にはじめてキリスト教をもたらした聖人であり、アクイレイア教会の創設者であった。伝説が伝えるとおり、聖マルコがいつかこの地にやすらうであろうという天使のお告げが実現するのであれば、その安置場所はアクイレイアになるはずであったが、ここに微妙な問題があった。アクイレイア総大司教がランゴバルド人に追われて南のグラードに避難したことで、アクイレイアとグラードの双方が総大司教座をめぐって争っており、ヴェネツィア元首はグラード総大司教を支持していたのである。さらに、ヴェネツィア本島内には七七五年にオリーヴォロの司教座がおかれていた（カステッロ区にあるので、のちにサン・ピエトロ・ディ・カステッロ教会と呼ばれるようになった）。

二人の商人が聖マルコの遺骸をこの都市に持ち帰ったとき、グラード総大司教もオリーヴォロ司教も大歓迎をしたが、元首ジュスティニアーノ・パルテチパツィオは聖遺物をどちらの教会にも納めず、すぐさま聖マルコを祀るための礼拝堂を自邸の隣に建築するよう命じた。このとき建設された元首の「私的な」礼拝堂がサン・マルコ教会の起源である。なお、元首の自邸はやがてヴェネツィア共和国の議事堂として機能することになる。

ヴェネツィアはこの後「聖マルコの都市」「聖マルコの共和国」を名乗り、聖マルコを示す図像である翼あるライオンは、ヴェネツィアのシンボルとして国旗にも戦旗にも記念碑にも描かれ、ヴェネツィア人が赴くところにはどこにでも誇らしげに登場するようになった。戦場でも、ヴェネツィア人が上げる鬨《とき》の声は「サン・マルコ!」である。しかしその聖人を祀る教会は、あくまで元首の私的な礼拝堂を起源とし、カトリックの長ローマ教皇に直接従属する司教座教会ではなかった。この教会がようやく、島の東端のサン・ピエトロ・ディ・カステッロ教会に代わって司教座教会になったのは、ヴェネツィア共和国滅亡後の一八〇七年のことである。多くの中世イタリア都市において、自治都市コムーネの制度の発達以前は、司教が統治の中心であったことを考えれば、ヴェネツィアは宗教的に特異な都市であった。

サン・マルコ教会の正面中央に掲げられている翼あるライオン

正教会のビザンツ帝国との関係が深かったとはいえ、ヴェネツィアは西ヨーロッパの一部として、カトリック教会に属していた。しかし、この都市の中心となる教会が司教座教会でないように、ヴェネツィアはほかの地域に比べてカトリック教会の権威から距離をとった。

中世ヨーロッパは、祈るひと、戦うひと、働くひとの三つの階層に分けられるといわれるが、一般的に世俗の支配者である封建貴族・都市貴族と聖界の支配者である高位聖職者は同じ階層の出身であった。王は、貴族とともに高位聖職者も王に仕える役人として重用し、貴族の家では長男が父の身分と領地を継ぎ、次男は司教などの高位聖職者となって、宗教面だけでなく政治的にも兄を支えるといったように、聖俗の支配者は分かちがたく結びついていた。

しかし、ヴェネツィア共和国では、聖職者は共和国の議会の議席をもてず、したがって国家の官職から排除されるという、ヨーロッパ一般から見るとめずらしい制度がこの後、整えられていくのである（高位聖職者が支配層に属することは同様であっても）。

4　ヴェネツィア商業のはじまり

塩という資源

海と陸との間の内海の島にあるというヴェネツィアの立地を考えると、通商路として最初に利用できたのはラグーナに流れ込む多くの河川であった。イゾンツォ川、タリアメント川、ピアーヴェ川、シーレ川、ブレンタ川、バッキリオーネ川、アディジェ川、ポー川といったラグーナに注ぐ多くの川を通って、ヴェネツィア人は交易をはじめたのである。

当初、ヴェネツィアが豊かに持っていた資源といえば海水だけであったが、海水からとれる塩はヴェネツィアにとって貴重な交換財になった。誰もが必要とする塩は重要な商品であり、耕地の少ないヴェネツィアは、塩を売ることで食料を手に入れ、ほかの品物や金銭を手に入れることができたのである。ヴェネツィアが長い歴史を通じて、一貫して扱った商品がこの塩である。またのちの時代には、塩にかかる塩税がヴェネツィアの国家財政にとって大きな収入源となった。
八六六年、ヴェネツィアはラグーナの南に隣接するコマッキオを征服した。近隣の塩田と塩の取引を独占するためである。

アドリア海の制海権

九世紀には、ヴェネツィアは河川交易からしだいに海へと進出した。アドリア海を通ってビザンツ帝都コンスタンティノープルへと向かい、そこで買い付けた珍しい商品を西に持ち帰って売るのである。ビザンツ帝国にはギリシア産の商品に加えて、シリアから東方の商品が持ち込まれていた。ヴェネツィアは香辛料・香料・絹・高価な紫の布地などを買い付け、西のランゴバルド王国やフランクの宮廷などに売り、代わりに食料である小麦を買った。ランゴバルド王国の首都パヴィアまではポー川をさかのぼっていくことができた。

第27代ドージェ、ピエトロ・オルセオロ２世

しかし、ここで問題になったのが、アドリア海の安全である。アドリア海のイタリア側は凹凸に乏しく、港に適した場所が少なかったが、バルカン側のダルマツィア地方沿岸は複雑に入り組んだ地形で、海賊にとって絶好の隠れ家になった。ヴェネツィア人はまずこの海賊退治に注力した。
ヴェネツィア人は海賊を買収するために払っていた貢納を廃止し、幾度も派兵を繰りかえしたのち、一〇〇〇年、元首

ダルマツィア征服を記念した式典「フェスタ・デッラ・センサ」の様子（カナレット画、17世紀）

ピエトロ・オルセオロ二世のもとでダルマツィア沿岸のネレトヴァ川を根城にしたスラヴ人海賊の制圧に成功し、ザーラ、クルツォーラ、ラゴスタで勝利をおさめた。これによりヴェネツィアは、イストリアからダルマツィアにかけての制海権を獲得したのである。

以後、ヴェネツィア元首は「ダルマツィア公」を名乗るようになった。この称号を神聖ローマ皇帝ハインリヒ二世が承認している。この勝利を記念して毎年キリスト昇天祭《センサ》の日に海で記念式典が行われるようになった。のちの「海との結婚」の儀式の原型である。

この儀式はヴェネツィアとその富の源泉である海との象徴的な結婚を祝うためのものになり、共和国元首は毎年、豪華に飾った御座船（ブチントーロ）に乗ってリド島と外海とのあいだに赴き、金の指輪を海に投げ入れて「海よ、汝に対する我らの真実にして永久の支配のしるしとして、我らは汝と結婚する」と宣言した。ヴェネツィアはアドリア海を、多くの史料のなかで誇らしげに「ヴェネツィアの湾（ゴルフォ・ディ・ヴェネツィア）」と呼んでいる。

さらにヴェネツィアはアドリア海に侵入するイスラームの海賊とも戦った。一〇〇二年、バーリを占領していたイスラーム教徒を撃退している。海賊討伐を繰りかえすことでヴェネツィアはアドリア海の海上勢力として名をあげ、そのことによって、やがてビザンツ帝国から海上防衛のための援軍の要請を受けるようになる。

一一世紀までのビザンツ帝国

九世紀半ば、ビザンツ帝国を悩ませた東部国境地帯へのイスラーム軍の侵攻は沈静化し、一〇世紀にはむしろ攻勢に転じた。一一世紀前半には帝国の版図はバルカンとアナトリアのほぼ全域と南イタリアのカラブリアとプーリアまで回復し、平和と安定を享受した帝都コンスタンティノープルの経済も好調であった。ヴェネツィアは、一〇世紀後半以降、ビザンツ市場に本格的に参入した。

一一世紀半ば以降、ビザンツ帝国の対外情勢は悪化し、黒海北岸から騎馬遊牧民がバルカンに侵入、時を同じくしてトルコ系のセルジューク朝がアナトリアの東部国境から侵攻し、ビザンツ帝国内では国境周辺の地域社会で長期にわたって支配権を行使してきた軍人たちの反乱が相次いだ。しかも同時期に、西方の南イタリアにノルマン人が侵攻してくる。このノルマン人の侵攻が、やがてヴェネツィアがビザンツ帝国経済圏で権益を拡大するきっかけになるのである。

1084年時点のイタリア半島

ノルマン人のビザンツ帝国領侵攻

ノルマン人とは、もともとは八世紀末頃から商業・略奪・植民のために積極的に海外進出に乗り出したスカンディナヴィア半島出身のゲルマン人、いわゆるヴァイキングのことである。その一部は一〇世紀初頭に略奪行為をやめる代わりにフランス王のもとでキリスト教に改宗し、封土を与えられて北フランスのノルマンディに定住することになった。ノルマンディ公を中心とするノルマンディ公国である。一〇六六年のノルマン・コンクエストでイングランドを征服し、ノルマン朝の祖となったウィリアム征服王もノルマンディ公であった。ノルマンディ出身の騎士たちは一一世紀、立身出世のチャンスを求めて各地に出て行き、己の運命を試した。その挑戦の一つがビザンツ帝国領の南イタリアであった。

ノルマン人たちが、南イタリアで分裂し覇権争いをしていたランゴバルド系の君侯同士の争いに傭兵として食い込み、やがて地歩を築いてビザンツ帝国領を侵略するようになると、ビザンツ帝国はローマ教皇と同盟を組むことで事態を打開しようとした。教皇がノルマン人の横暴を訴える地元の嘆願に答えて反ノルマン同盟を呼びかけたからである。

しかし、一〇五三年、教皇レオ九世の呼びかけによって集まった軍勢はノルマン人との戦いに敗れ、この戦いにビザンツ帝国の援軍が加わらなかったことと、ノルマン人が征服した旧ビザンツ領でビザンツの正教会の典礼ではなく、カトリック教会の典礼が行われるようになったことをめぐって同盟協議は紛糾した。溝は深く、一〇五四年に話しあいのためにコンスタンティノープルを訪れた教皇使節とコンスタンティノープル総主教とが互いに破門し合うありさまであった。これを機に、すでに教義や典礼の相違があきらかになっていた東西教会は決定的に分裂することになる。

一〇五九年には教皇はビザンツ帝国ではなく、ノルマン人と同盟を組むことを選択した。教皇領を侵犯しないという忠誠誓約とともに、ノルマン人首領ロベール・ギスカールは「プーリアとカラブリアの公および将来のシチリアの公」という称号を教皇ニコラウス二世から与えられ、ビザンツ帝国から奪った南イタリアの領有を承認された。さらに一三年かけてノルマン人はビザンツ勢・ランゴバルド勢と争いつつ南イタリアを平定し、シチリア島の支配権をイスラーム勢から奪い取った（一〇七二年パレルモ陥落）。そして一〇八一年には、ビザンツ帝国本土ギリシアへの侵攻を開始する。

ノルマン人の侵攻阻止で得た特権

ヴェネツィアにとっては、このノルマン人の侵攻がビザンツ帝国内での商業権益拡大のチャンスになった。バルカンのドゥラキオン（現ドゥラス）に向けて侵攻したノルマン艦隊に対して、ビザンツ帝国からの救援要請を受けたヴェネツィア艦隊が迎え撃った。ノルマン人はすでにイタリア南端のプーリア地方を支配しており、ここでアドリア海を挟んだ対岸にあるドゥラキオンが支配下に入れば、ノルマン人がアドリア海の出口を押さえることになる。これは、アドリア海を自由に航行することによって発展しつつあったヴェネツィアとしては是が非でも避けたいことであった。ビザン

ビザンツ帝国の艦船による「ギリシアの火」の使用（『スキュリツェス年代記』11世紀）

ツ皇帝アレクシオス一世コムネノスの要請はまさに渡りに船であり、ヴェネツィアは元首自ら艦隊を率いて南に向かった。ノルマン艦隊との戦いでは「ギリシアの火」と呼ばれる兵器も使用されたという。長い筒で油のような化合物を発射し、火をかけるという兵器のことである。

　海戦では水上戦の経験が豊富なヴェネツィア側が勝利したが、翌年まで続いた包囲戦によりドゥラキオンはノルマン側の手に落ちた。ノルマン軍はさらにバルカン半島を横断して進軍したが、ビザンツ帝国にとっては幸いなことに、一〇八五年、ノルマン人を率いていた稀代の英雄ロベール・ギスカールが遠征途上で病没したことで南イタリアに反乱が広がり、なし崩しに収束した。ノルマン人によってアドリア海の出口を封鎖されるという最悪の事態はかろうじて免れたのである。アレクシオス一世から始まるコムネノス朝は、この後およそ百年にわたって安定した支配を維持することになった。

　ヴェネツィアは一〇八二年、ノルマン人との戦いに艦隊を提供した見返りに、ビザンツ帝国全土での自由通商権と、帝都に船着き場三ヵ所を含む専用の居留区を与えるという商業特権をビザンツ皇帝から授けられた。これは金印勅書という名で知られている。

ヴェネツィア商人は特権を活用して帝国内で活動を広げた。西のヨーロッパよりも東のビザンツ帝国やイスラーム世界の方が文化的に高度に発展し、豊かで洗練された商品を扱っていた時代、ビザンツ帝国内で活動し、地中海の東から商品を持ち帰ることは、ヴェネツィアが地中海商業で活躍する上で非常に重要な利点になったのである。

第2章　地中海交易による繁栄

ビザンツ帝国やイスラーム世界との交易で成功しつつあったヴェネツィアは、突如わき起こった十字軍の動きには、当初懐疑的であった。しかし、ライヴァルの海上交易都市が十字軍に参加することで利益を引き出したのを確認すると、遅ればせながら参加を決意する。ところが、ヴェネツィアが主導権を握った第四回十字軍は、きわめて悪評高いものとなった。しかし、その成果こそが、ヴェネツィアが東地中海交易の主役の座をつかみ取るスターターの役割をはたしたのである。

1　ビザンツ帝国の八分の三

十字軍

十字軍とは、聖地イェルサレムをイスラーム教徒から取り戻すことを大義にかかげたキリスト教徒の軍事運動である。イスラーム勢の攻勢に対してビザンツ帝国皇帝が教皇に救援を要請した結果、教皇ウルバヌス二世はフランスのクレルモンで有名な演説を行い、熱狂した人々によって翌年一〇九六年に第一回十字軍が結成された。

赤い十字の印を肩に縫い付け、「神がそれを望みたまう」と口々に唱えながら、人々は東に向かい、まずは遠征を要請した帝都コンスタンティノープルに集合してから、地中海東沿岸のシリアやパレスティナに向かって南下した。

ビザンツ皇帝が求めていたのはアナトリアからのイスラーム勢力排除であったが、西のカトリック世界からきた十字軍諸侯の目的は「聖地奪還」であった。攻撃を想定していなかったイスラーム諸国の対立を利用して、一〇九九年、十字軍はイェルサレムを占領し、そこにイェルサレム王国を建国した。十字軍によるイェルサレム支配は約百年続く。

十字軍は一一世紀末に始まり、一二九一年に最後の拠点アッカーがマムルーク朝の手に落ちるまで、約二百年にわたって続いたが、成功したといえるのは、イェルサレム王国を建国した第一回十字軍くらいであろう。十字軍としては道を踏み外したとして悪評甚だしい第四回十字軍を除いて、他にめぼしい功績がない。

十字軍の経済的な意味

しかし、聖地奪還のための軍事行動としては実を結ばなかった十字軍は、ユーラシア大陸規模での経済の流れという視点で見たとき、大きく意味合いを変えると研究者アブー・ルゴドはいう。

経済学者ウォーラーステインは一六世紀以降、世界の経済が一体化をはじめ、近代世界経済システムが成立すると主張したが、ヨーロッパを中核とする近代の世界システム以前にも、全世界規模に広がるわけではないにせよ、ユーラシア大陸から北アフリカを含めた広い地域をおおう世界システムが存在したと、ルゴドは想定する。このシステムには八つのサブシステムがあり、それらは西ヨーロッパ、中東、東アジアの三つの地域に大きく分けることができる。このうち、西ヨーロッパは西ローマ帝国滅亡による混乱で経済活動が低迷し、ほかの経済圏とのつながりを失って取り残されてしまったが、そのヨーロッパが再び世界システムと結びつく契機になったのが、十字軍であるというのである。

かつて地中海全域を支配していた古代ローマ帝国は、シルクロードを通じてはるか東方の中国とも経済的につながっていたが、五世紀末に西ローマ帝国が滅亡したとき、西ヨーロッパはユーラシア大陸のほかの地域で繁栄を続けている経済システムから切り離されてしまった。

これに対して、七世紀にアラビア半島で生まれたイスラーム帝国は、ビザンツ帝国のあったアナトリアを除く東地中海地域の大部分を支配下におさめ、西は北アフリカからジブラルタル海峡を越えてイベリア半島まで、東はペルシア、アフガニスタン、インド北部、中国西部にまで広がった。新たに形成されたイスラーム世界は、東方のインドや中国、東南アジアにいたる地域を結びつけるリンクとなった。

地中海を通じてこのイスラーム世界と交易をしたヴェネツィアやジェノヴァなどのイタリア諸都市の商人は、その活動を通じて、アルプス山脈以北のヨーロッパと中東の経済圏を結びつける役割を果たした。

特に十字軍では、主たる参加者であったアルプス以北のヨーロッパの人々は、イタリア海運諸都市の船による運送や補給に頼りながら戦いに向かった。それによってヨーロッパの南北のつながりは深くなり、また十字軍によって東方の洗練された文化に触れることで、香辛料や絹や陶磁器といった美しく華やかな東方の商品へのあこがれが広まり、ヨーロッパでイタリア商人が扱う東方商品の需要が増えた。

　イスラーム世界を通じて東方からもたらされる商品を買うには、対価が必要である。当初、ヨーロッパから輸出できたのは奴隷のほか、乾燥地帯では貴重な木材くらいで、高価な奢侈《しゃし》品の多い東方交易は銀などの貴金属で赤字を埋め合わせる状態であったが、やがて輸出用に品質の高い毛織物が生産されるようになった。たとえば毛織物生産で有名なフランドルの高級毛織物は基本的に輸出用であり、イタリア商人が買い付けて、地中海市場に輸出した。一二～一三世紀ヨーロッパで製造業が発展したのは、ひとつには、十字軍によって西ヨーロッパが再び世界システムとのつながりを取り戻し、交易の機会が拡大したからだというのである。

コンスタンティノープル市場で取引をするヴェネツィア商人とトルコ商人（コッレール博物館蔵、16世紀）

第四回十字軍の結成とヴェネツィア

　そのイタリア海運都市のひとつであるヴェネツィアが、東地中海交易の主導権を握るうえで重要な転機となったのが、第四回十字軍である。しかし、この十字軍は本来の大義から大きくはずれ、

第41代元首エンリコ・ダンドロ

ローマ教皇の怒りをかった遠征であった。

ヴェネツィアと第四回十字軍との関わりは、十字軍を志したフランス諸侯が船を求めてヴェネツィアへやってきたことに始まる。

第三回十字軍が、神聖ローマ皇帝、イングランド王、フランス王という豪華な参加者の顔ぶれにもかかわらず、何の成果もなく終わったあと、教皇インノケンティウス三世は一一九八年に全キリスト教徒にあてた教書であらためて聖地奪還を呼びかけた。呼びかけに応じたのは、このたびは国王ではなく、フランスの諸侯であった。翌年、諸侯たちは十字軍を結成し、聖地にわたる船を求めて一二〇一年に代表がヴェネツィアを訪れる。海運と商人の都市として知られたヴェネツィアならば、必要な手段を整えてくれると期待したからである。

一行を迎えたヴェネツィアの元首《ドージェ》エンリコ・ダンドロは高齢で、以前頭部に負った傷のせいでほとんど盲目の状態であったが、頭脳明晰で行動力も人望もある際立った才能をもつ政治家であった。第四回十字軍に参加したフランス人騎士のひとり、ヴィラルドゥアンの書いた記録によると、十字軍への協力を求められた元首は一週間の熟慮の末、四五〇〇頭の馬と九〇〇〇人の従者、騎士四五〇〇人と歩兵二万人を運ぶ船舶を建造し、人馬のために九ヶ月分の食料を、馬一頭につき四マルク、人一人につき二マルクの費用と引き替えに準備することを約束した。戦利品はフランス側とヴェネツィア側で折半する条件であった。（『コンスタンティノープル征服記』）。

この頃すでにヴェネツィアでは、政治的決断は元首の独断ではなく、大評議会と市民集会での承認が必要であった。大評議会で承認を得たあと、「世界で最も美しい教会」サン・マルコ教会に集まった一万人もの市民たちの前で、フランス人騎士たちはイェルサレム奪還の大義を訴え、市民の歓呼と承認を得た。

その後、ヴェネツィア側では着々と準備が進み、一二〇二年六月の出航が決まったが、十字軍側は問題を抱えていた。ヴェネツィアに支払う資金が不足していたのである。フランス諸侯が払うことになっていた金額は八万五〇〇〇マルクに及び、これはある試算によると純金二万キロにあたるという。当時のイギリス王やフランス王の年収の二倍に相当した。三万三五〇〇名というフランス諸侯側の参加人数見積ははじめから実現不可能なほど過大であり、さらに、十字軍といいながら目的地をエジプトに定めたことで参加者の熱意が冷めてしまい、出航の期日までに集まった参加者は予定の三分の一程度というありさまであった。当然ながら支払い資金はますます不足した。

実を言うならば、イェルサレム奪還をうたいながら目的地をエジプトに定めたのは、戦略面から見れば妥当なものであった。第一回十字軍でキリスト教徒側が獲得したイェルサレムは、一一八七年、イスラーム軍を率いるサラーフッディーン（サラディン）によって奪い返され、さらに第三回十字軍も敗北に追い込まれていた。サラーフッディーンは、エジプトを本拠地とするアイユーブ朝のスルタンであり、当時はこの王朝がシリアとエジプトを支配していた。エジプトはこのときのイスラーム勢力の中心であり、ナイル河口の肥沃なデルタ地帯と北アフリカと中東を結ぶ交易ルートをもつエジプトがあるかぎり、聖地を奪還してもその安全は保障できなかった。だからこそ、エジプトを攻略できれば聖地奪還もたやすいという認識は、当時のヨーロッパにもあったのである。現にこれ以降、一三世紀の十字軍はどれもエジプトを攻撃目標とすることになった。しかし、そうした現実面はさておいて、キリストがその足で歩いたイェルサレムにあこがれて十字軍に参加しようという一般の人々にとっては、目的地がエジプトのカイロではいっこうに心に響かなかったのである。

ヴェネツィアの十字軍参加

ヴェネツィアは商人の都市である。教皇ウルバヌス二世がはじめて十字軍を呼びかけ、人々を熱狂の渦に巻き込んだ際にも、ヴェネツィアは気乗り薄であった。同じ海運都市であるジェノヴァが最初から十字軍に積極的に参加し、ピサがそれを追ったのに対して、ヴェネツィアは当初これがはたして自国の利益になるのかどうか懐疑的であった。すでに東方交易を確立していたヴェネツィアにとっては、戦争によって交易ルートが破壊され、悪影響を被る可能性が高いと懸念したのである。そのため、ヴェネツィアが参加を決めたのは、第一回十字軍が一〇九九年七月にイェルサレムを占領し、先に参加したジェノヴァやピサが大きな利益を得たのを確認したあとであった。

十字軍への参加を決めたあとも、ヴェネツィアの目的は、十字軍を機に東地中海交易に進出するジェノヴァやピサの利権拡大をいかに阻止するかにあった。あるいはヴェネツィアは各地で熱心に聖遺物を略奪した。中世のキリスト教徒にとって、聖人の遺骸やその一部はありがたい御利益があるものと考えられ、聖遺物に詣でるために遠く旅をする巡礼も盛んであった。著名な聖人の聖遺物は、聖遺物そのものの価値に加えて、ヴェネツィアに多くの巡礼客を招きよせ、新たな商売のチャンスにもなる貴重な宝物であったのである。

こうした利にさといヴェネツィア人にとって、たとえ十字軍のためであっても、代金の支払いのない商品を引き渡すことは論外であった。ヴェネツィア共和国はこの一年半にわたって通常の商業活動を停止してまで契約を誠実に果たし、大艦隊を建造し、装備や食糧を準備したのである。そこに費やした資金と労力は回収しなければならなかった。大評議会は契約金が支払われるまでは出航しないとフランス諸侯に迫り、諸侯らは金銀の器や皿にいたるまで資産をかき集めて支払いをしたが、それでもなお負債額の四割、三万四〇〇〇マルクが不足していた。事態の打開をはかるため、ヴェネツィア元首ダンドロは、ヴェネツィアがおこなう軍事遠征に十字軍が助力することを条件に後払いを認めた。ヴェネツィアは、ことのついでに当時懸案であったアドリア海東岸の港ザーラ（現ザダル）をハンガリー王から奪回したかったのである。ダルマツィアの港町ザーラとヴェネツィアはアドリア海の商業をめぐってこれまで何度も争ってきた宿敵同士であり、ヴェネツィアが一度は征服したものの、一一八〇年に反乱を起こしてハンガリー王の保護下に入っていたのであった。

第４回十字軍参加を説くエンリコ・ダンドロ、ギュスターヴ・ドレ画（19世紀）

フランス諸侯の側にこの提案をはねのける財力はなかった。後払いであれば、十字軍を実行することができるし、戦いになれば戦利品を得て契約金を払える見込みはあった。フランス諸侯はこの取り決めに同意し、ヴェネツィア元首ダンドロは、老齢を押して自ら十字軍に参加し、生死を共にする覚悟だと演説し、聴衆の感涙を呼んだ。

教皇による破門

15世紀のザーラ（コンラート・フォン・グリューネンベルク画、1486年）

一二〇二年一〇月、ヴェネツィアの用意した船に乗り込んだフランス騎士とヴェネツィア人の十字軍が出発した。取り決め通り、一一月の間にザーラを攻略し、この地で冬越しをする。

このことは教皇の耳に入り、大問題となる。神の名において十字軍を名乗りながら、キリスト教しかもカトリックの都市を攻撃したこと、ヴェネツィアが十字軍を操って自国の利益を追求していることにインノケンティウス三世は激怒し、ヴェネツィア人とこの十字軍の参加者すべてを破門すると書状を送った。破門とは、教皇が下すことができる最も重い罰の一つで、「キリスト教世界から追放する」ことを意味した。破門されたものはキリスト教徒とあらゆる関係を結ぶことができない。結婚も契約も無効となり、法律に守られることもなくなる。キリスト教世界で生きていくことができないというきわめて重い処分であったが、ヴェネツィアは時折、教皇の意向に反した行動をとってこうした処分を受けている。受けても動じなかった。

厚顔なヴェネツィア人と違って、教皇の呼びかけに応じて十字軍に立ち上がったはずのフランス諸侯は動揺したが、そこに現れたのが、コンスタンティノープルでの政争に敗れた前ビザンツ皇帝の息子である。ビザンツ皇帝イサキオス二世アンゲロスは弟のアレクシオス三世によって帝位を奪われたが、イサキオス二世の息子で叔父と同名のアレクシオスは神聖ローマ帝国に亡命しており、今このときに、父と自分が帝位奪還できるよう十字軍に支援を依頼したのであった。帝位をとりもどすことを支援してくれるのであれば、見返りに軍資金二〇万マルクを提供し、さらには東西教会の統一に貢献すると申し出たのである。

これはヴェネツィアにとって望ましい展開であった。フランス諸侯は当時イェルサレムを支配下においていたアイユーブ朝エジプトを攻撃目標にしていたが、エジプトは東方商品を扱うヴェネツィアにとっては交易相手でもある。関係を悪化させたくはない。実はこの十字軍の遠征準備が進められていた一二〇二年、アイユーブ朝のスルタンのアーディルと元首ダンドロは協定を結び、ヴェネツィアがエジプトに対するいかなる遠征も支援しないことと引き替えに、エジプト側はアレクサンドリアとダミエッタへのヴェネツィア船舶の自由な入港と交易を保障するという取り決めがなされていた。

加えてヴェネツィアに対するビザンツ帝国の政策は不安定であり、警戒を要する状態であった。ビザンツ帝国でのイタリア商人の活躍はめざましく、一二世紀後半のビザンツ帝国では商業特権を振りかざして自国内で活動するイタリア商人に対する不満が高まっていたのである。一一七一年にはコンスタンティノープルのジェノヴァ人居留区が何者かに焼き討ちされた。このときビザンツ皇帝はヴェネツィア人を犯人と名指しし、帝国

教皇インノケンティウス三世
(作者不詳、1219年頃)

内のヴェネツィア人すべての逮捕と財産の差し押えを命じた。帝都だけで一万人のヴェネツィア人が投獄されることになった。ヴェネツィアはこれに抗議して出兵したが、失敗し、責任を問われた元首は暗殺された。

また、一一八二年にもコンスタンティノープルで暴動が起きてイタリア人が虐殺され、イタリア人居留区に火がかけられるといった事件も起きていた。五年ほどで事態は改善し、ほかのイタリア商人と同様にヴェネツィアも居留区を再建できたが、ギリシア人が抱く不満そのものが解消されたわけではなく、ヴェネツィアにとって、政情不安は大きな懸念材料の一つであった。この問題を一気に解決する妙案として、恩を売るかたちで新たな皇帝を擁立できるなら、悪い話ではなかった。

コンスタンティノープル征服

こうして第四回十字軍は、ビザンツ帝国の内紛に介入するというヴェネツィアの決断に引きずられるかたちで、エジプトでもイェルサレムでもなく、ビザンツ帝都コンスタンティノープルに向かったのである。

一二〇三年、コンスタンティノープルは十字軍の手に落ちた。十字軍と取引をした若き皇子はアレクシオス四世として父と共同で帝位に就いたが、十字軍に約束した見返りの軍資金があまりに多額で、その支払いのために重税を課したことで自らの臣民の怒りをかった。皇帝位奪還に外国軍の力を借りたアレクシオス四世は外国人の傀儡、売国奴と見なされたのである。最終的には一二〇四年の反乱で親子ともども殺害され、一族の娘婿に当たる人物が皇帝位を奪った。

しかし、十字軍側はこれを認めず、再度コンスタンティノープルを攻め落とし、反撃を阻止するためとして建物を焼き払い、貴族の館も教会もかまわず略奪した。新皇帝も捕らえられ、殺害された。第四回十字軍は、異教徒と戦わず、イェルサレムには行きもせず、カトリック教会とは宗派の異なる正教会であるにせよ、同じキリスト教徒の国、ビザンツ帝国を滅ぼしたのである。

コンスタンティノープルを征服した十字軍は、指導者のひとりフランドル伯ボードゥアンを新たな皇帝として選出した。まだ二〇代の若さであった。ヴェネツィア人の支持を得ての選出であったといわれる。ただし、あっけなく滅びたかに見えたビザンツ帝国は、半世紀後の一二六一年に復活した。その復活まで、六〇年足らずのこの体制は、通称ラテン帝国と呼ばれる。

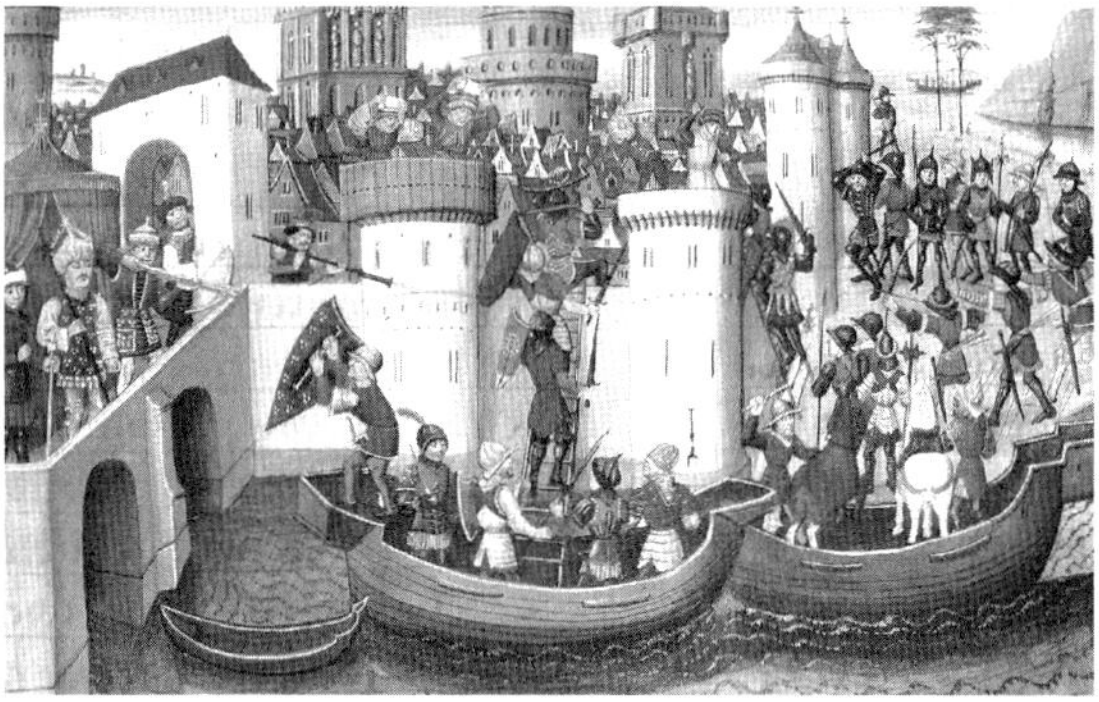

十字軍によるコンスタンティノープル征服（作者不詳、15世紀）

ラテン帝国は、戦利品としてビザンツ帝国を分割した。これは「ローマ帝国領の分割（パルティティオ・ロマニアエ）」と呼ばれた。皇帝の取り分は旧ビザンツ領の四分の一で、のこりの四分の三は十字軍に参加した諸侯とヴェネツィア人とで折半するという取り決めであった。ヴェネツィアはこの十字軍に参加したことで「ビザンツ帝国の四分の一とその半分」つまり八分の三を獲得したのである。

ヴェネツィア軍を率いた元首エンリコ・ダンドロは、一二〇五年六月にコンスタンティノープルで生涯を閉じ、今もこの帝都の聖ソフィア大聖堂（現在はモスク）で眠っている。

第四回十字軍の略奪品

一二〇四年のコンスタンティノープル攻略で、ヴェネツィア人は多くの宝物を奪い取り、ヴェネツィアに持ち帰った。現在、ヴェネツィアの史跡をめぐるツアーに参加すると、至るところで「この宝物は一二〇四年、第四回十字軍の際に持ち帰ったもので」という話を聞くことになる。多くの聖遺物がさまざまな教会に献納された。サン・マルコ教会の宝物庫は略奪したビザンツの美術品であふれているし、教会の外壁を飾る彫刻やレリーフもここに起源をもつものも多い。なかでも有名なのは、サン・マルコ教会の正面上部を飾る四頭の馬の銅像であろうか。

サン・マルコ教会の正面上部を飾る４頭の馬

この四頭の馬のブロンズ像は、よほど人を引きつける魅力があるらしい。戦利品になったのは一度ではなかった。もともとはコンスタンティノープルの競技場の門の頂部におかれていたが、一二〇四年、ヴェネツィア人が略奪し、ヴェネツィアに持ち帰った。当初は国営造船所《アルセナーレ》におかれていたが、やがて一三世紀半ばからサン・マルコ教会のファサードを飾るようになる。鞍も手綱もつけず生き生きと跳ねる四頭の馬は、ヴェネツィア共和国の威信と勢力を象徴するものとして、共和国が滅亡する一七九七年まで、この場所でサン・マルコ広場を見下ろしていた。

なお、ヴェネツィア共和国を滅ぼしたナポレオンがこの馬を気に入り、パリに運んでいる。パリのカルーセル凱旋門を一八ヵ月飾ったあと、オーストリア軍がヴェネツィアに返還した。第一次世界大戦中はローマに運ばれたこともある。現在、サン・マルコ教会を飾っているのは複製で、本物は修復後、教会内部の美術館で保管されている。

海上商業拠点としての領土

ヴェネツィアの街がいくら第四回十字軍での略奪品にあふれているにせよ、この十字軍でヴェネツィア共和国が得た最も重要なものは財宝でも美術品でもなかった。

十字軍で勝者となり、分け前をもらったフランス諸侯は、このときテサロニケ王国やモレア侯国、アテネ公国などの君侯国をたてたが、ヴェネツィア共和国が選んだ八分の三はひとつにまとまった領土ではなかった。

まずはコンスタンティノープル市内で、聖ソフィア大聖堂周辺から金角湾にいたる利便性の高い地域をヴェネツィアは獲得した。そしてアドリア海沿岸のイオニア諸島、ギリシア西部沿岸、ペロポネソス半島沿岸、エーゲ海のキクラデス諸島、マルマラ海北岸のガリポリ（現ゲリボル）、ライデストス（現テキルダー）。つまりアドリア海からエーゲ海にかけて、ヴェネツィアとコンスタンティノープルとを結ぶ東地中海交易にとって重要な港を手に入れたのである。

これらの地域の中でも特に重要な拠点は、ヴェネツィア共和国が直接支配した。ギリシア西部でアドリア海の出口を押さえるドゥラキオン（現ドゥラス）、ペロポネソス半島の南岸にあるモドンとコロンの港（その重要性から「ギリシアの二つの目」と呼ばれた）、東地中海の戦略上の要衝クレタ島などである。

共和国領になった残りの地域は、共和国に忠実であることを条件として、ヴェネツィア貴族に封土として与えられた。キクラデス諸島ではナクソス島を中心として、ヴェネツィア人マルコ・サヌ

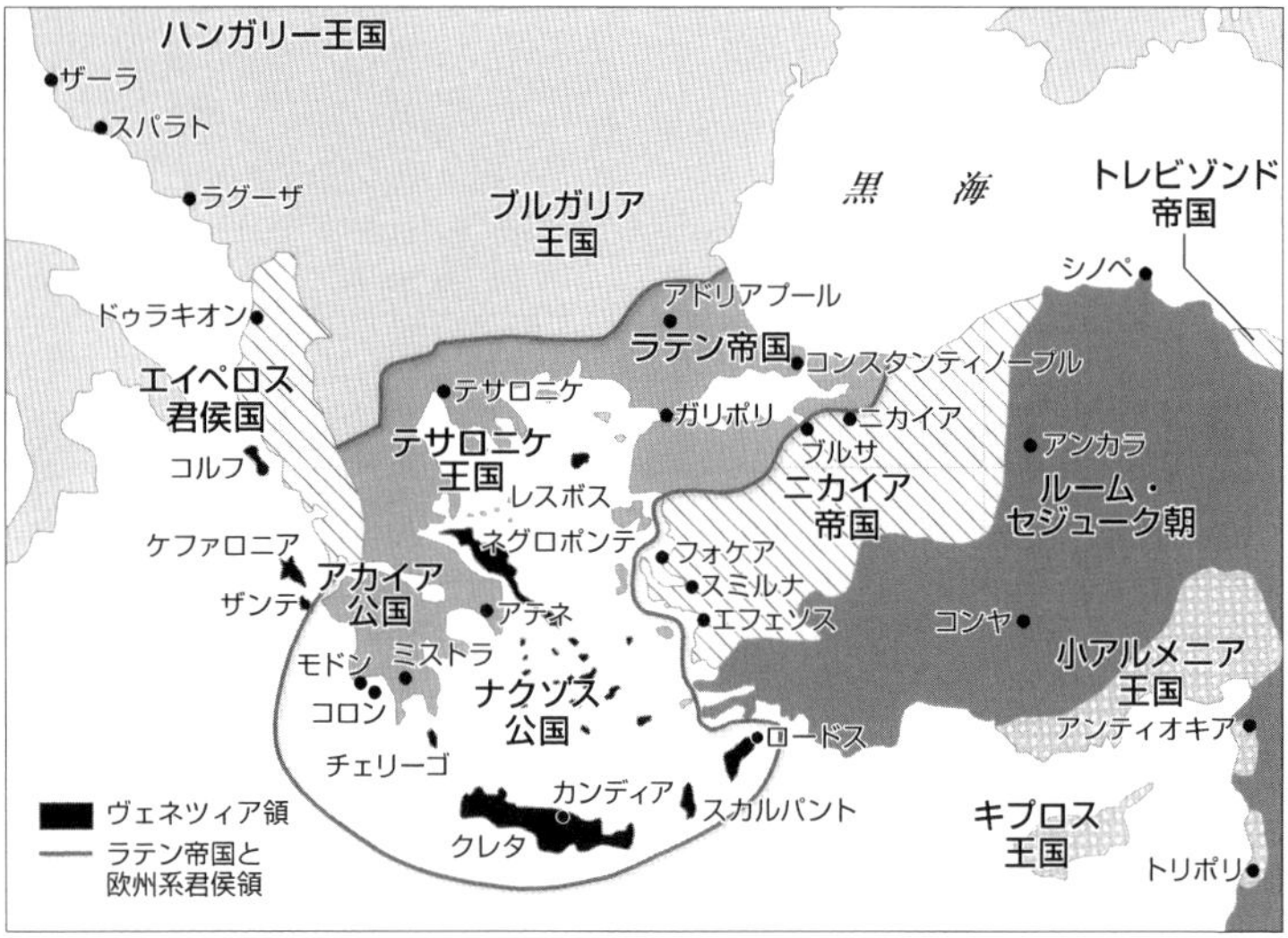

第四回十字軍後のヴェネツィアの領土

ードがナクソス公国を建てている。サヌードらはラテン帝国の皇帝に臣従し、ヴェネツィア本国とは緩やかな共同関係しかなかったが、ラテン帝国崩壊後はヴェネツィアが実質的に支配するようになった。ネグロポンテ島（現エヴィア島、古代ギリシアではエウボイア）は一二〇五年にモンフェラート侯ボニファチオが征服したあと、三人のヴェローナ人に譲渡されていたが、ヴェネツィアはこの三名の領主をヴェネツィアの封臣として、間接支配下においた。一二一六年以降には統治官を送り込んで次第に支配を拡大し、一四世紀末に直接支配下におさめている。

　領土として獲得したとはいえ、実際にその地域をヴェネツィアの支配下におさめるためには、実力でライヴァルを排除し、宗主権を確立しなければならない。クレタ島は、もともとモンフェラート侯に割り当てられていたものを、ヴェネツィアが買い取ったのであるが、東西に長く延びた大きな島だけに領土としての面積も大きく、多くのギリシア人住民の暮らすクレタ島を治めるために、ヴェネツィア共和国は自国の貴族を植民者として送り込み、時間をかけて支配を広げていくことになった。

これらの領地が、ヴェネツィアの東方交易を支える拠点になった。商品を運ぶ航海の途中でヴェネツィア商船が立ち寄る補給基地となり、悪天候や海賊などから身を守る避難場所にもなった。ライヴァルと争う際の基地でもある。第四回十字軍で得た拠点が、ヴェネツィア共和国が東地中海の海上覇権を打ち立てる基礎になったのである。

2　四つのイタリア中世海運都市

ヴェネツィアがコンスタンティノープルで得た特権は、ライヴァルとなるピサとジェノヴァを排除するためにも活用された。

中世の地中海で活躍していた海運都市はヴェネツィアだけではない。イタリアで栄えた海運都市のなかでも特にぬきんでていた都市が四つある。アマルフィ、ピサ、ジェノヴァ、ヴェネツィアである。これら四都市は互いに競いあいながら、ビザンツ帝国やイスラーム世界との取引で繁栄を築いた。

アマルフィ――南イタリア随一の海運都市

最初に地中海に登場したのは南イタリアのアマルフィである。

断崖と海に囲まれたアマルフィ

アマルフィは、五世紀から六世紀にかけて、東ゴート人の侵入から逃れるために、海に面し崖を背後にした険しい峡谷に建設された海港都市である。ヴェネツィアと同じく、安全を求めて立地を定めたため、山を越えての陸との行き来は難しく、他都市との往来にはもっぱら船が使われた。このため、目の前に開けた海での交易に乗り出していくのは当然のなりゆきであった。七世紀まではナポリ公国の一部としてビザンツ帝国の宗主権のもとにあり、ビザンツ領であった南イタリアと東地中海《レヴァント》沿岸との交易に従事することで急速に発展した。八三九年にはナポリ公国からの独立を宣言して、市民自ら代表者を選ぶ共和国となった。

アマルフィは、ビザンツ帝国の緩やかな宗主権のもとで、ビザンツ帝国と北アフリカとの間で活発な交易を展開し、南イタリア随一の商業都市として繁栄した。特にエジプトとパレスティナから購入した奢侈品は大きな利益をもたらし、ビザンツ帝国では黒海沿岸にも進出して交易をおこなっている。西方の商人のなかで最初にコンスタンティノープルに居留区をおくことを認められたのもアマルフィ人であった。

しかし、一〇七三年にノルマン人によって征服され、ロベール・ギスカールをアマルフィ公と認めて支配下に入って以後、ビザンツ市場から追われることになった。さらに王位を認められて、ノルマン朝シチリア王国をたてたルッジェーロ二世が一一三一年、この都市を征服し、シチリア王国に併合した。自治権を失ったアマルフィは、以後、急速に衰退する。交易都市としてのアマルフィは、ティレニア海に現れたライヴァル、ピサに繁栄の座を譲り渡したのである。

ピサ——十字軍輸送で商業特権を獲得

ピサの歴史は古く、紀元前三世紀に建設されたローマの植民都市を起源とする。イタリア半島中部、アルノー川とアウゼール川の支流とが合流する地点に生まれた川の港である。内陸の河川交通の中心となり、舟運を通じてティレニア海に開けていた。

西ローマ帝国滅亡後、中世のピサは、まずはランゴバルド王国、次いでフランク王国の支配下にあったが、一〇七〇年頃に独立し、自治都市コムーネとなった。その力の源泉になったのが海運であり、九世紀から北のジェノヴァとともに北アフリカのイスラーム勢力と争いながら、ティレニア海にある大きな島サルデーニャ島の大部分を領有した。一一世紀以降は、ティレニア海随一の海軍力を誇ってきたアマルフィを実力で上回ったと考えられている。

そのピサにとって、十字軍が東地中海への進出の契機になった。

アルノー川とアウゼール川の支流の合流地点に位置するピサ（ヤコポ・フィリッポ・フォレスティ画、1540年）

ピサは十字軍遠征の物資輸送を担って東地中海に進出し、アンティオキア侯国建設を援助した功績で、征服地での商業特権を得た。さらに、一一一一年にビザンツ皇帝アレクシオス一世から二つの商業特権を得る。一つはコンスタンティノープルに船着き場一ヵ所を備えた専用居留区を持つこと、もう一つは関税を四パーセントに減免するというものである。ピサはこの特権を得るために、先にコンスタンティノープルに居留区を持っていたアマルフィと協力関係を結んだが、のちにこれをひるがえし、一一三五年と一一三七年の二度にわたってアマルフィを攻撃し、甚大な被害を与えて、アマルフィからティレニア海の制海権を奪い取った。

一二世紀初頭、コンスタンティノープルで商業特権を得て、本格的に東地中海での商業に乗り出したピサに対して、ライヴァルの出現を警戒したヴェネツィアは小競り合いを繰りかえすことになった。

一三世紀に入ると、ピサは西地中海でコルシカ島とサルデーニャ島の支配権をめぐってジェノヴァと争った。しばらくはピサが優勢であったが、やがてジェノヴァが勝るようになる。一二八四年のメロリアの海戦での敗北が決定的であった。この敗戦によってピサはティレニア海での制海権を失い、一三二五年にサルデーニャ島を失ったあと、地中海の海運勢力としてはジェノヴァに栄光を譲ることになる。

自治都市としてのピサはその後も繁栄を続けるが、近隣のフィレンツェ共和国が支配領域を広げるにつれてこれと争い、一四〇六年に征服された。一四九四年のフランス王シャルル八世のイタリア侵攻によって、フィレンツェ共和国がフランス王に降伏した際に一度独立をはたしたが、一五〇九年、再びフィレンツェに併合された。その後のイタリア戦争の過程でフィレンツェ共和国もまた滅亡するが、この地域はピサも含めて、メディチ家の大公が治めるトスカーナ大公国へと変貌した。

ジェノヴァ——ヴェネツィア最大のライヴァル

ジェノヴァも、アマルフィほど急峻ではないが、同じく崖を背後にして海に開けた海港都市である。この都市の起源は古く、紀元前五世紀頃に最初の居住地が作られた。この頃から船乗りや商人の暮らす港町であった。ジェノヴァもまた、六世紀から八世紀にかけて名目上ビザンツ帝国の支配下にあったが、その後、カロリング朝フランク王国の支配をへて、一〇九六年、誓約団体としての自治都市コムーネとなった。

リグリア湾に面した港湾都市ジェノヴァ（クリストファロ・デ・グラッシ画、15世紀後半）

イタリア半島の西に広がるティレニア海に面したこの都市の住民は、まず西地中海に向かった。一〇世紀、北アフリカのイスラーム王国ファーティマ朝が地中海に進出し、ジェノヴァを襲撃した。一一世紀後半には、ジェノヴァ人は同じく被害を被っていたピサ人とともに、北アフリカやティレニア海のサルデーニャ島やコルシカ島のイスラーム勢力と争うようになる。一〇八七年にはファーティマ朝の昔の首都マフディーヤを短期間とはいえ占領し、イスラームのスルタンから通行税の免除を勝ち取った。ジェノヴァは西地中海で、コルシカ島やシチリア島を中継地とし、北アフリカのマグリブ地域との交易を展開したのである。

ジェノヴァ人が東地中海に進出する契機になったのは、ピサと同じく、十字軍遠征である。

第一回十字軍から積極的に参加したジェノヴァは、貢献に対する恩賞と今後の軍事協力への見返りを要求した。シリア北部の重要都市であったアンティオキア攻略に補給面で大きな貢献をしたとして、一〇九八年、やがてアンティオキア侯となるノルマン人ボエモンから、アンティオキアで教会と商館と居住区、さらにジェノヴァ人の慣習に従って生活する権利を得たのが最初である。その後、港湾収入の三分の一の取得や関税免除といった特権が加わる。一一〇四年には初代イェルサレム国王ボードゥアン一世から、支配下の諸都市の土地や港湾収入の三分の一、

アンティオキアの攻囲戦（ジャン・コロンブ画、15世紀後半）

関税免除、人身保護、王国内での死亡時の財産保護など、さまざまな特権を得た。
ビザンツ帝国に対しては、一二世紀にピサとほぼ同条件の特権を得て交易に参入している。ヴェネツィア主導の第四回十字軍でビザンツ帝国が一時的に滅亡した際には、ヴェネツィアはピサやジェノヴァの商業特権を取り消して、ビザンツ市場から競争相手を駆逐した。しかしビザンツ帝国滅亡の際に、逃れた皇族らがラテン帝国に対抗してたてた亡命政権は、ヴェネツィアの海軍力に対抗するために、ジェノヴァの勢力を利用しようとした。
一二六一年三月、亡命政権ニカイア帝国のミカエル八世パライオロゴスは、ジェノヴァ人とニン

フェオの条約を結び、多くの商業特権と引き替えに皇帝の経費負担でジェノヴァが最大五〇隻の艦隊を提供すると取り決めた。ビザンツ帝国への海軍の供与は、かつてはヴェネツィアが担ってきた役割であるが、この場合の仮想敵はまさにそのヴェネツィアであった。この艦隊の出番がないまま、ヴェネツィア艦隊不在の隙を狙って七月、亡命政権はコンスタンティノープル奪還に成功し、ラテン帝国を滅ぼしてビザンツ帝国を再興した。ヴェネツィア人居留区は破壊され、帝国内でのヴェネツィア人の地位も地に落ちた。

ジェノヴァの交易拠点のひとつ、キオス（ファン・デル・クロフト画、1588年より）

この時点では艦隊が活躍しなかったにせよ、ニンフェオの条約で得た商業特権は、今後ジェノヴァが黒海・エーゲ海沿岸地域に進出するにあたって大いに助けになった。

ビザンツ帝国の領域である黒海・エーゲ海沿岸は、ローマ人の支配するところという意味で「ロマニア」と呼ばれたが、この地域でジェノヴァ人が築いた重要な拠点の代表格が、金角湾を挟んでコンスタンティノープルと向かい合う対岸のペラ地区、エーゲ海のアナトリア寄りにある島キオス、クリミア半島の港町カッファ（現フェオドシヤ）である。

黒海の北の奥から突きだしたクリミア半島は、東の黒海奥地の商業拠点であり、イタリア商人がになう地中海交易圏と、中央アジアを通じて中国へと連なるイスラームの交易圏との境であった。当然、双方にとって重要な商業ルートであったが、特に十字軍以来、重要性を増した。十字軍によって地中海東沿岸のシリアやパレスティナに十字軍国家が建設され、戦闘が続いて地域の政情が不安定になったことで、東方からイスラーム商人の手を経て地中海にいたる商業ルートは、この時期シリア・パレスティナを避けて、北の黒海沿岸か、南のエジプトをめざすようになったからである。黒海の港町カッファは、北方ルートの出口として、東方からの商品が集まる東西商業の最前線であり、ジェノヴァはここを拠点にすることで、東方からの物流のひとつ、黒海交易を支配することができたのである。

ビザンツ帝国の経済とイタリア商人

皇帝ミカエル八世はその後も、対ビザンツ十字軍の計画を阻止するために教皇と折衝を重ね、軍事に資金を投じた。フランス王ルイ九世の弟で、教皇の承認を受けて新たに南イタリアの支配権を得たシャルル・ダンジューが、またしてもビザンツ帝国への侵攻を企てていたからである。

侵攻阻止に力を注いだ結果、一三世紀半ば以降のビザンツ帝国の国家財政は逼迫《ひっぱく》していたが、帝国全体の経済も衰退していたわけではなかった。かつてはビザンツ帝国内の商工業者は、ヴェネツィア、ピサ、ジェノヴァなどのイタリア商人との競争に敗れて没落し、これが原因となって、ビザンツ帝国の経済が衰退したと考えられていた。しかし、近年ではむしろ、バルカン沿岸諸都市がイタリア商人主導の国際商業ネットワークに組み込まれたことによって、一四世紀半ばまで、地域によっては一五世紀半ばまで、ビザンツ帝国の経済活動が活性化したと評価されている。

とはいえ、これは現代の研究者による見方である。その時代に生きていたビザンツ皇帝にとって、コンスタンティノープルその他で我が物顔にのし歩き、はては十字軍とともにやってきて帝都を略奪したヴェネツィア人は腹に据えかねたに違いない。しかし、だからといってヴェネツィア人に対抗させるために特権を与えたジェノヴァ人がより好ましいとは限らなかった。強権的に押さえつけるだけの力がないときに、特権を独占する存在は望ましくない。バランスをとる必要があった。ビザンツ帝国との関係改善に努めたヴェネツィア共和国は、一二六五年、一二八五年、一三〇二年と徐々にかつての特権を取り戻すことに成功した。

東地中海という同じ舞台で、同じ海洋商業都市として、互いの権益を広げようとするヴェネツィアとジェノヴァは、正面切ってぶつかることになったのである。

ヴェネツィア対ジェノヴァ

この地中海の海運都市同士は、一三世紀から一四世紀にかけて大きく四度、戦火を交えた。一二六一～七〇年、一二九四～九九年、一三五一～五五年、一三七七～八一年と一〇〇年あまりにわたって続いた抗争のなかで、ヴェネツィアは何度も苦い敗戦を喫した。

しかも一四世紀は、ユーラシア大陸規模で黒死病の嵐が吹き荒れた時代である。内陸アジアで発生し、モンゴル帝国の商業ルートに乗って運ばれた黒死病は、真っ先に商業都市であるヴェネツィアやジェノヴァを襲った。感染は陸路で黒海沿岸のカッファに到達し、一三四七年にそこから出港したジェノヴァの船が、この感染症をヨーロッパに持ち込んだといわれている。九月下旬、シチリア島の港に入港したジェノヴァ船のなかで生き残っていた乗組員はわずかであったが、ここから感染が広がった。半年後の一三四八年三月までには、ジェノヴァやヴェネツィアを含むイタリア北中

黒死病はイタリアにも蔓延した（ルイージ・サバテッリ画、19世紀）

部の大部分に黒死病が蔓延《まんえん》していた。夏には北フランスやイングランドやアイルランドまで、晩秋にはオーストリアからドイツに侵入した。さらに二年のうちに、北欧やポルトガルまで到達している。たった四年で、黒死病はヨーロッパ全体を席捲したのである。

死亡率が高く、人から人へ感染する病である黒死病は、人口が多い場所ほど死者も多い。ヴェネツィアの人口は一三〇〇年の段階で、ヴェネツィア本島に一二万人、ラグーナ内の他の地域に四万人が暮らしていたが、黒死病が侵入した一三四七年から一年半のうちに、全住民の約五分の三が死亡したという。ジェノヴァでも、一四世紀初頭の人口は一〇万人に達していたが、一三五〇年までに約四割が死亡した。ジェノヴァのほうが死亡率は低かったとはいえ、ヴェネツィアの場合には一五〇〇年の段階で、人口は黒死病以前の数まで回復したのに対して、ついに人口が完全にもとの規模に戻ることはなかった。

このような甚だしい人口減少のなかで、ヴェネツィアとジェノヴァは東地中海の海上交易の覇権を争っていたのである。

なかでも最後になる第四次戦役はヴェネツィアにとって苦しい戦いであった。黒海出口に位置するテネドス島の支配権をめぐって始まったこの戦争では、本土のパドヴァの支配者《シニョーレ》フランチェスコ・ダ・カッラーラと同盟を結んだジェノヴァ艦隊は、一三七九年八月にアドリア海の奥、ヴェネツィアのラグーナのすぐ近くまで進撃し、ラグーナの一角であるキオッジアを占拠してヴェネツィアを包囲したのである。包囲は半年続き、ヴェネツィアは絶体絶命かと思われた。ところが翌年、ヴェネツィア艦隊は劇的な勝利を収め、逆転してジェノヴァを敗北に追い込んだ。

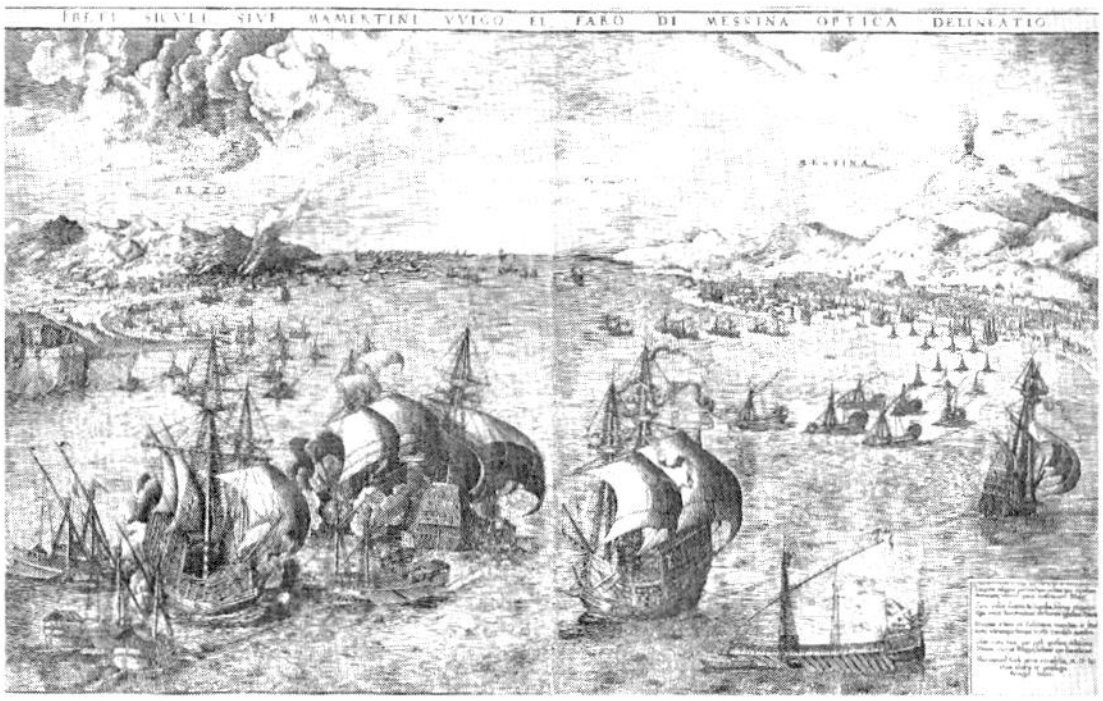

第三次戦役の一場面、メッシーナ海峡の戦い（1352年）（フランツ・ホイス画、1561年）

講和条約がトリノで結ばれたのは一三八一年である。講和条約はヴェネツィアがテネドス島を放棄するもので、有利とは言いがたかったが、戦後ヴェネツィアが急速な回復を見せたのに対して、ジェノヴァは国内の内紛に悩まされた。長い消耗戦を戦い抜いて勝利に持ち込むことができたのは、ジェノヴァ人があまりに個人主義的であるのに対して、ヴェネツィア人が共和国に対する忠誠と愛国心を捧げたからであるともいわれる。

この戦争に尽くした功績で、三〇家の市民がヴェネツィア貴族資格を与えられた。ジェノヴァはといえば、国内の有力な門閥家系による権力争いが絶えず、国内が一致団結して同じ方向に進むということがなかった。しかし、それぞれが利益を追求するジェノヴァ商人は、柔軟に状況に合わせて対応することに長けていた。

ジェノヴァは西へ——西地中海から大西洋へ

キオッジア戦争の敗北は、東地中海交易から即座にジェノヴァを排除するものではなかったが、この後、ジェノヴァはヴェネツィアとの対決を避け、東地中海交易の主導権をヴェネツィアに譲ることになった。一五世紀半ばにオスマン帝国によってビザンツ帝国が征服されたあとも、東地中海での商業拠点をなんとか維持したヴェネツィアに対して、ジェノヴァはそのほとんどを失うことになる。コンスタンティノープルはオスマン帝国の首都イスタンブルになり、黒海の港カッファも一四七五年にオスマン帝国に奪われた。キオス島だけはジェノヴァの手に残ったが、その権限を認める代償としてオスマン帝国に貢納を要求された。

しかし、ジェノヴァ人はこの損失を、地中海の西に重心を移すことで埋め合わせた。従来、西地中海で地歩を築いていたジェノヴァは、一三世紀末、ジブラルタル海峡を越えてイングランドとフランドルとの商業航路を確立した。ジブラルタル海峡は、長らく北アフリカからイベリア半島に領土を広げたイスラーム勢力が支配していたのであるが、一二九三年、イベリア半島のカスティーリャとジェノヴァの連合艦隊がイスラーム勢の艦隊を破ったことで、ジェノヴァ商船は定期的にフランドルのブリュージュに向かうようになった。ジェノヴァはこれまで地中海交易での対価となるフランドル産高級毛織物を、シャンパーニュの大市を利用して陸路で買い付けていたが、以降、フランドルとの直接交易に乗り出すのである。

その後、ジェノヴァはサルデーニャ島やコルシカ島をめぐってイベリア半島のアラゴン王家と争うが、ジェノヴァの商人はやがて成立したスペインやポルトガルでの事業に積極的に出資し、これらイベリア半島の二国が大西洋に向かう大航海時代の幕開けに、個々の商人として参加したのであった。

3 『ヴェニスの商人』

海上領土《スタート・ダ・マール》の拡大

ジェノヴァとの抗争に勝利した一三八〇年以降、ヴェネツィアはいっそうの東地中海進出政策をとった。第四回十字軍の戦果を一度目とすると、この一四世紀末から一五世紀にかけてが、東地中海におけるヴェネツィア共和国の支配領域拡大の第二波である。

一三八三年、間接統治にとどまっていたエーゲ海のネグロポンテ島（現エヴィア）が完全にヴェネツィアの支配下に入った。ペロポネソス半島のアルゴスとナウプリオン（一三八八年）、アルバニアのドゥラキオン（一三九九年、現ドゥラス）、コルフ島（一四〇二年、現ケルキラ島）、コリント（一四二二年）、サロニカ（一四二三年、現テッサロニキ）などが新しくヴェネツィア領になった。一五世紀初頭、ヴェネツィアの海上領土は最大になった。

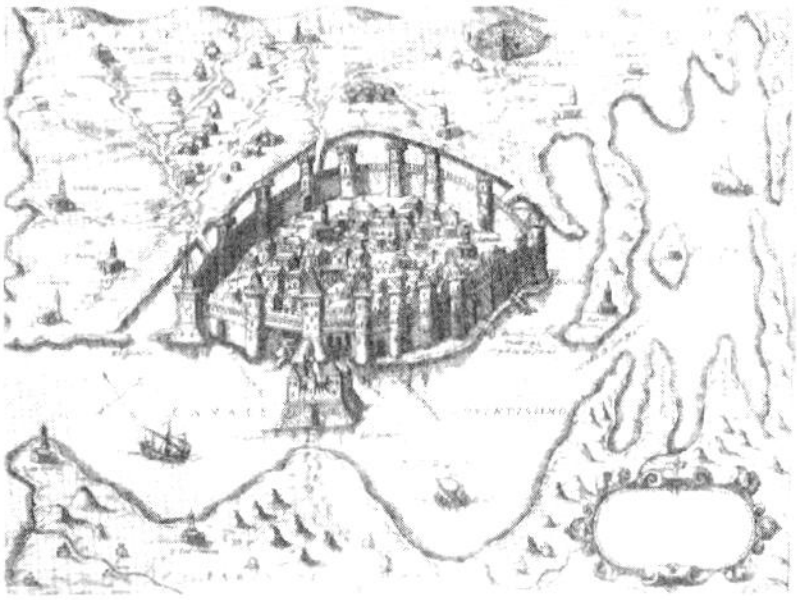

16世紀のネグロポンテ

このときのヴェネツィアの海上領土拡大には、オスマン帝国の勃興が影響を及ぼしている。一六世紀にヴェネツィアの海外植民地を脅かしたオスマン帝国の興隆は、この時期には東地中海《レヴァント》の小規模支配層に、ヴェネツィアの宗主権かイスラームのオスマン帝国への従属かという選択を迫ることで、ヴェネツィアの進出を容

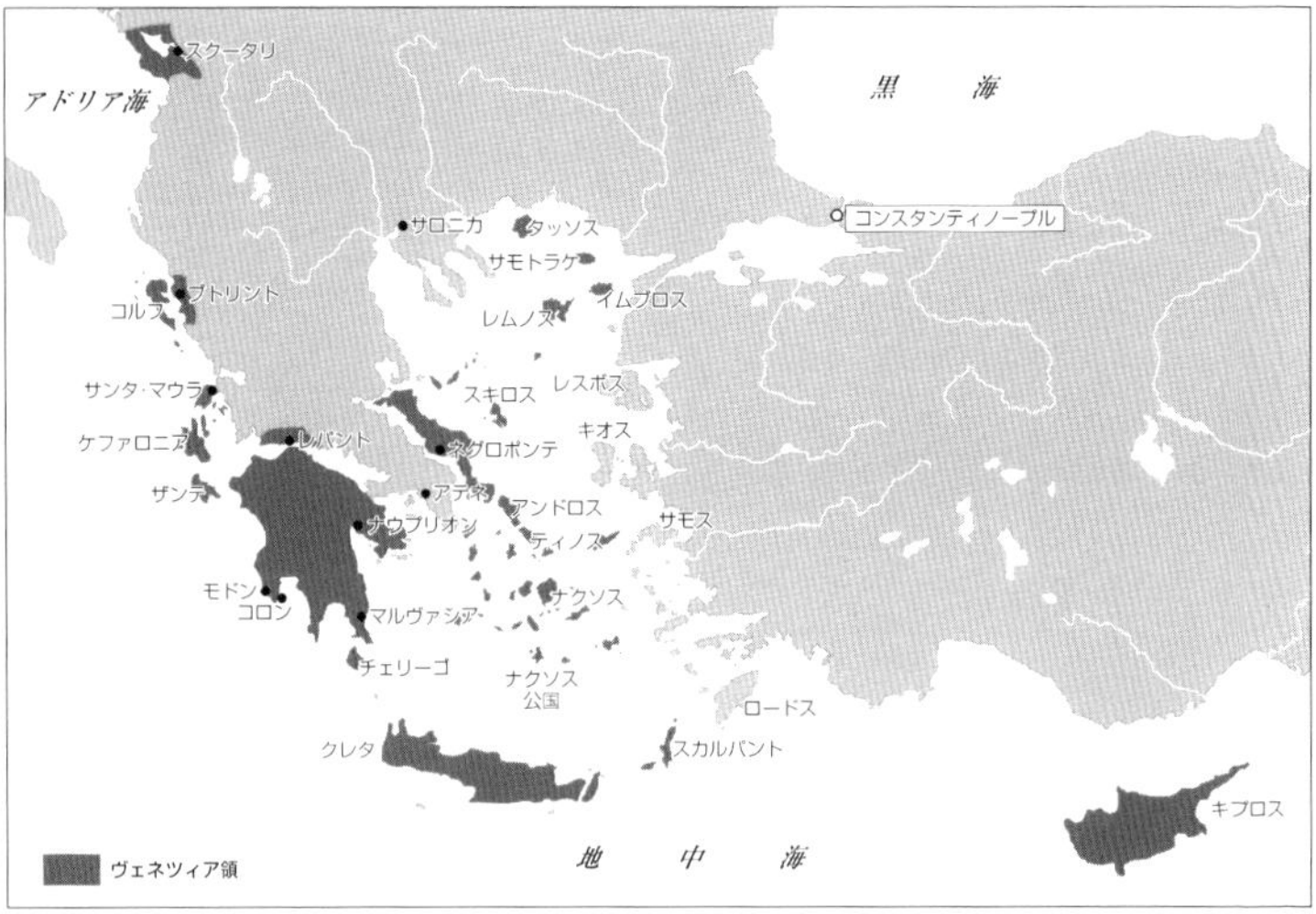

ヴェネツィアの海上領土

易にした。このような選択に直面した現地の支配者たちがヴェネツィアを選んだからである。そのために、ヴェネツィアはさしたる努力を払うこともなく、これらの地域に支配権を拡大することができた。オスマン帝国が地中海に進出してくるにつれて抗争で失われた地域もあったが、一五世紀のあいだは、ヴェネツィアはほぼ、この地域を維持することができた。

また、一四八九年にはヴェネツィアは譲渡によって、地中海の東の大島キプロス島を併合した。ヴェネツィア貴族の娘カテリーナ・コルナーロは「ヴェネツィア共和国の息女」としてリュジニャン家のキプロス王ジャコブ二世と結婚したが、夫の死去にともなって女王となり、一四八九年、ヴェネツィア共和国の意向にしたがって、共和国にキプロス島の統治権を譲渡して、退位した。キプロス島はヴェネツィアの直轄領となり、カテリーナは代わりの領地としてイタリア本土のアーゾロを与えられ、そこに宮廷を開いて余生を過ごした。翌一四九〇年には、エジプトのスルタンからもヴェネツィア共和国のキプロス領有が認められた。この島には温暖で広大な土地があり、一四世紀半ばからヴェネツィア人経営の下で砂糖プランテーションが行われていた。

これらの海上領土を基盤にして、ヴェネツィア共和国は長年のライヴァル、ジェノヴァの勢力を西に追いやり、東地中海交易をほぼ独占することができたのである。その領土のなかにはクレタ島やキプロス島といった、商業拠点としてくるにはあまりに広い地域も含まれていた。それまで陸の領土というものをほとんど持たなかったヴェネツィアは、東地中海ではじめて領土の征服と経営に乗り出すことになった。この時点でヴェネツィアは一種の「植民地帝国」になったと評価する研究者もいる。ヴェネツィアは、これらの海上領土を、同時期に獲得したイタリア本土の陸上領土に対して「海の国（スタート・ダ・マール）」と呼んでいる。

帆船とガレー船

海運商業都市ヴェネツィアに富をもたらした東地中海交易は、どのように行われたのであろうか。技術の発展をからめてヴェネツィアの歴史を書いたマクニールによれば、中世の地中海では二度にわたって船舶に関する重要な技術革新が達成された。なかでも一三世紀末から一四世紀初頭にかけて起こった第二の技術革新は、造船の技術だけでなく、より広範囲で複合的なものであった。

まず一三世紀中頃に羅針盤（コンパス）が実用化された。これによって、海図が作成され、冬季や曇天でも航海ができるようになった。これが一三世紀末のことである。さらに北ヨーロッパで発達したコグやコッカと呼ばれる丸型帆船《ラウンドシップ》が地中海に導入された。これは舷側の高い帆船で、船尾に

コグ船の例（ジャン・フロワサール画、15世紀）

取り付けられた「舵」をもち、四角の横帆を備えているために操船が容易で、従来の船に比べて大型化が可能であった。特にヴェネツィアのライヴァルであったジェノヴァでは、超大型の丸型帆船が発達した。

　このコグ船の特徴の一部を取り入れたのがガレー商船（大型ガレー船）である。ガレー船は本来軍用船として発達してきた細みの高速船で、オールを動力とするため自由な操船が可能であるが、その一方で、人件費や食費などのコストがかさむ船である。これを改良したガレー商船は、従来のガレー船（軽ガレー）の幅と深さとを拡大して積載量を飛躍的に増大させ、それに二枚か三枚の三角帆を取り付けて、帆を主な動力とし、オールを補助動力としたものであり、多くの防衛要員と漕ぎ手を必要とするが、その分、防衛力が高く、自由な操船が可能であった。ガレー商船は、従来ガレー船がもっていた安全性と大きな積載量を合わせもつ船であった。

　このガレー商船が最も発達したのがヴェネツィアである。ヴェネツィアを囲むラグーナやその基幹航路であるダルマツィア海岸では、島や入り江が多く、海岸線が複雑に入り組んでいるため、たやすく方向転換ができ、自由な操船ができるオール付きの商船が理にかなっていたからである。

　このガレー商船とコグ船は、ヴェネツィアでは一四世紀末には双方ともに大型化が進み、船数も増加した。ただし、水深の浅いラグーナに入る必要があったために、ヴェネツィアではジェノヴァのような超大型の帆船は建造されなかった。

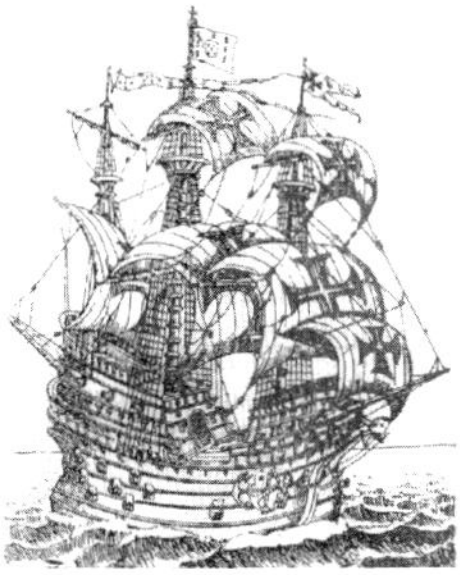

キャラック船の一例（ポルトガルのフロール・デ・ラマール号、フランシスコ・ロドリゲス画、16世紀頃）

帆とオールを動力として、積載量が大幅に増したガレー商船（コンラート・グリューネンベルク画、1487年）

一四六〇年以後になると、二つの船種の運命は別々の道をたどる。この時期がガレー商船の絶頂期で、商船団を組んだ航海が最も多く行われたのに対し、大型丸型帆船の数は減少し、総積載量は半減した。しかし、こうした状況は一六世紀になると急速に逆転し、大型丸型帆船の競争力が政府の積極的な保護政策によって著しく回復するのに対し、ガレー商船は急速に衰退し、その地位を大型丸型帆船に奪われるにいたった。理由は、造船・軍事技術の発達によって大型丸型帆船の操船能力がガレー商船のレベルに近づいたこと、防衛力でガレー商船をしのぐようになったために、コストの高いガレー商船による輸送の利点が失われたことであった。この革新によって生まれた大型丸型帆船がキャラック船であり、軍事上の革新とは火薬兵器、特に大砲の発達である。

ガレー商船の特徴

ガレー商船は、ヴェネツィアでは誕生して間もない一四世紀前半に、共和国が規格を統一し、国営造船所で建設する国有船となった。ヴェネツィア共和国では、一一〇四年から都市の東端に国営造船所《アルセナーレ》を作り、そこに造船機能を集

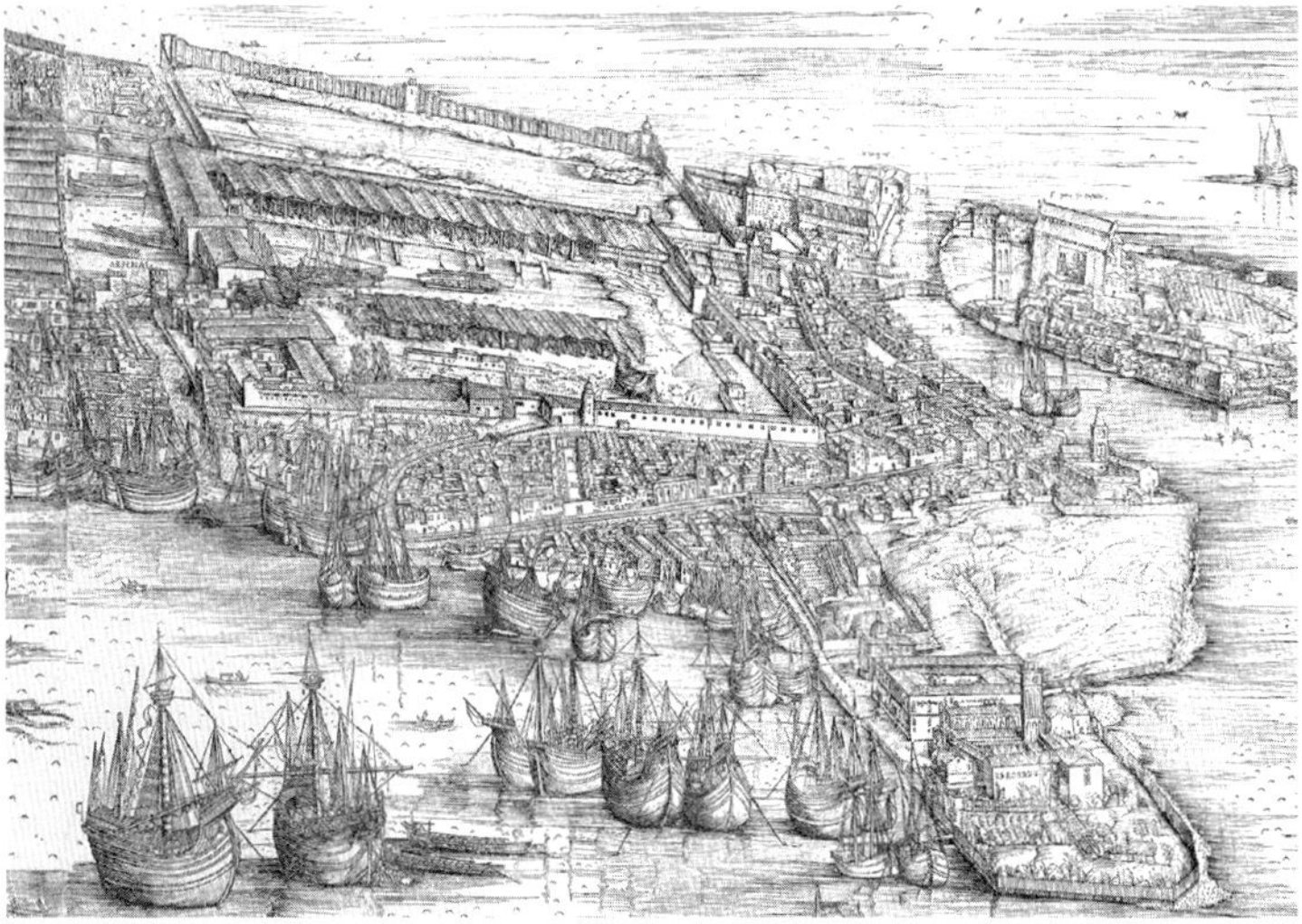

ヴェネツィアの国営造船所（アルセナーレ）（ヤコポ・デ・バルバリ画、1500年。部分）

約して、千人以上の技術者を国家の監督下においていたのである。

ガレー商船の特徴は、操船性が高いためにスケジュールどおりの航海が可能であり、防衛能力にも優れている反面、有給の漕ぎ手を多数必要としていたために輸送コストが高いことである。ガレー船の漕ぎ手は過酷な労働であり、一般的には犯罪者への刑罰や奴隷労働でまかなうことが多いが、ヴェネツィアでは一五四〇年代まで、ガレー船の漕ぎ手は市民や支配地の住民の中から有給で雇っていたからである。

輸送コストを帆船と比較すると、一四世紀末のジェノヴァの大型帆船の中には載貨重量一〇〇〇トンのものもあったというが、このような大型船でも乗組員は一〇〇名程度であったから、単純計算をすれば一人当たりの輸送量は一〇トンということになる。これに対して、ガレー船では最大級の積載量を有するガレー商船でも積み荷の載貨重量は二〇〇トンほどであり、乗組員二〇〇人として計算すると一人当たり一トンの輸送量にとどまる。帆船と比較すると、約一〇分の一であり、さらに乗組員の給料や食費などを考えると輸送コストは著しく高い。ただし、犯罪者や奴隷でなく、市民が漕ぎ手になることで、海賊や敵船に襲われた際に彼らも戦闘員に数えることができるため、防衛費用の面ではプラスの点もあった。

国有定期ガレー商船団のムーダ航海

このガレー商船のメリットを生かすために、ヴェネツィアが一四世紀初頭に作り上げたシステムが、国家が所有するガレー商船が船団を組んで詳細に定められた規則に従って航海する制度ムーダ(muda)であった。このムーダ制度はヴェネツィア独自のもので、一五世紀にフィレンツェが取り入れようとしたが、不成功に終わっている。

ムーダ制度は、国家所有のガレー商船が、詳細かつ厳格な国家規制の下に船団航海をおこない、同時に航海の経済面の運営は私人がになうシステムであった。国営造船所で建造されたガレー商船は、一航海ごとに一隻ずつ使用権が競売にかけられて、最高価格をつけた提供者が落札した。この代金によって各船の償却費、艤装費をまかなうしくみである。入札資格は三〇歳以上のヴェネツィア貴族とヴェネツィア市民権保有者に限定されていた(齊藤寛海『中世後期イタリア商業と都市』)。

競売の際には元老院の承認を受けたガレー商船の運行規定が提示され、そこにはその船団の船数、艤装、武器の種類と数、ヴェネツィアからの出港日、航路、寄港地とそこでの停泊期間、乗組員の構成やリクルートの方法、給料、乗組員が無料で積み込むことのできる荷物の量、船倉に積み込まれる荷物の種類とその輸送料、ヴェネツィア出入港時の関税額など、詳細な規定が記されていた。

落札者は、その船に自らの商品を優先的に積み、そのうえで輸送料と引き換えに他人の商品も積むことができた。ただし、その輸送料は誰に対しても平等でなければならず、また限度額以上での徴収は禁止され、主要商品の輸送料はそれぞれに規定されていた。落札者は船の出入港税や国有倉庫の使用料などを航海に必要な付随経費として国家に支払い、交易で得た収入は国家と折半した。

海賊対策としての商船団方式

このシステムはひとつには、海賊対策から生まれたものである。海賊への備えは常に必要であった。ライヴァル都市などとの戦争が頻繁にあっただけでなく、当時はまだ商船と海賊船との区別が曖昧であったからである。犯罪者の集団でなくとも、無防備な船があれば、襲われて積み荷を奪われても不思議はなかった。

行く先ごとに二～五隻のガレー商船からなるこの船団の航海は、護衛兵として若い射手隊を伴い、定められた目的地までヴェネツィア共和国が領有する海岸沿いの寄港地を経由することで、嵐を避け、食料・水の補給や故障箇所の修理も受けつつ、安全に航行できるしくみになっていた。この航海は、原則として毎年定期的に行われた。安全性は高いがコストもかかるガレー商船の特徴を生かすために、この航海の主目的はスパイスなどの奢侈品の購入、販売である。

主要な目的地は、一三三〇年代にはもっぱら黒海沿岸のターナやコンスタンティノープル、キプロス島であったが、一三四〇年代には、マムルーク朝スルタンの保護下で商館を開設していたエジプトのアレクサンドリアへの航海が定期的になり（一三六、一三九頁参照）、一三六〇年代にはキプロスからシリア沿岸まで航路が延長された。

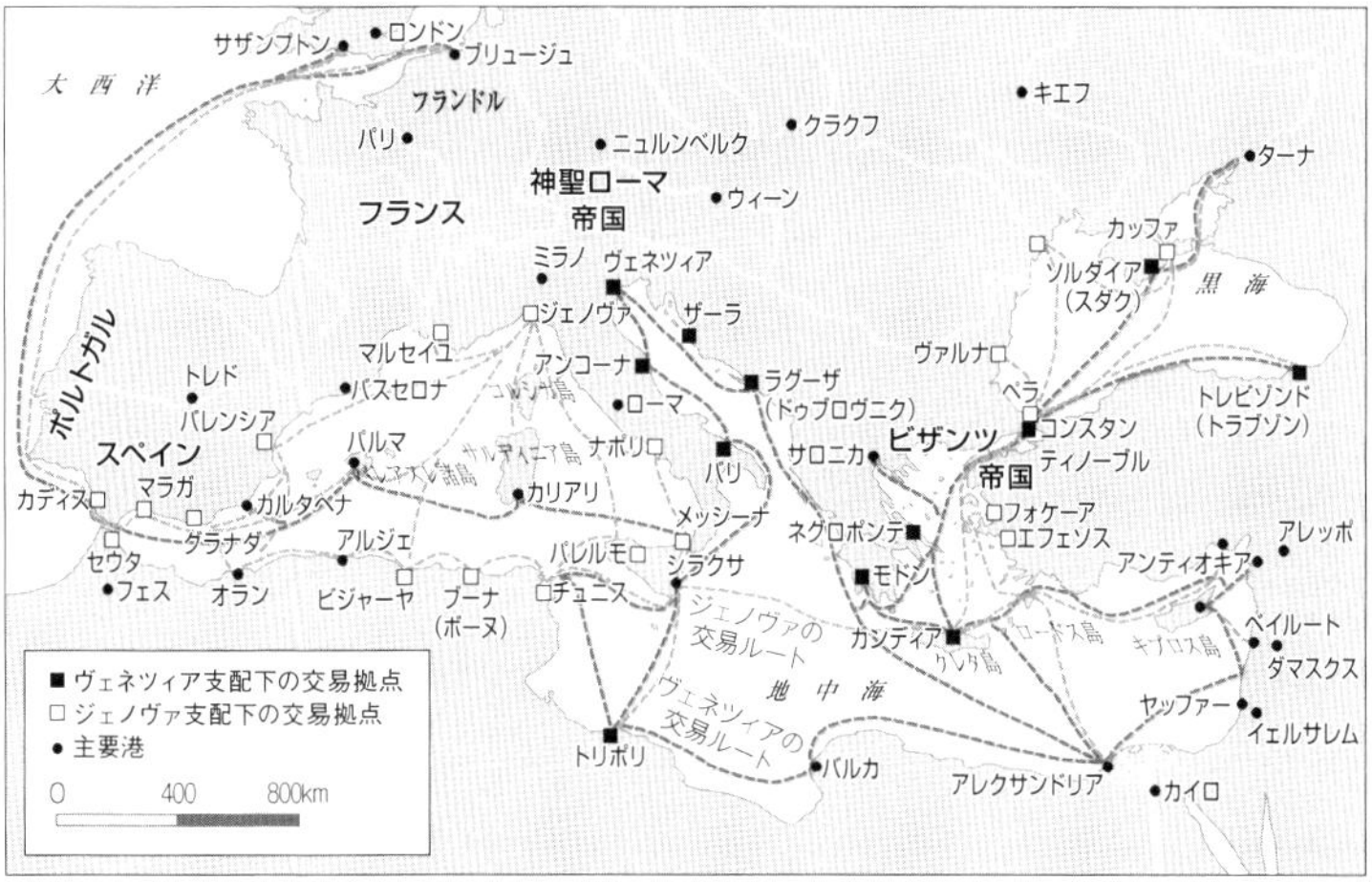

ヴェネツィアとジェノヴァの地中海交易ルート
出典：J. L. アブー・ルゴド『ヨーロッパ覇権以前（上）』（岩波書店、2001年、再版2014年）

さらに一四世紀前半からはフランドル地方（現ベルギー）やイングランドが、一五世紀になるとさらに南フランスのエーグ・モルトからバルセロナ、北アフリカのマグレブからバレンシア、東北アフリカ一帯が加わった。一四世紀には東地中海と北海が主な行先であったのが、一五世紀には西地中海および北アフリカがこれに加わったのである。

国有定期ガレー商船団《ムーダ》の制度は、一四世紀に定期的な運用が確立された四つの航路（ギリシア〔ロマニア〕航路、キプロス・シリア・パレスティナ航路、アレクサンドリア航路、フランドル航路）がヴェネツィアの東西交易の大動脈としての役割を担い、一五世紀に加わった航路はそれを補う役割を果たした。ジェノヴァが先に開拓した西地中海では、ジェノヴァのほうが優勢であったからである。

高価な奢侈品を主な積荷とする国有定期ガレー商船団は、このような主要航路を毎年定期的に航海することで、効率を高める工夫であった。国家がガレー商船団の出港や帰港の時期などを厳格に定めたのは、スケジュール通りの航海をすることで商品の回転を速めて利潤をより大きくするためであり、商船の有効利用を維持するためであった。

さらに、その定期性を確立することでヴェネツィア商業に一定のリズムが作り出された。各種ムーダによって運ばれる国際的需要をもつさまざまな商品が、決まった時期に都市ヴェネツィアの商業地区であるリアルトに到着することで、持続的な商品の入手が可能となったのである。また、輸送料が公定制であったために、ヴェネツィア市民であれば、誰もがこの商船団に荷を積むことができ、それによって少数のものが独占的な利潤を上げることを不可能とした。さらに交易の利益は、関税収入という形で国家財政に吸収され、市民の間に再分配することができたのである。このことは商人貴族の共同体としてのヴェネツィアの政治的安定に大きく寄与することになった。

国有定期ガレー商船団のムーダ制度は、ガレー商船のメリットを有効に引き出すとともに、その定期性によってヴェネツィア商業全体に影響を及ぼすリズムを作り出した制度であり、さらには富の再分配にも寄与した制度であった。

何を売り買いしたのか

しかし、国有定期ガレー商船団制度がいかにヴェネツィアに特徴的な制度であったといっても、それだけがヴェネツィアの交易であったわけではなく、奢侈品だけがヴェネツィアの商品であったわけでもない。ガレー商船による交易はヴェネツィア商業の一部を占めたに過ぎない。

ヴェネツィア人が扱った最も古い商品は塩である。誕生後しばらくのヴェネツィアは、河川を通

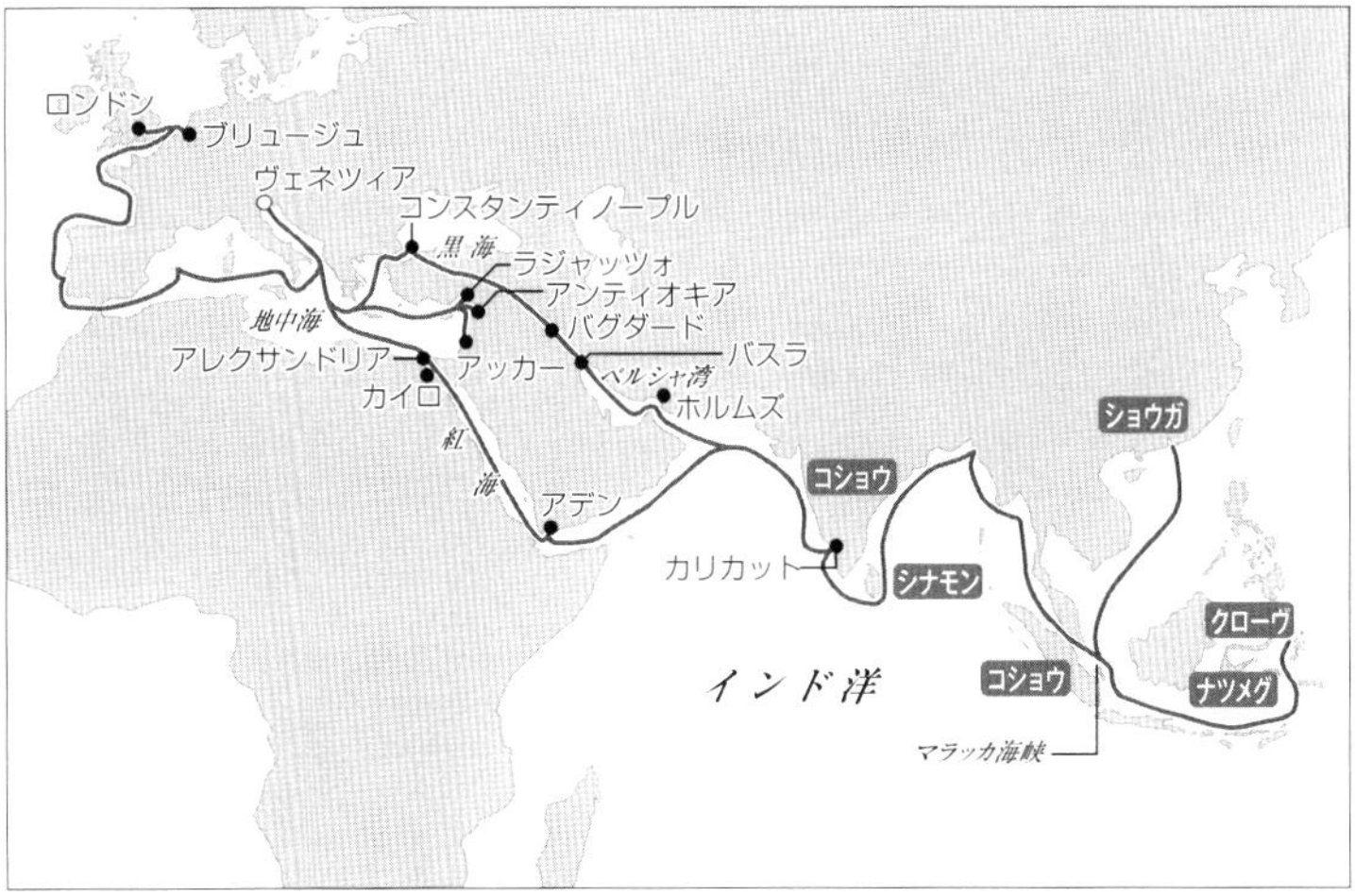

東方からヨーロッパへの香辛料交易ルート

じた交易により塩田で作った塩を対価に穀物を買い入れて生活した。やがて海外に領土を広げると、そこでも製塩を行い、ヨーロッパ各地に輸出できるようになった。

一〇〇〇年以降、アドリア海から東地中海交易へと乗り出すようになると、アルプスを越えた北のドイツとの境から鉄・銅・木材や奴隷などを輸入し、それらを東地中海交易でビザンツ帝国やイスラーム諸国向けに輸出し、それを対価として香辛料や絹織物を購入した。さらに西ヨーロッパに再輸出するためである。

特に十字軍ではじめて目にした奢侈品にあこがれたヨーロッパの人々によって東方商品の需要が高まったうえ、以前から取引のあったエジプトに加えて、東地中海で多くの商業拠点を獲得したことにより、調達できる商品も増加した。商業関係の契約書にはさまざまな商品が登場する。金・銀・宝石・水晶・ガラス・毛皮などの奢侈品のたぐいや、錫《すず》や水銀、さらに小麦・ワイン・オリー

表2-1　ヴェネツィアの交易品目と輸出入先

[輸出]

ヴェネツィア→ヨーロッパ	香辛料、陶磁器、絹織物、香水、奴隷、綿、綿織物、生糸、砂糖、葡萄酒、塩、ガラス、鏡、明礬、染料など
ヴェネツィア→イスラーム世界	奴隷、毛織物など

[輸入]

ヨーロッパ→ヴェネツィア	毛織物、木材、金属（銀、銅、金、鉄）、羊毛、絹織物、亜麻織物、麻織物、毛皮、琥珀、小麦、葡萄酒
スラヴ世界→ヴェネツィア	奴隷、小麦、木材、蜂蜜、ろう、毛皮、麻など
ビザンツ世界→ヴェネツィア	工芸品、絹織物、染料、明礬、奴隷など
イスラーム世界→ヴェネツィア	香辛料、陶磁器、絹織物、砂糖、綿織物、綿、生糸、麻織物、香水、奴隷など

ブ油・肉といった食料品もあった。

ヴェネツィア商業の最盛期に、ヴェネツィアがヨーロッパに供給したのは香辛料、香水、奴隷、絹、絹織物、綿、綿織物、明礬《みょうばん》（毛織物工業に使用する）、染料などであり、ヨーロッパからヴェネツィアへは、木材、金属、羊毛、毛織物、絹織物、金糸織、亜麻織物、麻織物などが輸入された。スラヴ世界からは木材、蜂蜜、ろう、毛皮、麻を、ビザンツ世界からは葡萄酒と絹織物を、イスラーム世界からは香辛料、砂糖、麻織物、綿織物、綿、香水などを輸入した（表2－1参照）。一五世紀初頭のヴェネツィアは、インド洋からシリアを経由してヨーロッパ市場に向かう香辛料の約六割を支配していた。一五世紀末にはさらに七割に増加し、取引量は頂点に達した。

都市ヴェネツィアの国内消費用としては、小麦、香辛料、木材、瀝青《れきせい》（船の防水に用いる）、石材、麻などを輸入し、都市ヴェネツィアで生産した装身具、ガラスなどのファッション製品も輸出している。さらにヴェネツィアや海上領土の産物である塩、海上

表2-2　ヴェネツィアの交易品目と運送方式

船の種類	種別	距離	主な交易品目
国有ガレー商船	ムーダ航海	遠距離	スパイスや絹織物、陶磁器、宝飾品などの高価軽量の奢侈品
私有の大型丸型帆船	ムーダ航海	遠距離	綿や砂糖、明礬、米など、国際的に需要の高い地中海各地の特産品
私有の中・小型丸型帆船	自由航海	近距離	穀物、オリーヴ油、羊毛、木材、塩などの日常的な食料や生活物資、工業原料

領土のクレタ島やキプロス島でとれた砂糖、小麦、葡萄酒、羊毛なども輸出した。

運送方式別にヴェネツィアの交易品目を分類すると、まずスパイスや絹織物、陶磁器、宝飾品などの高価軽量の奢侈品があげられる（表2－2参照）。価格が高く、商品一つあたりに高い輸送費を払ってもなお十分な利益の見込めるこれらの商品は、前述の国有ガレー商船によるムーダ航海によって運ばれた。

ふたつめが、原料や食料品ではあるが、国際的な需要があるにもかかわらず、特定の産地でしか産出しないために、遠隔地の市場においては貴重な商品となるもの、つまり綿や砂糖、明礬、米など、主に地中海各地の特産品である。これらは比較的価格が高いため、国有ガレー商船よりはゆるい国家規制のもとで、私有の大型丸型帆船によって運ばれた。たとえばシリアから原料としての綿を輸入し、イタリア北部やドイツ南部に輸出する「綿ムーダ」などがこれにあたる（一三八頁参照）。

また、黒海沿岸から輸入した奴隷も主として丸型帆船で運ばれた。奴隷をガレー船で運搬することを禁じる法律があったからであるが、これには違反が多く、一四一二年に元老院が規制を強化している。

そして第三が、ごく普通の日常的な食料や生活物資、工業原料で、たとえば、穀物、オリーヴ油、羊毛、木材、塩などである。これは価格が安い割に重くかさばって輸送量が多くなるために、採算を取るためには輸送はほとんどが近距離であった。使用船舶は中・小型の丸型帆船で、共和国の関与しない自由航海となる。

どのタイプの船であれ、船のバランスをとるためには、バラストとして船底に重いものを積む必要がある。そうしたバラストにはピッチ（瀝青などの樹脂）や灰なども含まれていた。

リスク分散の投資方法――契約に基づく共同出資

前述のムーダは、安全面でのリスク軽減のために考案された方法であった。資金面のリスクを軽減するためには、契約によって資金提供者を増やし、リスクの分散をはかる方法が考案された。ヴェネツィアでは、商人たちは「フラテルナ（fraterna）」と呼ばれる家族商会のかたちをとった。父の財産相続人である兄弟は、基本的には独立せずにともに暮らし、財産を分けない。兄弟は共同出資者であり、ともに仕事を分担した。父や兄弟の一人が故郷に残って商会全体の事業を監督し、輸出用の商品を買い付け、輸入品を販売する手配をする。ほかの兄弟たちはその商品を船に積んで航海に出かけ、目的地で売りさばいて、帰路にはまた別の商品を購入して持ち帰る。家族経営の企業のようなものである。

それでは、家族に恵まれない、あるいは家族の資金を集めても十分な額にならない商人はどうすればいいのか。

イタリアでは、海上交易を行うために必要な「船」という大きな資本を多人数で分割し、少額の資本しかもっていない商人でも交易に参加することができるシステムが開発された。イスラーム世界では以前から活用されていたので、その影響だともいわれるが、イタリアでは一一世紀末までに、一般的には「コンメンダ（commenda）」、ヴェネツィアでは「コッレガンツァ（colleganza）」と呼ばれる契約が登場する。これは血縁がなくとも多数の人々が特定の目的のために互いに助け合う仲間をつくるための契約方式で、多くは経済的な目的のための団体をつくるために結ばれた。

コッレガンツァ契約では、商売に必要な資本金の三分の二をひとりのパートナーが出費し、残り三分の一を別のパートナーが出資する。出資額が少ない契約者は資金の代わりに商品を携えて旅をし、船が寄港する港々で実際の売買に従事した。資金ではなく労働を提供するのである。実際に航海に出かけた契約者は、出資してくれた仲間に対して、共同資金でおこなった全取引の計算書と旅行およびその他の支出の記録を帰国後三〇日以内に提出することを法律で義務づけられており、事業の収益は必要経費を差し引いたあと、折半することになっていた。

ヴェネツィアでは、やがてもっと若く資金のない若者たちでも商業に参入できるように、実際の商業に従事する側は、自らは資金を負担せず全額出資してもらい、代わりに収益の四分の一を得るという、この契約の応用形が一般化した。さらに一度にひとつの契約だけに従事するのではなく、ひとりの出資者がいくつもの契約に投資し、あるいは実際に商業に従事する側も幾人もの出資者からの資金を得て、商業をおこなうことが一般的になった。ひとりの人物がいくつもの契約を掛け持ち、ある契約では出資者に、別の契約では出資を受けて働く側になることもあったのである。

一六世紀のイギリスの劇作家シェイクスピアが書いた『ヴェニスの商人』では、主人公の友人で裕福なヴェネツィア商人アスカーニオが、投資した商品を積んだ船が嵐に遭って沈没したために全財産を失って、ユダヤ人金貸しシャイロックに借金を返せなくなり、返済の代わりに胸の肉一ポンドを要求されて絶体絶命の危機に立たされるが、実際のヴェネツィア商人は、ひとつの航海だけに全財産を投じることはまずなかった。

一四世紀にはさらに、商用航海のたびに契約を結ぶのではなく、重要な交易都市ごとに代理人を常時駐在させることが一般化する。遍歴商業から定着商業への変化といわれるもので、出資者が本店となり、海外の大きな支店に給与で雇われ、その地で何年も勤務する駐在員をおく形態である。郵便制度が確立し、本店から支店へ詳細な注文を送ることができるようになると、この経営形態がヨーロッパで一般的なものになった。ただし、手紙が届くには時間がかかるため、地中海の島々やシリア、黒海といった遠方の支店の駐在員には、大きな裁量権が与えられるようになった。こうした駐在員の多くは五年から一〇年にわたって同じ場所で勤務するが、駐在員からはじめて経験を積み、利益を上げた後、やがて独立して自分のために働く交易商人になった。

公債制度

イタリア諸都市ではさらに、個人の資本を公共の目的のために動員する方法が開発された。公債制度である。

この公債は、もともと市民が自発的に都市政府《コムーネ》に資金を貸し、見返りとして出資金に応じた一定の利子を受け取り、都市の財政が許せば償還して現金化も可能というものであった。ヴェネツィアでは市民が、民間の商船に投資するのと同じように国営船や政府に投資を行い、その出資分は年限を定めて市場からの収入や塩税収入などの中から、利子をつけて出資者に償還された。

ところがヴェネツィア共和国では、一三世紀のあいだに、通常の公債に加えて富裕な市民に強制的に公債を購入させる強制公債の制度が作られた。所有する財産の額に応じて公債が割り当てられたのである。一三世紀前半に公債を専門に扱う役所が設立され、一二五八年には、公債割り当ての基準とするために資産調査がおこなわれた。強制公債は、政府が臨時に多額の支出が必要なときの資金調達の方法として活用された。この強制公債制度によって、ヴェネツィアは時に膨大な額に上った軍事費をまかなったのである。

強制公債の制度は、フィレンツェ共和国でも同じく一三世紀に現れた。しかし、個人主義的な傾向が強いと言われるジェノヴァでは、インフラ整備と軍事費を公債でまかなったところは同じでも、強制公債のかたちはとらなかった。ジェノヴァでは共和国への貸し付けは、一定の収入を生み出す国家機能の株式を購入することを意味したのである。これは一種の徴税請負制度につながっていく。

公債が一種の税として機能したヴェネツィアでも、公債は投資の意味ももった。公債は利子が支払われるだけでなく、市場で売買することもできたからで、一四世紀、コッレガンツァ契約での一般的な利益が年八～一五パーセントであったのに対し、公債の利益は市場での売買を含めると実質利率は一二～一五パーセントにのぼった。商業利益と同じかやや上回る利益で、安定した投資先として、たとえば貴族の女性が結婚の際に婚家にもたらす持参金、つまり嫁資としても、好まれる資産となった。

第3章　商人の共和国——元首・大評議会・元老院・十人委員会

こうして東地中海交易で主導的な役割を果たす勢力となったヴェネツィアの政治は、どのように運用されていたのであろうか。

ヴェネツィア共和国は「サン・マルコの共和国」の名のほかに、もうひとつ「いとも晴朗なる《ラ・セレニッシマ》共和国」とも呼ばれた。セレニッシマとは「雲一つなく晴れわたった空」や「波一つなく穏やかな海」を表すときに使う形容詞セレーナの最上級である。「ラ・セレニッシマ」とはヴェネツィアが自らの繁栄と政治的な安定を誇った自称であり、他国が捧げた敬称であった。

1　ヴェネツィアの貴族共和政

初期の元首

ヴェネツィア共和国を率いる元首はドージェ（Doge）と呼ばれた。もともとはビザンツ皇帝が任命した役人である公《ドゥクス》（Dux）に由来するが、やがて九世紀にはほぼ独立して、ヴェネツィア人の代表者が選ばれるようになった。

ヴェネツィア人の代表としてのドージェは、初期の数百年は絶対的な権力者であり、有力家系出身者が互いにその座を奪いあった。現職の元首が自らの息子をまず補佐役に据え、やがては後継者に任命されるようにはからう一方、他家の有力なライヴァルはそれを阻止し、地位を奪おうとしたからである。「政争のない平穏な共和国」は後世に作られた神話であって、初期のドージェは血みどろの抗争を繰り広げることもあった。

九世紀の八三〇年代、ドージェは選ばれて任命されるようになった。パルテチパツィオ家、オルセオロ家、カンディアーノ家といった有力家系があったが、三世代以上続けて元首の座を占めることはほぼなかった。

元首《ドージェ》の政治基盤は、市民が拍手によって承認を与える市民集会（アッセンブレア・ポポラーレもしくはアレンゴ）にあったと考えられている。ヴェネツィアの人々は、元首が世襲の君主になることを望まなかった。

たとえば、九五九年に元首となったピエトロ・カンディアーノ四世は、たいへん裕福であったト

第22代元首ピエトロ・カンディアーノ4世

スカーナ侯の妹と結婚するためにヴェネツィア人の最初の妻と離縁し、花嫁の持参金としてフリウリ地方やトレヴィーゾ、フェッラーラにある広大な領地を得て、封建領主のように振る舞った。しかし、これらの領地を守るためにヴェネツィアから派兵したり、自らの権力強化のために外国から軍を呼びこんだりしたことで人々の敵意をかい、九七六年、まだ赤子であった息子とともにサン・マルコ広場で惨殺され、元首公邸も焼き払われた。隣にあったサン・マルコ教会にも延焼し、焼け落ちたほどであった。セレニッシマどころではない。

なお、この火事によって、なんと大切な聖マルコの遺骸が行方不明になってしまったのであるが、この悲話はのちの奇蹟譚によって語り直された。焼け落ちたサン・マルコ教会が再建され、一一世紀末に完成した際に、新聖堂の南側の翼廊で遺骸が再発見され、地下の墓所に埋葬し直されたというのである。この物語は聖マルコがヴェネツィア人の信仰心と富を祝福したもうた奇蹟と受け止められ、内部を金のモザイクで覆った壮麗なビザンツ建築で建て直されたサン・マルコ教会の名声をいっそう高めることになったのである。

その少し前の一一世紀前半に、元首ドメニコ・フラバニコのもとで、元首が自らの共同統治者として将来の後継者になる人物を指名する慣習が廃止され、元首の地位を世襲化しようとする有力者の試みはここで終わった。のちの史料では「いとも晴朗なる《セレニッシモ・》君主《プリンチペ》」という呼称が一般的になるが、ヴェネツィアのドージェが世襲の君主になることはついになかった。

一一四三年にはドージェを補佐するものとして有識者会議《コンシリオ・デイ・サーヴィ》が設立され、これがやがて大評議会に発展した。この大評議会は、ドージェが強大な権力を振るって世襲化し、君主になるのを防ぐために、入念に練られたドージェ選出制度を定めた。大評議会での票決とくじ引きを一一回も組み合わせた複雑な選挙制度は何世紀もかけて完成されることになった。票決を繰りかえすことで無能な人物を除き、くじ引きという偶然の要素（あるいは神の御意志）を何度も組み込むことで、選挙工作も買収も不可能になった。

一二世紀末には、ドージェは就任にあたって、国の法に基づき国益にかなうよう行動するという義務と責任を誓約することが定められた。第四回十字軍でヴェネツィア艦隊を率いた元首エンリコ・ダンドロが最初に誓約をおこなったドージェである。一一六五年にはドージェが国有財産を勝手に使用することが禁じられた。ヴェネツィアの政治体制は、ドージェの権限を制約することで発展していったのである。やがて、完成するヴェネツィアの政体は、貴族が平等に政治に参加する貴族共和政になった。

貴族共和政の成立――セッラータと貴族階級

ヴェネツィア貴族は爵位をもたない都市貴族である。「貴族共和政」というヴェネツィアの政体は、一二九七年から一三二三年にかけての一連の改革によって成立した。これを大評議会の「閉鎖《セッラータ》」という。最初の法令では、大評議会の議員資格を、現在の委員と一二九七年時点の四年前からかぞえて議席をもったことがある人物に限定し、世襲とすると定めた。名門家系出身者はこの規定によって大評議会議員資格を得られるはずであるが、経済活動などの都合でこの期間に国外にいた場合にそなえて、特別選挙人が有力政治家を選出できるとした。

ヴェネツィア共和国の支配層を限定するこの政策は「閉鎖《セッラータ》」と呼ばれたが、実際には、半世紀前から事実上この都市の支配層であった家系の人々を「公式に」支配層と認めるものであり、この法令によって大評議会の議員数はむしろ増加した。これまでの貴族に加えて、新興の有力市民層を貴族に取り込む働きをしたのである。

この政策が完了するにはさらに一世紀あまりかかり、ジェノヴァとの死闘が終わった一三八一年には、対ジェノヴァ戦争で活躍した三〇家が新たに貴族階級に加えられたが、それ以降、ヴェネツィアの支配階級は新たな加入者を認めない、閉じられた階級になった。一四世紀以降、「ヴェネツィア貴族」とは、ヴェネツィア共和国大評議会に議席をもつ資格のある家の一員を指すことになったのである。

ヴェネツィア共和国では、政治にたずさわるあらゆる官職が、大評議会、もしくは大評議会から選ばれた委員会で選出される。ほとんどの官職の任期は数ヵ月から一年半ほどで、一度任期を終えると同じ職に再び就くためには、一定の休職期間が必要であった。ひとりの人物、ひとつの家に権力が集中することを防ぐ方策である。

また、ヴェネツィア貴族であれば、有力貴族であろうが貧困貴族であろうが、ひとりの議員としての投票権は平等である。貴族共和政体がヴェネツィア共和国の特徴であり、その政治に関わる法的身分としての世襲の貴族階級が、これによって成立した。一五〇六年には、ヴェネツィアの貴族の名前を記した貴族年鑑である「黄金の書《リーブロ・ドーロ》」が作られ、「誰がヴェネツィア貴族なのか」を政府が登録するようになる。

この都市貴族が一八世紀末の共和国滅亡までヴェネツィアの支配層であり続けた。一三世紀までは貴族と呼ばれた家にはかなりの入れ替わりがあったが、一三世紀末から一四世紀後半に貴族身分と考えられる家は二四四家、一四世紀末の段階では一六六家あった。このうち、一二九七年からヴェネツィア共和国が滅亡する一七八九年まで継続した家は、八六家であるという。一四世紀以降、ヴェネツィアでは支配層への社会的上昇は阻まれ、新たに成長した家系は排除されることになった。呼応するように、一四二三年、いにしえの意思決定機関であった市民集会が廃止された。

一七世紀後半以降の新貴族

ただし、近世になって例外がある。一七世紀、オスマン帝国に対する防衛戦の戦費がかさみ、その軍事費の財源とするために、共和国は苦肉の策をとった。地中海のクレタ島をめぐるオスマン帝国との長い戦争（一六四五〜六九年）に苦しんだヴェネツィア政府は、開戦翌年の一六四六年、一〇万ドゥカートという巨額の拠出金と引き替えにヴェネツィアの貴族身分を「開放」した。つまり、オスマン帝国との戦争による財政危機の打開策のひとつとして、貴族身分を売却したのである。かなり裕福な貴族の年収十年分に相当する高額とはいえ、対ジェノヴァ戦争の功績を認めて貴族位を与えてから三〇〇年近く絶えてなかったことである。

一六四六年以降、新たに貴族身分を獲得した家系は一二七家にのぼった。一六世紀の段階での貴族数は一四四家で、貴族家系の数は倍増したことになる。ただし、こうして新たに参入した新家系は、たくさんの分家をもつこともある一四世紀以来の旧貴族に比べると一族の規模が小さいので、大評議会の議員数で半数を占めるわけではない。

この政策は、クレタ島の防衛戦のためには伝統を破ることもやむなしとする有力貴族層が推進したもので、経済的に富裕でない貴族をはじめとする多くの貴族の反対を押し切って進められた。さらにその後のギリシアの領土をめぐるモレア戦争でも継続され、一七一八年まで続いた。新たにヴェネツィア貴族身分を獲得した諸家には、従来のヴェネツィア中央政府の上級官僚層や商人、そしてテッラフェルマ諸都市の都市貴族や封建貴族も含まれていた。

とはいえ、古い伝統を誇る貴族層に対して、新たに参入した新貴族がさらに政治力を発揮するためには、官職を購入するなり、高額な持参金をえさに旧貴族との結婚による絆の強化をはかるなり、いずれにせよ莫大な財力が必要であった。しかし一〇万ドゥカートという巨額の拠出金を出したあと、さらに支出を続けていくのは難しい。新貴族のなかには財力を活用して旧貴族と融合した家もあったが、没落したり断絶したりした家もあった。最終的に一八世紀末には新旧の貴族が完全に統合されたが、それは共和国滅亡間近のことである。ヴェネツィア共和国最後の元首ロドヴィーゴ・マニンは、最初にして最後の新貴族出身の元首であった。

2 ヴェネツィアの政治機関

大評議会——共和国の政治力の源泉

セッラータによってヴェネツィア貴族階級が定められた一三世紀末から一五世紀は、ヴェネツィア政府の主要な制度や機関が定まっていった時期でもあった。

ヴェネツィア共和国の政体は貴族共和政である。対外的にヴェネツィア共和国を代表しているのは元首であるが、ヴェネツィア政治のなかであらゆる権力の源泉であり、共和国の国会にあたる機関が、ヴェネツィア都市貴族によって構成される大評議会《マジョール・コンシリオ》であった。

一六世紀にヴェネツィア政治の中枢にいた政治家で、ヴェネツィア共和国の国政についての解説書を書いたガスパロ・コンタリーニが「現在の我がヴェネツィア共和国の制度に目を向けると、この都市の全権は大評議会の法規や諸法からなっている。この議会が元老院《セナート》や他の行政官職にその権力や権威を与えているものであり、この都市のすべての貴族が二五歳を過ぎると加入する議会である」と述べたように、原則として二五歳以上のヴェネツィア貴族の成年男性は全員、大評議会に議席をもつことになっていた。聖職者は例外である。

大評議会の議員資格限定《セッラータ》がおこなわれた一二九七年までの議員数は四〇〇～五〇〇名であったが、一四世紀初頭には約一一〇〇名、一五世紀末には二〇〇〇名ほど、一六世紀初頭には約二五〇〇名に増加した。ヴェネツィア市外で公務や家業に従事している場合には出席不可能であるため、常時出席していたのは一〇〇〇名前後であったと思われる。

かつてはコンタリーニが述べたごとく、共和国の全権をもつ意思決定機関であったが、一六世紀には決定権の多くを元老院や十人委員会《コンシリオ・ディ・ディエチ》に奪われ、役職者の選出と各種の報告の傍聴を主な業務としていた。中央政府の役職の多くと海上領土やあとに述べる陸上領土に派遣される統治官たちは、この大評議会で選出されたのである。

元首公邸の大広間でおこなわれた大評議会の様子（ジョゼフ・ハインツ画、1678年）

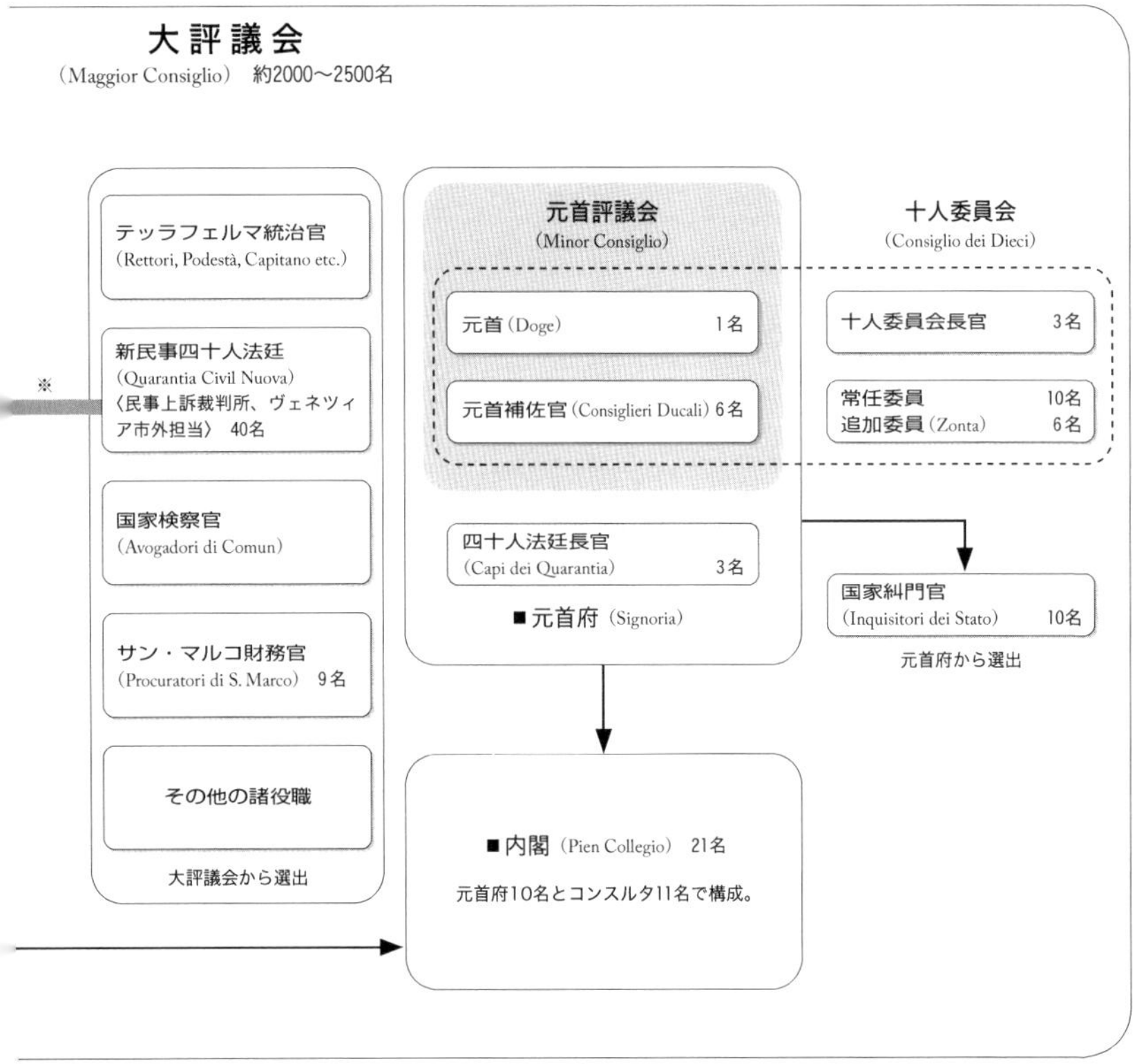

※新民事四十人法廷を1任期終えた委員は、旧民事四十人法廷の任期後、刑事四十人法廷の委員となる。

図3-1　ヴェネツィア中央政府組織図

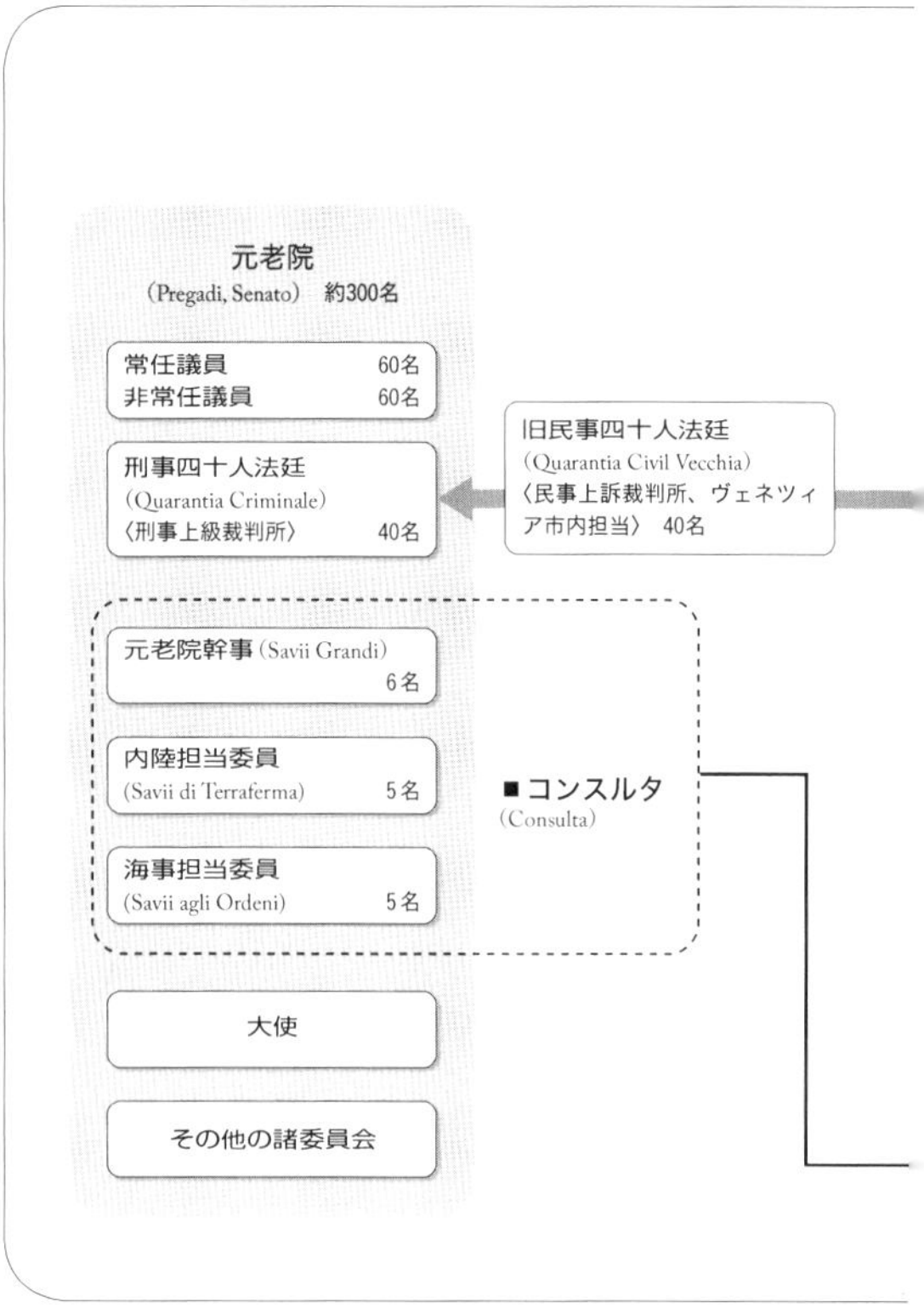

元老院——実質的な政策決定機関

元老院もまた、大評議会が成員を選出する議会である。起源は元首が重要案件についての意見を求めた経験豊かな有識者（意見を求めて呼び出されることから、プレガーディという）の会議で、コンシリオ・デイ・プレガーディ、あるいはコンシリオ・デイ・ロガーリとも呼ばれる。行政・外交・司法・立法と多方面にわたる実質的な議論や決定はこの元老院でおこなわれ、重要な委員会や外国に駐在する大使が選出された。

特に重要な委員会が、元老院幹事《サーヴィ・グランディ》六名、内陸担当委員《サーヴィ・ディ・テッラフェルマ》五名、海事担当委員《サーヴィ・アッリ・オルディニ》五名で、元老院の運営執行機能を担った。最初は元老院全体であらゆる問題を扱っていたが、共和国の領域が広がり、あまりに扱う問題が多様化したために、統治全般、陸、海と領域別に専門分化するようになった。一四四〇年から、元老院の審議記録も陸《テッラ》と海《マール》の二つの領域に分類されている。ただし、専門性は重要とはいえ、他領域の状況も熟知していなければ、政策は立案できない。三つの委員会がともに会議をおこなうことが多かったために、これらの委員会はあわせてコンスルタとも呼ばれ、内閣《コッレージョ》の一部を構成することになった。

大評議会で選出・任命される常任元老院議員は六〇名、追加議員《ゾンタ》が六〇名、さらに四十人法廷のひとつ刑事四十人法廷《クワランティア・クリミナーレ》四〇名も元老院に含まれる。これは刑事上訴裁判所として機能している部署である。この刑事四十人法廷に務めるためには、二つある民事裁判所《クワランティア・チヴィル》の勤務を経る必要があった。最初に大評議会で選出される四十人法廷は、ヴェネツィア市外からの民事上訴を扱う裁判所である。その任期が終わると次はヴェネツィア市内の民事上訴を扱う裁判所に移る。上訴案件の増加にともなって、新たに設置された裁判所が市外の案件を扱ったため、ヴェネツィア市内の訴訟を扱う裁判所のほうを旧民事四十人法廷《クワランティア・チヴィル・ヴェッキア》と呼ぶことになった。

元首公邸内の内閣の間（フランチェスコ・グアルディ画、18世紀後半）

二つの民事裁判所で経験を積んだあと、刑事上訴を扱う刑事四十人法廷の判事を務めるのである。
元老院の会議には、大使や海軍司令官など重要な役職に就いている人々も出席し、一五世紀後半には全体でおよそ三〇〇名が出席する権利を有していた。そのうち決議のための投票権をもつのが二三〇名、実際に投票を行うのが一八〇名ほどである。

他のイタリア諸都市の役職と同様に、ヴェネツィア政府の役職の大半は任期が数ヵ月から一年半と短期であり、原則として、任期終了後、所定の期間を経ないかぎり再選を認めないことになっていたが、元老院議員は再選可能であり、任期一年とはいえ、多くの議員は再選され、継続的に議員を務めた。

元首――共和国のシンボル

この大評議会や元老院の運営を行うのが、元首を中心とする元首府《シニョリーア》である。
ドージェは、国家元首としてヴェネツィア共和国を代表する最高行政官で、正式名称は「神の恩寵により、ヴェネツィアの元首、ダルマツィア地方とクロアツィア地方の君主」という。第四回十字軍後の一時期には「ローマ帝国全体の四分の一とその半分の主」という称号も追加された。やがて「いとも晴朗なる君主《イル・セレニッシモ・プリンチペ》」と呼称されるようになる共和国の代表者であるが、世襲ではなく、大評議会での複雑きわまりない選挙を経て選出される終身職である。ヴェネツィア貴族の役職のうち、終身職はこの元首と、サン・マルコ教会の財産を管理するサン・マルコ財務官だけであった。

国政を司るさまざまな議会や委員会に臨席したが、何ごともひとりで決定することは禁じられた。任期のあいだは元首公邸《パラッツォ・ドゥカーレ》に暮らさねばならず、常に六名の元首補佐官《コンシリエリ・ドゥカーリ》とともに行動することを

コルノと呼ばれる帽子をかぶった元首（ジョヴァンニ・ベッリーニ画、16世紀）

義務づけられ、いかなる行動を取るにも補佐官のうち少なくとも四名の賛成が必要である。元首補佐官の付き添いなしでは、ひとりで人前に出ることも、他国の君主や外交使節にあうことも、公式な手紙を書くことも、自分宛の私信を開封することすら許されなかった。

　ヴェネツィア共和国の制度が完成したとき、ドージェは国家の長というよりも、シンボルになったのである。元首は豪華な衣装に身を包み、コルノ（角）と呼ばれる特徴的な帽子をかぶり、政府の議会や委員会に出席し、祝祭の祭列を率いた。

　元首補佐官は、初期のころは二名であったが、六つあるヴェネツィア市の街区（セスティエーレ）のそれぞれから選出されるようになり六名に増えた（サン・マルコ区、サン・ポーロ区、サンタ・クローチェ区、ドルソドゥーロ区、カンナレージョ区、カステッロ区）。

　この元首と元首補佐官六名とを合わせて、元首評議会《ミノール・コンシリオ》と呼ぶ。この元首と元首補佐官六名に、三つある四十人法廷《クワランティア》の長官三名を加えた一〇名が元首府《シニョリーア》を構成する。彼ら元首府が、元老院と大評議会《マジョール・コンシリオ》の議長団を務め、政府を主導した。

　この一〇名に、先に挙げた元老院幹事・内陸担当委員・海事担当委員の一一名のサーヴィたちを加えたものが、ヴェネツィア中央政府の内閣《ピアン・コッレージョ》である。政府の中核といえる。

十人委員会――独裁を防ぐ監視機関から政治の中枢へ

この他にもうひとつ、特に一六世紀に重要な機関となったのが十人委員会《コンシリオ・デイ・ディエチ》である。大評議会《マジョール・コンシリオ》から選出される一〇名の常任委員と、元首および元首補佐官の計一七名で構成される（追加委員《ゾンタ》が加わる場合もある）。

十人委員会は、元々は一四世紀に国を揺るがした反乱の鎮圧後、国家の安全保障を担当する特別委員会として設立されたものであった。

一三一〇年六月一四日、日曜日の夜明けにバイアモンテ・ティエポロ、マルコ・クエリーニ、バドエロ・バドエルを首謀者とする反乱軍が兵を起こした。三名とも大評議会に議席をもつ有力なヴェネツィア貴族で、元首ピエトロ・グラデニーゴのフェッラーラに対する領土拡大政策が、教皇との対立に発展したことに反対してのことであった。ところが、反乱は事前に仲間の密告によって、元首側に察知されていた。反乱側は嵐に遭って計画が狂い、元首のそばで護衛隊として待ち構えていた国営造船所《アルセナーレ》の労働者たちの活躍によって撃退され、討ち死にし、生き残ったものは斬首された。

この反乱事件の結果、緊急の臨時委員会として設置された十人委員会は、一三三四年に常設の委員会となった。この委員会は共和国の安寧を守るための情報機関としてスパイ活動の中心となり、国家の危機に対して柔軟かつ迅速に機能できる秘密警察として、畏怖され、恐れられることになるのである。

さらに、一三五五年、第三次対ジェノヴァ戦争が終わった年には、元首そのひとの陰謀が十人委員会によって暴かれた。新たに選出された元首マリノ・ファリエルが、ヴェネツィアの共和政を廃して独裁的な君主になることを企んだというのである。密告によって事態を疑った元首補佐官《コンシリエリ・ドゥカーリ》が

元首マリノ・ファリエルを逮捕する十人委員会（フランチェスコ・アイエツ画、1867年）

十人委員会を招集し、元首は逮捕され、裁判の結果、処刑された。ヴェネツィアの元首公邸のなかにある大評議会の間の天井近くの壁面には、ぐるりと歴代元首の肖像画が描かれているが、一三六五年、この元首の名前を抹消することが決定され、この元首の肖像があるべき場所には「ここは罪を犯して斬首された元首マリノ・ファリエルの場所なり」とラテン語で書かれた黒い布が描かれている。この事件ののち、十人委員会は元首さえも監視対象とする、独裁を許さないための共和国の監視機関になった。

それが一六世紀に入ってから、緊急かつ機密性の高い案件を速やかに処理できる機関として、ヴェネツィア政府内で重要視されるようになった。一六世紀初頭、ヴェネツィアはカンブレー同盟戦争という大きな戦争で大敗を喫し、対外的にも対内的にも危機の時期を乗り切る必要に迫られたのであるが、このとき、ヴェネツィア政府内では、高位官職を歴任する有力者層とその他の貴族との間の乖離が広がっていた。この危機の打開策として、少数の有力者の手に権限を集中させようとする動きがあったのである。

ヴェネツィア経済史の大家レーンは、ヴェネツィア政界の中核を、元首（一名）、元首補佐官（六名）、元老院幹事《サーヴィ・グランディ》（六名）、十人委員会長官（三名）の計一六名とし、その外縁を十人委員会委員（一

○名）、内陸担当委員《サーヴィ・ディ・テッラフェルマ》（五名）、四十人法廷長官（三名）、国家検察官《アヴォガドーリ・ディ・コムン》（三名）だとしている。それに加えて四〇名ほどの重要な大使や司令官の職があった。彼らは同じメンバーのなかで互いの役職をたらい回しにすることで、ひとりの個人の手に権力が集中することを避けつつも、任期終了後に一定期間を経なければ同一職には就任できないという個人への権力集中を阻止するための規則をかいくぐって、経験豊富な人々が政府を運営し続けることを可能にしたのである。国家の安全保障全般という、定義しがたい広い職掌を元々もっていた十人委員会は、こうした権力集中の核となった機関であった。こうした変化について、ブレシアを中心としたテッラフェルマ社会を研究しているフェッラーロは、ヴェネツィア中央政府の政治構造が、新しく形成された地域国家に適応すべく変化したものと指摘している。

3　ヴェネツィアの貴族と市民

商人としては貴族も市民も平等

以上が行政・立法・司法を担ったヴェネツィア中央政府諸機関の概略であるが、ヴェネツィア共和国政府において、政治参加権をもったのはヴェネツィア都市貴族の成年男性のみであり、「大評議会に議席をもつことができる家系であること」が一四世紀以来、ヴェネツィア都市貴族の定義であった。新しく富を築き、影響力をもった人物が貴族という支配層に参入する道が閉ざされていた点で、ヴェネツィアの社会的流動性は他都市に比べて豊かとはいえなかった。

貴族身分の下にはヴェネツィア市民層《チッタディーニ》が位置づけられる。中世都市の市民権とは、一般的にその都市の政治に参加できる権利を指すことが多く、単なる都市住民とは異なるが、ヴェネツィアの場合、都市住民（庶民）と区別される点では同じでも、政治は排他的に貴族の権限である点で、他の諸都市と異なっていた。

東地中海交易を富の源泉としたヴェネツィアでは、支配層すなわちヴェネツィア貴族は商業に従事することが多かった。商業の点では、ヴェネツィア市民層は貴族と全く同等の商業特権を認められた。ヴェネツィア社会の大きな特徴である。上層貴族であれば莫大な財力を持つものもいるが、中下層貴族と市民層の経済力には大きな差はなかった。市民のなかには貴族よりも羽振りのよい暮らしをするものも少なくはなかったのである。

この市民層は、さらに二つの層に区分できる。三世代以上にわたってヴェネツィア市民権をもつ由緒正しい「生まれによる市民《チッタディーニ・オリジナーリ》」と、それほどの由緒をもたないが商業特権は行使できるそのほかの市民である。外国人も二五年間ヴェネツィアに居住すれば市民権を申請する権利を取得することができ、市民権を取得することでヴェネツィア市民と対等に商業を行う権利を得ることができた。

一六世紀に共和国によって貴族身分が管理され、「黄金の書《リーブロ・ドーロ》」に記録されるようになると、それを追って一五六九年には、ヴェネツィア市民身分名簿として「銀の書《リーブロ・ダルジェント》」も作られ、市民身分が政府によって登録されるようになった。

官僚層としての市民

このヴェネツィア市民層に認められた特権的な職業として、ヴェネツィア政府の書記局官僚がある。政治家である貴族がつとめる役職は、任期が数ヵ月から一年半ほどで、イタリアの都市政府《コムーネ》の役職の任期としては一般的であるが、現代の感覚からするときわめて短い。業務を継続しておこなうためには、官僚層の支えが必要であった。この官僚層を担ったのがヴェネツィア市民層である。

ヴェネツィア政府の書記には、元々は外国人や聖職者、あるいは経済的にふるわない貴族などが登用されていたが、一五世紀から一六世紀前半にかけて、書記局官僚に就任できる資格が厳格に定められるようになった。一四四三年の法令によってヴェネツィア出身者に限定され、一四七八年にはさらに「生まれによる市民」に限られたのである。一四八四年には、官僚資格は合法的な結婚によって生まれたものに限るとして、非嫡出子が除外された。

さらに一六世紀になると、一五〇六年に「生まれによる市民」とは祖父から三世代にわたって市民身分を有するものという定義がなされ、一五三八年には、官僚就任時に「生まれによる市民」身分の証明が必要になり、さらに一五六九年には、官僚となるものは手工業者のように手を使ってものを作る仕事には従事していない「名誉ある」職業であること、と定められた。「生まれによる市民」身分は、書記局官僚層の身分資格と連動して、定義されたのであった。

書記局官僚とは、ヴェネツィア政府内の各機関で審議内容や決議事項を記録する書記であるが、配属される機関によっては、政治家である貴族すら触れることができない機密事項にも密接に関わる仕事であり、時にはヴェネツィア共和国の運命を左右するような、重要な外交交渉に書記官だけで当たることもある、重要な職務であった。

一六世紀、ヴェネツィア貴族が担う政治の中枢で権力集中の動きが起こったが、その中心となった十人委員会が政府の書記局官僚の任命権を掌握し、一五世紀半ばからの書記局再編を主導したと、藤内哲也氏は指摘している（『近世ヴェネツィアの権力と社会』）。貴族内での寡頭制化の動きを推し進めた有力貴族が、実務に通じた書記局官僚と強く結びつき、中下級貴族を排除して政治権力を掌握しようとしたというのである。

書記局官僚は、有力政治家と個人的にも結びつくことで、より重要な官職に就任し、親族が書記局に入局して一族から書記局官僚を多く輩出するなど、影響力を強めようとした。ただし、さらに上昇して、貴族の一員になる道が閉ざされていたため、社会的な上昇には限界があった。

一七世紀に巨額の拠出金と引き替えに貴族位を得る道が開けたとき、この書記局官僚層からも貴族になった人々がいたことは、貴族に対して市民層が抱いていた不満を示すものともいえる。

「平穏なる共和国《ラ・セレニッシマ》」という「神話」

ヴェネツィア共和国を表す「ラ・セレニッシマ」という呼称は、波のない穏やかな海のように「平和で対立の起こらない国」という含意をもつ。シェイクスピアが『ロミオとジュリエット』（舞台はヴェローナ）で語ったように、血で血を洗う支配層間の抗争が絶えなかったほかのイタリア諸国の状況と比べて、支配層である貴族が平等に政治に関与し、大きな反乱も起こらなかったヴェネツィアは、その平和と政治的安定をうらやまれもし、自らもそれを誇った。

現在の研究者は、それを「ヴェネツィア神話」と呼んでいる。ヴェネツィア神話とは、ヴェネツィア共和国が「優れた政治制度、公平な法の執行、思想と表現の自由、貴族による国家への献身、穏和な人民、活発な経済活動、行き届いた社会政策などによって、一〇〇〇年以上永続した歴史上、類を見ない理想の共和国と見る見方」というのが永井三明氏による定義である（『ヴェネツィア貴族の世界』）。ヴェネツィア共和国のさまざまな優れた特徴を一般的なイメージでうけとめ、深く検証せず、信じる態度を指す。
ヴェネツィア神話は、ヴェネツィアを誉めたたえる長きにわたる伝統で、そのときどきによって都合のよい主張の寄せ集めであったため、首尾一貫したひとつの論理というわけではないが、さまざまな場所で顔を出すものでもある。「優れた共和国」というヴェネツィアのイメージは、同時代のヴェネツィアの美しさや安定を見た他国の人間が語ったものであり、ヴェネツィア人自身が何度も語ったものでもある。同時代史料に登場するうえに、政治的安定という面では一面の真実も含んでいるため、現代の研究者の見方にも時折入り込んでいる。「ヴェネツィア神話」とは、検証を怠った自らに対する研究者の自戒の言葉でもある。

ヴェネツィアでは、たしかに他のイタリア諸国に比べて国内の反乱や抗争が少なく、たとえば中世のイタリア諸国を悩ませた教皇派《グェルフィ》と皇帝派《ギベッリーニ》との抗争はほとんど見られない。とはいえ、国内対立がなかったわけではない。貴族の平等をうたいながら、ヴェネツィアにも有力貴族とそうでない貴族との格差は確かにあった。一四世紀の貴族についての研究によると、一四世紀末の貴族一六六家のうち、約四〇家に富と権力が集中し、なかでも一四の家が常に政治的にも経済的にも傑出していた。富裕で政治的にも有力な貴族とそのほかの貧困貴族との対立は一六世紀にも見ることができる。

また、多数の議会や委員会で構成されるヴェネツィアの政治体制は、ひとりの個人や一つの機関が突出した権力を握る事態を許すことはなかったが、それぞれの職掌が重なり合い、一つの案件に関して、最終的な決定権がどの機関にあるのか曖昧な体制でもあった。現代の我々が期待するような、政府機構の階層的な構造は存在しなかったのである。ヴェネツィアの政府機関は、「神話」とは裏腹に、効率のいいものとはいえなかった。

第4章　陸への拡大と国際状況の変化

東地中海での海上領土が最大に達した一五世紀前半、ヴェネツィアはイタリア本土でも領土を拡大していた。ヴェネツィアは陸と海の双方に領土を持つことになったのである。東地中海交易はまさに最盛期であり、陸の勢力としてもイタリアの五大国に数えられるようになる。しかし、一五世紀半ばからヴェネツィアを取り巻く国際状況は東西で大きく変化し、ヴェネツィア商業を支えていたさまざまな条件がまさに崩れ去ろうとしていた。

1　ヴェネツィアの陸上領土

イタリア本土の「陸の国《スタート・ダ・テッラ》」の拡大

中世のあいだ、海運都市ヴェネツィアは、ラグーナのなかのヴェネツィア市を首都、アドリア海から東地中海の商業ルート沿いに並んだ諸港を商業拠点として、オリエントと西ヨーロッパとを結ぶ交易で栄えた。中世ヴェネツィアの富の源泉であった東地中海交易が最も繁栄していたのは一四～一五世紀である。その商業の基盤として、一三世紀初頭の第四回十字軍で得た領地に加えて、ライヴァルであったジェノヴァとの熾烈な争いに競り勝ったヴェネツィア共和国が、一四世紀末から一五世紀にかけて東地中海で海上領土を拡大したことはすでに述べた。

ところがその一方で、この時期、ヴェネツィア共和国は首都ヴェネツィアの対岸の陸上でも大きく領土を拡大していた。ヴェネツィア共和国が獲得した陸上領土は、「テッラフェルマ（terraferma）」すなわち「動かない大地」と呼ばれた。普通名詞では「陸」のことである。東地中海の商業拠点が「海の国《スタート・ダ・マール》（Stato da Mar）」と呼ばれたのに対して、「陸の国《スタート・ダ・テッラ》（Stato da Terra）」や「陸の支配圏《ドミニオ・ダ・テッラ》（Dominio da Terra）」と呼ばれることもあった。

ヴェネツィア共和国の地域構成は、一五世紀に大きく変化したのである。

中世イタリアの都市コムーネ

イタリア本土でのヴェネツィアの領土拡大は、当時のイタリア諸都市の全般的な動きに少し遅れて追随したものであった。

中世の北中部イタリアでは、シチリア王国やナポリ王国のような王国の支配が発展した南部に対して、都市コムーネが発展した。「コムーネ」とは、もともとは「皆のもの」という意味であり、そこから「共同体」を指す言葉になる。現代では自治体のことを指すが、イタリア史の用語としては、一一世紀後半から形成されはじめた都市民による自治共同体のことで、都市を中心として周囲の農村地帯に支配領域（コンタード）をもつ領域国家のかたちをとっていた。一二世紀半ばには、市民が団結して、中世初期に都市領主であった司教や伯から独立を勝ちとり、市民が自治をおこなう都市共和国となった。一二世紀末の北中部イタリアには、こうした都市コムーネが二〇〇から三〇〇あったといわれている。イタリアが都市国家の世界といわれるゆえんである。

都市内だけでなく、周辺の農村領域コンタードを含めて公的な支配者として統治したことが、イタリアの都市コムーネの特徴であるが、これらの都市コムーネは境を接する近隣都市とコンタードの支配をめぐって争いあった。さらに多くの都市共和国では、コムーネ内部でも政治的主導権をめぐって党派抗争が絶えなかった。

こうした権力闘争を和らげるために生み出された制度が、ポデスタ制である。「ポデスタ」とは都市コムーネを統治する執政官のことで、半年から二年ほどの任期を定めて、多くの場合、利害関係の少ない他都市から有能な政治家を執政官として招聘《しょうへい》する制度である。コムーネ内での党派対立が激しい場合、ひとつの党派が政権を握ると大規模な粛清が起こったり、反対する党派による反乱が起こったりする危険性がある。それを避けるために、あえて中立の立場をとることができる他都市出身の政治家に都市の統治をゆだねたのである。ポデスタ制の最盛期であった一三世紀には、一〇〇年間に六〇の都市コムーネで五四〇〇人のポデスタが任命されたと推算されている。

任期限定の執政官であるポデスタは、コムーネの市議会によって選ばれ、市議会が定めた決定をコムーネの条例にしたがって執行し、任期終了後には法令を遵守して公正な統治をおこなったかどうか、市議会の厳正な審査を受ける義務があるなど多くの制約のもとにあったが、それでも、都市コムーネの最高指導者として広範な権限をもった。有能で名声の高いポデスタの場合、いくつもの都市をめぐってポデスタ職を歴任するようになる。ポデスタ職に就くものは法学教育を受け、判事や公証人などのスタッフの一団を率いて就任するのが原則であった。政治のプロフェッショナルが生まれたのである。

シニョリーア制

同じ一三世紀、都市コムーネ内でも、都市コムーネ間でも激しい抗争が続くなかで、ひとりの支配者が永続的に都市を統治する新しい体制が生まれた。支配者という意味で「シニョーレ」といい、その支配体制を「シニョリーア制」という。前述のポデスタが任期を越えて権限を与えられたシニョーレになることもあれば、都市民の代表者としての役職であるカピターノ・デル・ポポロがこうした権限を握ることもある。あるいは地域の古い伝統ある貴族が領主としての支配権力を背景に市民の合意を得て、あるいは武力で制圧してこの地位に就くことも多かった。シニョーレは権力基盤が拡大するにつれて世襲化し、やがて皇帝や教皇から侯や公といった爵位を得て、「君主」になるものも現れる。

一三世紀末から一四世紀初頭にかけて、イタリアでは多くの都市コムーネがシニョリーア制に移行した。研究史上、かつては、市民の合議制に基づく民主主義的な共和政という「コムーネの自由」が、ひとりの独裁者が支配する政治形態に「堕落した」と見なされて、「僭主政」とも訳されたが、現在ではそうしたイデオロギー的な見方よりも、一四世紀から進展する、より広い地域国家形成に向かう動きのひとつと考えられている。

地域国家の成立

中世後期から近世にかけて、都市国家間の領土争いや都市国家の枠組みを超えた党派争いなどの結果、次第に有力な都市が台頭し、周辺の都市コムーネや農村共同体、封建勢力なども飲みこんで広い地域を支配する領域国家が新たに現れはじめた。中心となる都市は、市議会が政策決定をする共和国のこともあれば、ひとりのシニョーレが支配するシニョリーア制の場合も、シニョーレが君主となった君主政の場合もある。

こうした新たな領域国家を、現代の研究者は「領域国家《スタート・テリトリアーレ》(stato territoriale)」あるいは「地域国家《スタート・レジョナーレ》(stato regionale)」と呼んでいる。コムーネが政治をおこなう共和政か、ひとりの支配者が統治するシニョリーア制かといった政体のあり方によって定義するのではなく、一つの政体の支配領域が一都市と従来結びついていた周辺農村領域をこえて、現代の州《レジョーネ》と比することができるほどの領域的な広がりをもつようになったことを特徴として捉える考え方である。

一五世紀、北中部イタリアでは台頭した中心都市による統合が進み、いくつかの地域国家に再編された。中世後期から近世にかけて成立するという時期に注目すれば、「ルネサンス国家」と捉え

15世紀末のイタリア半島

ることもできる。

イタリア史の文脈で見れば、ヴェネツィア共和国のテッラフェルマ拡大もこの地域国家成立への動きの一つである。都市貴族による共和政を維持したヴェネツィアの場合は、シニョーレにしろ君主にしろ、ひとりの支配者は出現しなかったが、一四五四年のローディの和約によって、ヴェネツィアが一五世紀前半に獲得した領土が、ミラノ公国とフィレンツェ共和国という周辺諸国によって承認されたことで、ヴェネツィア共和国はイタリアの地域国家のひとつになった。このころ、ヴェネツィア共和国とミラノ公国は、それぞれが領土を広げた結果、境界を接するようになっていたのであるが、ローディの和約によって両国の境界をアッダ川とすることが決まり、ひとまず領土争いが収束した。同年、この和約を拡大するかたちで、ミラノ公国、ヴェネツィア共和国、フィレンツェ共和国の三国によってイタリア同盟が結成され、これに教皇とナポリ王国が参加することで、五つの勢力による勢力均衡体制ができあがった。

中世、無数の都市国家が覇を競っていたイタリアは、この和約以降の一五世紀後半には、ミラノ公国、ヴェネツィア共和国、フィレンツェ共和国、ローマ教皇領（教会国家）、ナポリ王国（シチリア王国を含む）の五つの勢力が割拠し、バランスをとる、比較的平穏な時代を迎えることになる。

一六世紀ヴェネツィアの財政収支

それでは、新たに陸海に領土を広げたヴェネツィア共和国にとって、それぞれの地域はどのような意味をもったのであろうか。一六世紀初頭と一六世紀末の財政収支を比較しながら考えてみたい。

一五世紀以降のヴェネツィア共和国の地域構成要素は、大別して三つある。ひとつが首都ヴェネ

図4-1　1500年のヴェネツィア共和国の財政収支　（単位：ドゥカート）

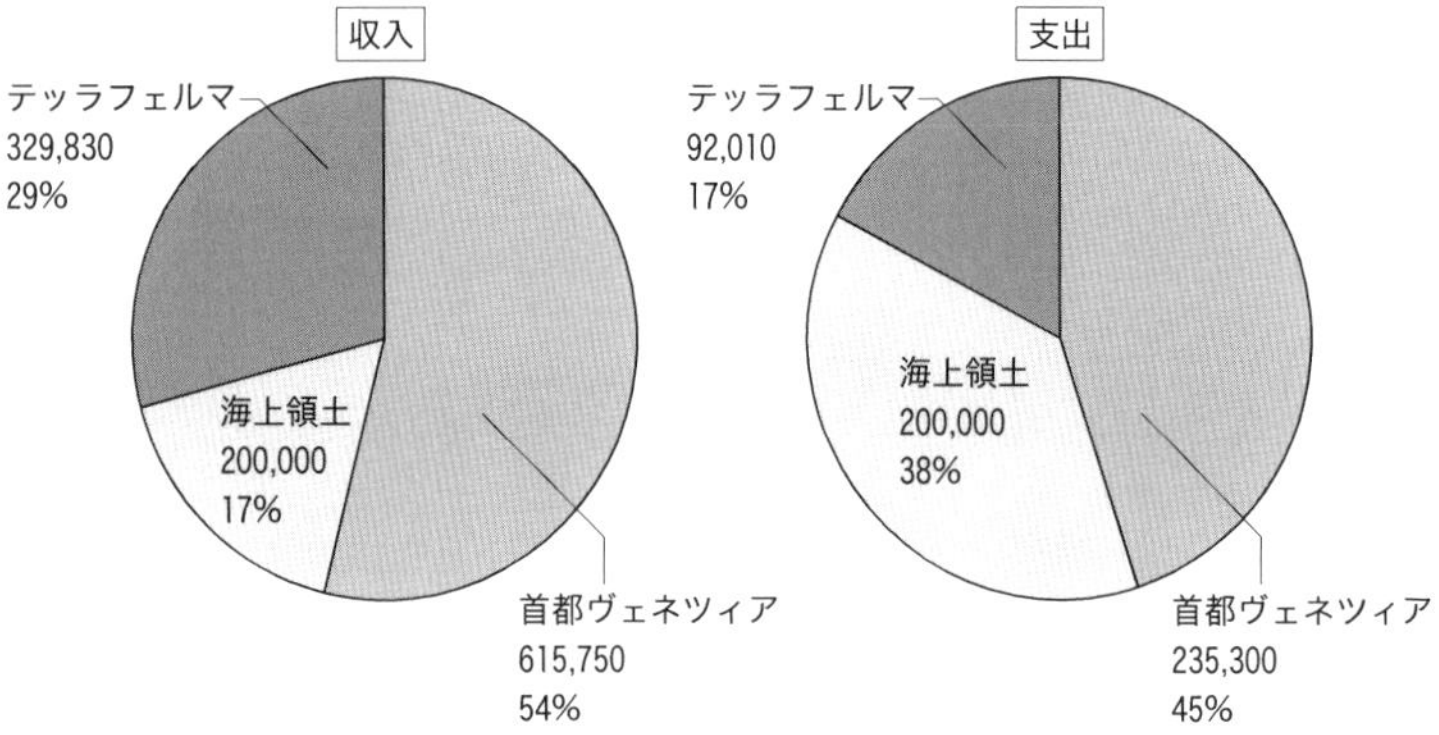

出典：*Bilanci generali della Repubblica di Venezia*, vol. 1, a cura di F. Besta, (Venezia, 1912), pp. 171-173より作成。

ツィアで、ラグーナのなかの集合島であるヴェネツィア市と、内海の沿岸でヴェネツィアができた当初からヴェネツィアの数少ない領土であったドガード、それに内海の島々である。二つめがアドリア海沿岸や東地中海の島々や商業拠点からなる海上領土、三つめがイタリア内陸領テッラフェルマである。

グラフはそれぞれ一五〇〇年と一五八二年のヴェネツィア共和国の財政収支をまとめたものである（図4－1、図4－2参照）。金額も添えたが、一六世紀はインフレーションの進んだ時代であり、金額での比較は難しいため、それぞれの割合を比較したい。

一五〇〇年のヴェネツィア共和国の収入のうち、最大の収入源は首都ヴェネツィアからの税収で、歳入全体の五四パーセント、つまり歳入の半分以上を占めている。内訳は商業にかかる間接税収入が三八パーセント、塩税関連の収入が二五パーセント、直接税収入が二五パーセントで、全体の約四割が商業中心地としてのヴェネツィア市の機能によって得られた収入であったことがわかる。

図4-2　1582年のヴェネツィア共和国の財政収支　（単位：ドゥカート）

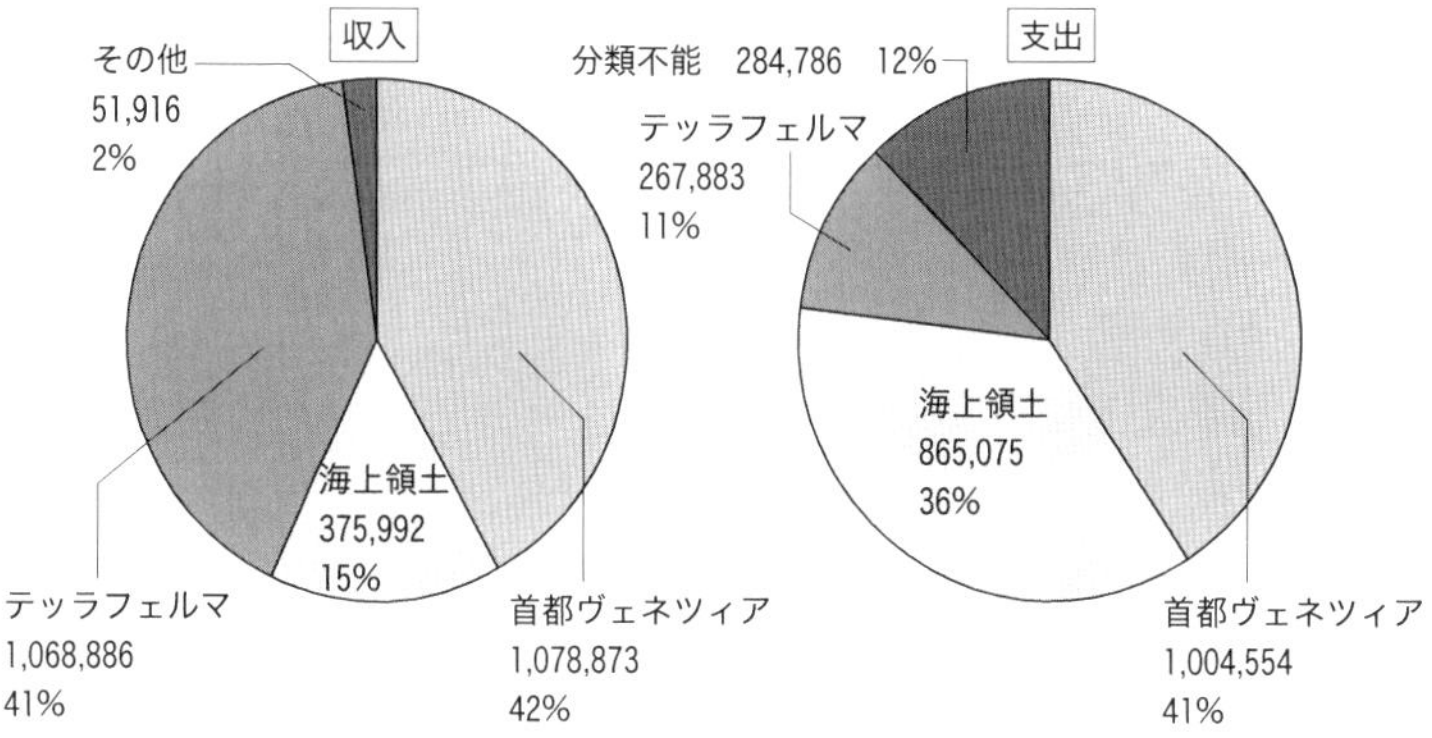

出典：*Bilanci generali della Repubblica di Venezia*, vol. 1, a cura di F. Besta, (Venezia, 1912), pp. 282-323およびpp. 323-339より作成。

この首都からの税収入に対して、第二位のテッラフェルマからの税収入は共和国収入の二九パーセントをもたらしたが、第三位の海上領土からの収入は全体の一七パーセントに過ぎない。

ところが、支出を見ると割合は逆転する。収入と同じく首都ヴェネツィアが第一位を占めるが、支出では海上領土が第二位で歳出の三八パーセント、三位のテッラフェルマは一七パーセントで、海上領土の半分以下である。テッラフェルマが納めた税が全収入に占める割合は、ヴェネツィア共和国政府がテッラフェルマのために費やした支出が全支出に占める割合を大幅に上回っていたのである。海上領土に対する支出の三八パーセントが、海上領土からの収入の一七パーセントを割合で大きく上回っていたのと対照的である。

これに対して、一六世紀末の一五八二年の共和国の収入を見ると、共和国の歳入に対する首都ヴェネツィアからの税収入の割合が減少して、テッラフェルマからの収入の割合が増加していることがわかる。一五八二年の場合、首都からの収入とテッラフェルマからの収入はそれぞれ四二パーセントと四一パーセントで、この二ヵ所からの税収入が歳入の八割を占めていた。一五〇〇年には首都からの収入が歳入の半分以上を支えていたが、一六世紀末には首都からの収入とテッラフェルマからの収入はほぼ同額になっていたのである。海上領土からの収入はさらに減少して、歳入の一五パーセントに過ぎない。

　支出を見てみよう。一五八二年の支出に関しては分類不能な項目があるため不正確ではあるが（三つの地域にまたがる地名が上がっているにもかかわらず、細目の金額の記載がないため、分類できない項目がある）、支出対象地域で首都ヴェネツィアが第一位を占めるのは一五〇〇年と同じである。しかし、その割合が減少し、海上領土に振り向けた支出部分と近くなっている。収入と比較すれば、一六世紀末のヴェネツィア共和国財政におけるテッラフェルマは、税徴収地としては大幅に重要性を増しながら、共和国の支出としての割合は海上領土を大きく下回っていたということになる。

　これらのグラフからは、一五世紀前半に獲得した新たな支配地域であるテッラフェルマが、一六世紀の過程でヴェネツィア共和国の財政において重要な地域になったことが読みとれる。テッラフェルマからの税収が共和国の歳入のうち四割を占めていたにもかかわらず、共和国がテッラフェルマのために支出した金額は全体の一割に過ぎなかった。

　テッラフェルマとは逆に、共和国の負担になったのではないかと思われるのが海上領土である。ほかの二ヵ所と異なって、海上領土では、支出が収入を五〇万ドゥカート近く上回っている。そのうち実に六九パーセントが軍備の維持費であった。

　ペッツォーロの研究によると、一六世紀後半のヴェネツィア共和国の軍事費の配分は、陸軍四〇パーセント、海軍三〇パーセント、国営造船所の費用が一五～二五パーセントであった。このグラフを見る限り、陸海軍を含めて、海外領土のために支出された金額は、テッラフェルマへの支出を大幅に上回っている。この支援を支えたのは、テッラフェルマと首都ヴェネツィアからの収入であるが、歳入に対するヴェネツィア市からの収入の割合もわずかに減少していることからすると、一六世紀の過程で増加した海上領土への支出の負担の多くは、テッラフェルマからの税収でまかなわれたと考えられるのである。

それではなぜ、ヴェネツィアの東地中海交易を支えたはずの海上領土が多くの支出、特に軍事費を必要とすることになったのであろうか。そしてヴェネツィア共和国が海上領土を維持するために、その負担の多くを支えることになった陸上領土は、どのような過程でヴェネツィア共和国の一部になったのであろうか。

2　東方における国際状況の変化

塩と魚以外は何もないと言われたラグーナに人の手で生み出されたヴェネツィアは、中世には地中海の東西を結ぶ海上商業都市として富を生み出し、発展した。ビザンツ帝国とエジプトやシリアをはじめとするイスラーム世界で獲得した東方商品は、西方のヨーロッパで大きな需要があった。両者をつなぐヴェネツィアの航路は、最初は東地中海のロマニアやアレクサンドリアと本国ヴェネツィアを結び、やがて一五世紀には、西地中海とジブラルタル海峡を越えて、フランドルまで結ぶ航路もできた。国内政治では、一二世紀半ばからドージェの権限を押さえ、一三世紀には多数の議会や委員会が相互に関係し、牽制し合う貴族共和政を作り上げた。一四〜一五世紀は海上商業都市としてのヴェネツィアの最盛期と言っていいであろう。一五世紀にはイタリア内陸でも領土を広げ、地域国家としてイタリアの五大国のひとつと見なされるようになった。

しかし、まさにその一五世紀、ヴェネツィアの繁栄のもとになっていた国際状況は、大きく変化しはじめていた。

コンスタンティノープルの陥落

一四五三年、ヨーロッパで百年戦争が終結した年、地中海の東で古い歴史を誇る都が陥落した。ビザンツ帝国の首都コンスタンティノープルである。攻め落としたのはオスマン帝国の皇帝《スルタン》メフメト二世であった。難攻不落とうたわれた三重の城壁は巨大な大砲によって打ち破られ、かつてのローマ帝国の東半分を継承し、西ローマ帝国が滅びたあとも一〇〇〇年近く生き延びてきた東のローマ帝国、ビザンツ帝国がついに滅亡した。

とはいえ、メフメト二世がコンスタンティノープル征服を決意した時点で、ビザンツ帝国の領土はすでに著しく減少していた。支配地域はコンスタンティノープル周辺とギリシア南部のペロポネソス半島だけであり、この地域を迂回して、バルカン半島の大半をすでに支配していたオスマン帝国にとって、この都市を攻略する軍事的意義はもはや薄かった。重要なのは一〇〇〇年ものあいだ都であったという、この都市がもっていた象徴的な意義である。一九歳という若さでスルタンに即位したメフメト二世は、野心を抱く側近たちを従えるために、誰もが評価するような大きな事業を成し遂げる必要があった。コンスタンティノープルはキリスト教徒にとっては今もなお、キリスト教を最初に公認したローマ皇帝コンスタンティヌスが基《もとい》を定めた都であり、イスラーム教徒にとっては、かつて預言者ムハンマドその人が、イスラーム教徒がこの都を奪い取ったときイスラームは最終的な勝利に近づくであろうと述べた、まさにその場所であった。

オスマン帝国がコンスタンティノープルを包囲するのはこれで三度目である。曾祖父のバヤズィト一世と父のムラト二世の失敗の原因を戦が長引いたためと分析したメフメト二世は、大兵力による短期決戦を挑んだ。

メフメト二世はコンスタンティノープル攻略のために、まずボスポラス海峡の西に新たに砦ルメリ・ヒサルを建設した。かつて曾祖父が築いた砦アナドル・ヒサルの対岸である。ボスポラス海峡が最も狭くなった地点を両側から押さえることによって、黒海沿岸にあるヴェネツィアの拠点からの援軍が来るのを防ぐことが目的であった。この時点では、ヴェネツィアがビザンツ帝国の最大の擁護者であったからである。

コンスタンティノープルを包囲するオスマン軍（ベルトランドン・ド・ラ・ブロキエール画、1455年）

さらに、ハンガリーの武器商人ウルバンから巨大すぎて他に買い手がつかなかった大砲を買い入れ、一〇万とも一六万とも言われる大軍を自ら率いて、コンスタンティノープルに向かった。

一四五三年春、メフメト二世が現れたとき、帝都を守っていたのは五〇〇〇の守備兵と、市内のヴェネツィア人、カタルーニャ人、ジェノヴァ人からなる二〇〇〇の外国人部隊の計七〇〇〇〇人の軍勢だけであったという。海側ではヴェネツィア艦隊が立ち向かったが、緒戦で敗退したあと、メフメト二世は、船団を陸に引き上げ、陸路で丘陵を越えて、コンスタンティノープル北側の金角湾に入れることを命じた。金角湾の入り口は鉄鎖を渡して閉鎖され、ヴェネツィア艦隊が守っていたが、それを陸路で迂回したのである。膨大な資金と労力を投入できるがゆえの奇策であった。その間、陸側では巨大な火砲を含む猛攻撃が続いていた。

約五〇日の包囲戦ののち、一四五三年五月二九日、オスマン軍が城壁を破って帝都になだれ込んだ。最後のビザンツ皇帝コンスタンティノス一一世パライオロゴスは、自らも打って出て、戦火の中に消えた。遺体は見つからなかった。奇しくも、この都市を都と定めたコンスタンティヌス大帝と同名の皇帝であった（ラテン語のコンスタンティヌスをギリシア語で読むとコンスタンティノスになる）。

16世紀のイスタンブル（*Civitates orbis terrarum*より）

コンスタンティノープルはこの数百年、東のイスラーム勢力と対峙してきた。あまりに長いあいだ危機の最前線にあったために、これが本当に最後なのだと西方の人々が気づいたときには遅すぎた。援軍は間に合わず、コンスタンティヌスの都は、イスラームのスルタンの支配する帝都イスタンブルとなった。

メフメト二世はこの都の獲得をイスラームの勝利として広く宣伝し、「我が玉座はイスタンブル」と宣言してオスマン帝国の中心を移した。ただし、都市の呼び名としてはコンスタンティノープルが使われることが多かったため、正式な名称変更は数百年後のことになった。

この帝都は、黒海の出口、ボスポラス海峡の西のほとりにある。東から拡大してきたオスマン帝国は、今やボスポラス海峡の両側を支配し、黒海へのアクセスを握る存在となった。この地域を東からの商品を買い入れるための重要な商業拠点としてきたイタリア商人、特にヴェネツィア人にとって、重大な事態であった。

東から領土を拡大してきた陸の大国オスマン帝国は、首都をこの都市に移し、以後、地中海へも進出していく。東地中海に広がるヴェネツィアの商業拠点が脅かされることになったのである。イタリア半島においてローディの和約が結ばれたのは、コンスタンティノープル陥落の翌年のことである。オスマン帝国の脅威を覚悟したヴェネツィアは、フランチェスコ・スフォルツァのミラノ公位継承を承認してでも、地中海の東での状況変化に備えようとしたのである。

オスマン帝国の台頭

オスマン帝国の建国者オスマン一世の祖は、中央アジアからモンゴルの襲撃を逃れてアナトリアにやってきたトルコ系遊牧民である。彼が生まれた一二五八年は、モンゴル帝国によってバグダードが灰燼に帰し、最初のイスラーム帝国アッバース朝が滅亡した年であった。

地中海の東側、黒海とのあいだにある大きな半島アナトリア（小アジア）は、長らくビザンツ帝国のキリスト教徒とトルコ系のイスラーム教徒が混在する中間地帯、強固な統治者が存在しない無法地帯になっていた。その紛争の前線であったアナトリア北西部で、オスマン帝国は最初の一歩を踏み出した。

オスマン一世が一二九九年に築いたオスマン侯国は、この地域にいくつも生まれていたイスラームの侯国のひとつであったが、その後、ほかの侯国を吸収し、帝国に成長した。

このオスマン帝国がアナトリアを超えて大きく拡大したのが、メフメト二世から始まる四人のスルタンの時代、一五世紀半ばから一六世紀半ばにかけての一〇〇年である。この時期のオスマン帝国は、スルタンを中心とした中央集権化を進めて国力を向上させ、その国力を背景として、新たな領土を勝ち取り、戦利品や税の増収で国庫を潤した。その財政的な余裕がさらに次の征服に向けられることになった。

こうして広がった領土はトルコのみならず、それまでイスラーム世界の中心であった中東のアラブ地域やエジプトにまで及ぶ。二〇世紀初頭までの五〇〇年の長い繁栄を誇ったイスラームの世界帝国である。

ヴェネツィア海上領土への脅威

一四五三年のビザンツ帝国滅亡以後、東地中海で勢力を広げたオスマン帝国は、ヴェネツィア共和国にとって大きな脅威になった。ビザンツ帝国から割譲されていたサロニカ（現テッサロニキ）は、すでに一四三〇年にはオスマン帝国によって奪われていた。メフメト二世は黒海北岸を征服し、クリミア半島周辺からジェノヴァとヴェネツィアの勢力を駆逐した。さらにクリミア・ハン国に宗主権を認めさせて属国としたため、黒海はオスマン帝国の支配する海となった。

ヴェネツィア共和国は、オスマン帝国の両隣のハンガリーやペルシアの白羊朝と対オスマン同盟を結んで戦ったが、オスマン帝国の拡大に抗するのは難しかった。ヴェネツィアは一四六三〜七九年の第一次対オスマン戦争で、エーゲ海のネグロポンテ島とアルバニアのスクータリ（現シュコドラ）を奪われた。

ゾンキオ海戦（1499年）（作者、年代不詳）

メフメト二世の治世の終わりまでに、ドナウ川からユーフラテス川にいたる領域がほぼ、オスマン帝国の領土になった。ヴェネツィアの手に残ったのは、エーゲ海のキクラデス諸島とクレタ島、キプロス島（支配開始一四七三年、公式に併合一四八九年）、イオニア諸島のケファロニア島（一五〇〇年）、ザンテ島（一四八二年、現ザキントス島）などの島々だけであった。

さらに、メフメト二世の子バヤズィト二世の時代、ヴェネツィア共和国は、一四九九年から一五〇三年にかけての第二次対オスマン戦争の結果、ギリシアのペロポネソス半島沿岸の重要な商業基地モドンとコロンを失った。アドリア海への外敵の侵入を見張る「ギリシアの二つの目」と呼ばれた港であり、城塞であった。

一五世紀半ばにコンスタンティノープルが陥落した時点

では、ヴェネツィア艦隊の能力はオスマン帝国の海軍力を上回っていた。オスマン帝国の勝利は数で圧倒的に上回る陸軍の力によるものであった。しかし、それから半世紀のあいだに、オスマン帝国の海軍はヨーロッパで発展した戦争技術の革新の成果を取り入れ、大幅に向上した。もともと多様な民族構成をもつオスマン帝国は、イタリアその他のヨーロッパ各地からの技術者も積極的に受け入れ、技術革新をはかったのである。その中には、一五世紀末のレコンキスタの完了によって、スペインを追放されたユダヤ教徒も含まれていた。ヴェネツィアとの海戦には、改良されたガレー船に大砲を積んだ、最新の武装船が向かってきたのであった。一四九九年にゾンキオの海戦で惨敗したのち、もはや海軍力でヴェネツィアが優位に立つとはいえなくなった。加えて、海にくわしい指揮官の不足を補うために、オスマン帝国は、地中海を荒らしまわっていたイスラームの海賊の一部までも海軍に登用した。

マムルーク朝の滅亡（一五一七年）

一五一六年には、セリム一世がマムルーク朝に大勝して、地中海東沿岸のシリアを支配下におき、翌一五一七年には、マムルーク朝の本拠地エジプトを征服してカイロに入城した。マムルーク朝を滅ぼしたことによって、オスマン帝国はアラブ世界の支配者となった。さらには、それまでマムルーク朝が保護下においていたイスラームの聖地メッカとメディナの新たな保護者となったことで、「イスラーム世界の守護者」の役割をも担うことになった。イスラーム世界の勢力地図は大きく書き換わることになったのである。

そして、エジプトがオスマン帝国の支配下に入ったことは、ヴェネツィア商業にとっては大きな打撃となった。ヴェネツィアはこれまでマムルーク朝と良好な関係を維持してきたからである。

マムルーク朝と奴隷貿易

オスマン帝国が滅ぼしたマムルーク朝は、一三世紀半ばにエジプトでアイユーブ朝から政権を奪った王朝である。イスラーム世界のほとんどがモンゴル軍の進撃に敗退した時代、マムルーク朝は唯一これを撃退した勢力であった。フラグ率いるモンゴル軍のシリア侵攻と戦って勝利し（一二六〇年、アイン・ジャールートの戦い）、さらに一三世紀末、シリアに残っていた十字軍国家の残存勢力から最後の拠点アッカーを奪って追い落としたあと、エジプトからシリアにかけての広大な領域を支配する王朝となった。

ただし、「マムルーク」という語が「奴隷」を意味するように、この王朝は一つの家系がスルタン位を世襲するのではなく、奴隷として集められ、マムルーク軍人としてスルタンに仕えた側近のうちの最有力者が、自らが仕えたスルタンの没後、次のスルタンになるという特殊な軍事封建制をとっていた。この制度では、スルタンの兵士としてイスラームに改宗したあとには奴隷から解放されるにせよ、キャリアの最初は奴隷として始まる。しかし、イスラームの教えにより、イスラーム教徒を奴隷にすることは禁じられていたため、この体制を維持するには、常にイスラーム世界の外部から奴隷を補充し続ける必要があった。

このマムルーク軍人となる奴隷を供給し続けたのが、最初はジェノヴァ商人であった。マムルーク朝が成立し、シリアの支配を勝ち取ったちょうどその頃、一二六一年にビザンツ帝国が復活した。その際、ビザンツ帝国の支援をしたジェノヴァ人が、特権を得て黒海交易を掌握し、クリミア半島や東のコーカサス地方から、新たな奴隷を海路でエジプトのマムルーク朝に供給したのである。モンゴル軍の侵攻によって、メソポタミアからシリアへの陸路の交易ルートが途絶えていたときであった。

やがてモンゴルのイル・ハン朝がイスラームに改宗し、中断していた内陸キャラバンルートが再開すると、中東地域の商人による奴隷貿易も復活した。それによって、ジェノヴァ商人の独占は崩れるが、代わってヴェネツィア商人がマムルーク朝との関係を強化することになった。

マムルーク朝政府による生産と交易の独占

一四世紀、マムルーク朝は、一二世紀以降それまでインド洋交易で輸入される香辛料をはじめとして多くの商品の流通と販売を担って莫大な利益を上げていた卸売商人（カーリミー商人）に対して、外国人との交易を制限し、特に利益の多い産品の市場を政府が独占しようとした。東方から運ばれてくる香辛料や、エジプトの特産品である綿織物、亜麻織物、砂糖などが対象である。

それらの商品の買い手として名乗りを上げたのがヴェネツィアである。ヴェネツィアは、政府が統制する独占的な交易相手として、エジプト市場に食い込んだのであった。黒死病流行直前の一三四六年までに、ヴェネツィア共和国はアレクサンドリアに国有ガレー商船団《ムーダ》を定期的に送りはじめていた。黒死病の影響で、運行が乱れることはあったが、ヴェネツィアとマムルーク朝との関係は途絶えることなく続いた。一五世紀には、アレクサンドリアに居留するヴェネツィア商人の数と活動規模は、他の集団を大きく引き離していた。

研究者アブー・ルゴドによると、一四世紀の黒死病による被害がマムルーク朝の砂糖精製や織物

マムルーク朝のシリアの中心ダマスカスで迎えられるヴェネツィア使節団（1511年、ジョヴァンニ・ディ・ニッコロ・マンスエティ画、16世紀）

業といった工業にとって大きな打撃になり、また、商人人口が減少したことが、政府が直接商業の独占に乗り出す原因になったという。

一三四七年に（おそらく黒海沿岸からきたイタリア商人によって）アレクサンドリアに到達した黒死病は、数年のうちにエジプトとシリアの人口の三分の一から三分の二を消し去った。熟練の職人が技術を伝承する間もなく死亡したことによって、精緻な灌漑システムを必要とする乾燥地帯の農業が打撃を受け、遠距離の海上交易に従事していた卸売商人は真っ先に疫病の餌食になった。一四世紀後半に卸売商人が衰退し、代わってマムルーク朝政府が商業の統制に踏み出すのは、多数の商人の死による空白を埋めるためであったかもしれない。

シリア・エジプトの特産品である綿、亜麻、サトウキビなどの農産物の栽培、それらを原料とする綿織物、亜麻織物、砂糖の生産、さらにそれらの製品の国内外での販売、これらのどの分野でも、マムルーク朝政府は大きく関与するようになった。政府は原材料を栽培する土地を管理し、商品を製造する工房の多くを所有し、完成した商品を大量に購入して、消費したり、イタリア商人に売ったりした。こうした政府の独占政策は一五世紀に完成した。

しかし、政府による強制的な独占は、砂糖精製の分野では技術の発展を止めてしまい、先進的であったはずのエジプトの砂糖精製技術はヨーロッパの技術に追い抜かれてしまった。綿織物・亜麻織物もエジプトの重要な特産物であったが、一四世紀後半には、イタリア商人が持ち込むヨーロッパ製の商品との競争が激化し、工業生産が落ち込むことになった。エジプトでの綿織物工業の生産低下によって、シリアで生産された綿は原料のまま、イタリア商人、特にヴェネツィア商人が買い付けるようになった。シリアの綿織物工業は一四世紀前半の黒死病流行による人口減少で打撃を受け、さらに一四世紀末、ティムールがこの地域を襲って熟練職人を多数中央アジアに連れ去ったことで、壊滅的な痛手を被った。それによって一五世紀初頭には、シリアは原料輸出地域になったのである。シリアからヴェネツィアに綿を運んだヴェネツィアの綿ムーダは、その現象のひとつであった。

アレクサンドリアでの交易

香辛料や陶磁器や絹といった、紅海を通じて東方から来る商品のヨーロッパへの再輸出は、卸売商人を排除して交易を独占的に掌握するようになったマムルーク朝政府にとって大きな利益の源泉であった。黒死病によって人口が大きく減少したのは同じでも、西のヨーロッパの回復は早く、一四世紀後半には東方商品の需要は急速に増大していた。歴代のエジプト政府は、ヨーロッパ商人が直接インド洋交易とアクセスするのを阻むため、ヨーロッパ商人を紅海に入れなかったが、マムル

16世紀のアレクサンドリア（*Civitates orbis terrarum* より）

ーク朝もこの方針を徹底し、ヨーロッパの商人は地中海の港であるアレクサンドリアでのみ取引が可能で、船の発着も厳しく管理されていた。

ヴェネツィアの国有定期ガレー商船団が、あらかじめ定めた日程にしたがって運行していたのも、このマムルーク朝の政策にあわせたものであった。アレクサンドリアの港に集まったイタリア商船は、その期間に来港予定のすべての船が到着するまで、荷揚げができなかったため、予定に合わせた運行が必要であったのである。

外国人商人がアレクサンドリアを出ることは許されなかったため、帰路の積み荷の調達はマムルーク朝政府の役人に依存することになった。その多くはエジプトの農産物や工業製品であったが、ヴェネツィア商人にとって最も重要であったのは、ヨーロッパでの需要の高い東方商品、東南アジアの香辛料や染料、インドの胡椒や綿織物、中国の陶磁器や絹である。これらを確保するために、マムルーク朝との関係は重要であった。

ところが、そのマムルーク朝が、一五一七年、オスマン帝国によって、滅ぼされたのである。

スレイマン大帝

一五二〇年に即位したオスマン帝国のスルタン、スレイマン大帝（在位一五二〇〜六六）は、父セリム一世から、ドナウ川からユーフラテス川まで、つまりバルカンからアナトリアにかけてのもともとのオスマン帝国の領土に加えて、エジプトとシリアというアラブ世界に大きく拡大した広大な領土を相続した。スレイマン大帝の治世の前半、ヨーロッパ方面での課題は国境を接することになったハンガリーであり、その背後のハプスブルク家との対決であった。

ハンガリーのヤギェウォ朝ラヨシュ二世がオスマン帝国への貢納金支払いを拒んだことから、即位したばかりのスレイマン大帝は一五二一年に最初の遠征でハンガリーに侵攻し、難攻不落で知られた要衝ベオグラードを陥落させた。ハンガリーの支配地域はドナウ川の北に後退した。

一五二二年にはエーゲ海でイスラーム側への海賊行為で海上交通を妨害していた聖ヨハネ騎士団からロードス島を奪い取ったが、一番の問題はハンガリーであった。

一五二六年、スレイマン大帝はベオグラードを拠点にハンガリーに進軍し、モハーチの戦いでハンガリー軍と戦い、大

スレイマン大帝（ティツィアーノ・ヴェチェッリオ画、1530年頃）

勝した。このとき、ハンガリー王ラヨシュ二世が後継者を定めずに戦死したことで、ラヨシュ二世の妹と結婚していたハプスブルク家のオーストリア大公フェルディナントがハンガリーの王位を主張し、ハンガリー貴族の多数派が選出した王サポヤイ・ヤーノシュをオスマン帝国が後押しすることによって、ハンガリー王国をめぐってハプスブルク家とオスマン帝国が直接対立することになった。フェルディナントはハプスブルク家の神聖ローマ皇帝カール五世の弟である。これが一五二九年のオスマン軍によるウィーン包囲の理由であった。

一五二九年には寒波の到来によってオスマン軍は包囲を解き、ウィーンが陥落することはなかった。一五三二年には、三度目のハンガリー遠征でウィーン近隣の都市グラーツを攻略したが、皇帝カール五世を誘い出そうとしてかなわなかったため、オスマン軍は退却した。ハンガリーは結局、ハプスブルク家のフェルディナントが北部と西部を、オスマン帝国が押すヤーノシュが中部と南部を領有することで一五三三年、合意がなされた。ハンガリーをめぐってはその後も係争が続くが、スルタン自ら率いる軍がハプスブルク家オーストリアの首都を包囲するような事態にはならなかった。

オスマン軍によるウィーン包囲（1529年）
（バルテル・ベーハム画、1529年）

オスマン帝国とヴェネツィアとの戦争

ヴェネツィアにとって問題であったのは、

オスマン帝国が東地中海の覇権獲得を目指していたことである。

一五世紀は、ヴェネツィアにとって東地中海に領土を広げた時期であると同時に、オスマン帝国が領土と商業上の利害を脅かしはじめた時期でもあった。一五世紀半ば以降、ヴェネツィアとオスマン帝国との戦争は、

第一次　一四六三～七九年、
第二次　一四九九～一五〇三年、
第三次　一五三七～四〇年、
第四次　一五七〇～七三年（キプロス戦争）、
第五次　一六四五～六九年（クレタ島をめぐるカンディア戦争）、
第六次　一六八四～九九年（モレア戦争）、
第七次　一七一四年

とおよそ七回にわたって断続的に起こった。

海賊からオスマン帝国の提督になったバルバロス・ハイレッティン（アゴス・ヴェネツィアーノ画、1535年）

ヴェネツィア経済史の研究者レーンは、第二次対オスマン戦争の一五〇三年の講和条約をヴェネツィア史のターニング・ポイントのひとつであると主張している。ヴェネツィア共和国は、地中海でのこれ以上の戦費支出を避け、イタリア内での紛争に専念するために、海上帝国の要衝であった地域を引き渡す講和条約を結んだのであり、一六世紀初頭の有力な政治家たちは、海上支配権よ

りもイタリアにおける領土の方を優先する政策をとったというのである。

一六世紀のオスマン帝国は、海軍力強化のために、北アフリカのアルジェを拠点にしていた海賊を利用した。エーゲ海のレスボス島出身のバルバロス・ハイレッティンは、ヨーロッパではバルバロッサ、つまり赤髭と呼ばれた海賊であった。トルコ語でなまってバルバロスになる。兄弟とともに海賊となり、エーゲ海からイオニア海へ、さらには地中海の西に進出して、北アフリカ沿岸を占領していた。一五一六年にはアルジェリアの領主になる。さらに、スペイン艦隊に対抗するために、一五一九年、セリム一世の時にオスマン帝国への臣従を選んだ。それによって、スルタンから武器と二〇〇〇人の兵の供与を受けたのである。

チュニスの要塞ゴレッタに押し寄せるカール５世の艦隊（1535年）（フランツ・ホーヘンベルフ画、16世紀）

この人物を、一五三三年、スレイマン大帝はオスマン海軍の大提督に任命した。ハプスブルク家の皇帝カール五世（スペイン王としてはカルロス一世）が、ジェノヴァ貴族であり傭兵隊長のアンドレア・ドーリアを、自らの艦隊の提督に据えたことに対抗する措置であった。
ハイレッティンは、オスマン艦隊を率いてドーリアが一五三二年に奪取したペロポネソス半島の港コロンを奪い返し（かつてはヴェネツィアの要塞であった）、自らの拠点アルジェに近い北アフリカのチュニスを占拠した。これに対して、カール五世はドーリアとともに自ら艦隊を率いてチュニスに押し寄せ、これを奪った。

ところが、スレイマン大帝は一五三七年、新たに二〇〇隻の艦船を仕立てて、大艦隊でフランスとの共同作戦として西地中海に向かい、同盟相手のフランス王の変心によってこれが不成功に終わると、エーゲ海でヴェネツィアの支配下にあった島々を制圧した。ヴェネツィアにとっては、第三次対オスマン戦争が始まったことになる。

ヴェネツィア共和国は「トルコの脅威」と危機をヨーロッパに訴えた。ローマ教皇がこれに応え、諸国に呼びかけて、イスラームの大国オスマン帝国に対する同盟として、キリスト教徒による神聖同盟が結成された。一五三八年、神聖同盟は六〇〇隻とも言われる大艦隊でオスマン帝国に向かった。ただし、ヴェネツィア側の抗議にもかかわらず、総司令官は皇帝の提督ジェノヴァ人のアンドレア・ドーリアであり、同盟参加国の意思統一はなされなかった。イオニア海岸のプレヴェザ港沖が決戦場となったが、ヨーロッパ側はハイレッティン率いるオスマン海軍に数でまさっていたにもかかわらず、惨敗した（一五三八年プレヴェザ海戦）。

東地中海を交易の生命線とするヴェネツィア共和国は、やむをえず、一五四〇年、単独でオスマン帝国と和議を結んだ。これによって、東地中海ではオスマン帝国の優位が確定した。東地中海でオスマン帝国の支配下にない島は、ヴェネツィアが支配するキプロス島とクレタ島、それにジェノヴァが支配するキオス島の三島のみになったのである。

西地中海では、オスマン帝国とハプスブルク家の争いが続いたが一進一退で、むしろこの地域はイスラーム側・キリスト教側入り乱れての海賊が優勢を誇る地域になった。エジプトからアルジェリアにかけて拠点をもった北アフリカの海賊集団は、ハイレッティンの例にあるように、オスマン帝国の宗主権を認め、スペインやイタリアの沿岸部を攻撃し、略奪した。これに対して、キリスト教側では、一五二二年にロードス島を奪われた聖ヨハネ騎士団が、シチリア島に近い地中海の真中のマルタ島に拠点を構え、イスラーム側の船を襲っていた。

ヴェネツィアは一六世紀後半の第四次対オスマン戦争でさらにキプロス島を失い、一七世紀には第五次対戦で長らくヴェネツィアの植民地であったクレタ島をめぐって二四年間にわたる長期戦を戦ったあげく、最終的にこの島を失った。

3　西方における国際状況の変化

ヨーロッパでの君主国の台頭——ハプスブルク家対フランス王

変化は西方でも起きていた。

ヨーロッパでは、一五一六年にわずか一六歳のハプスブルク家の若者が、広大な領土を受け継いでいた。ハプスブルク家は結婚政策によって、同盟関係と領土を広げてきた家である。ハプスブルク家の神聖ローマ皇帝マクシミリアン一世の息子でブルゴーニュ公であったフィリップは、スペインのカトリック両王イサベルとフェルナンドの娘、ファナと結婚した。一五〇〇年にフランドルで生まれた息子シャルルは、早世した父フィリップからフランドルを含むブルゴーニュ公国を相続し、一五一六年、祖父のフェルナンドの死にともなって、カスティーリャ王国とアラゴン連合王国を相

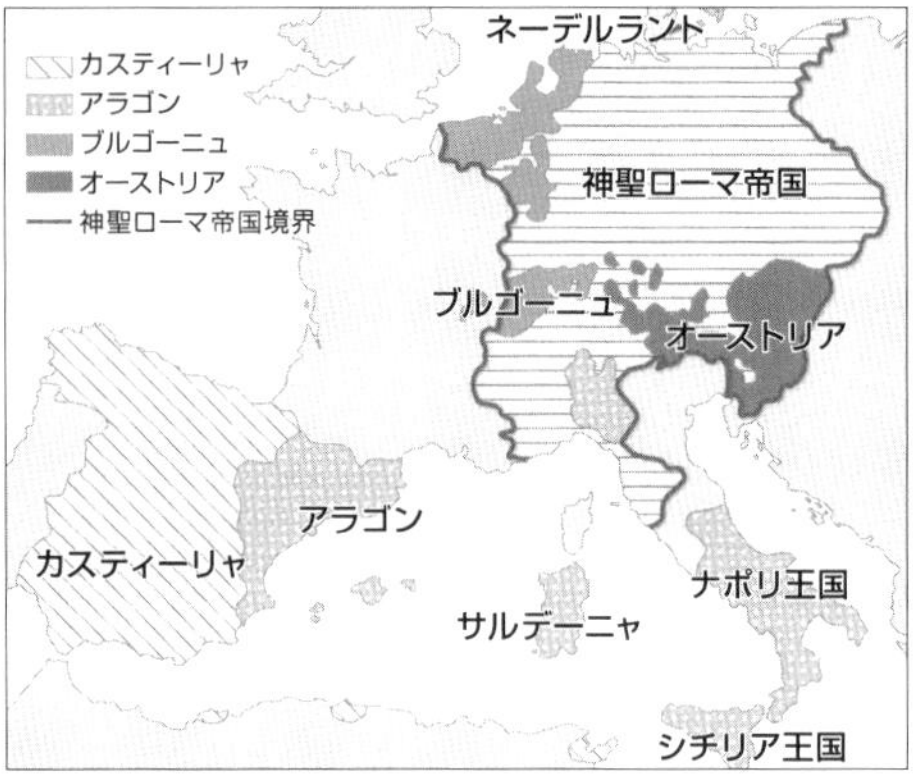

カール5世時代のハプスブルク家の領土

スペイン国王でもある神聖ローマ皇帝カール5世（ランベルト・スストリス画、1548年）

続した結果、スペイン王カルロス一世となった。

さらに、一五一九年に父方の祖父マクシミリアンが亡くなったことで、オーストリアにあるハプスブルク家領を相続した。「西の皇帝」たる神聖ローマ皇帝は、世襲ではなく、代替わりのたびに七名の選帝侯によって選ばれる選挙王制であったが、カルロスは国際金融業者フッガー家の資金援助を得たことで、皇帝選挙で対立候補であったフランス王フランソワ一世を押さえて勝利し、同年、一九歳で神聖ローマ皇帝カール五世となった。つまりスペイン王カルロス一世と皇帝カール五世は同一人物である。彼の名前は、フランス語圏のフランドルではシャルル、スペイン語で読めばカルロス、ドイツ語であればカールとなる。

イベリア半島では、一五世紀末のイサベルとフェルナンドの結婚以来、カスティーリャ王国とアラゴン連合王国が結合し、スペイン王国という通称で呼ばれるようになるが、ハプスブルク家の結婚政策が実を結んだことで、中欧に広がる神聖ローマ帝国だけでなく、大西洋に面したスペイン王国と、経済の発展したネーデルラントが、ひとりの君主の下に統治されることになったのである。その領土はさらに、アラゴン連合王国が支配していた南イタリアのナポリ王国（シチリア王国）や、スペインが征服した中南米にまで広がった。ハプスブルク家は世界帝国を支配することになったのである。

これに脅威をおぼえたのが、東西から領土を囲まれることになったフランス王国である。

イタリア戦争（一四九四〜一五五九年）

このハプスブルク家の皇帝とフランスとの覇権争いは、一五世紀末からの半世紀、イタリアを舞台に展開された。

きっかけは、一四九四年に、フランス王シャルル八世がナポリ王位継承権を求めてイタリアに侵攻したことである。ここから始まったイタリア戦争は、フランス王国の領土拡大に対抗するスペイン王国、神聖ローマ帝国、イングランド王国、ローマ教皇、ヴェネツィア共和国やフィレンツェ共和国といったイタリアの諸勢力、さらにはイスラームのオスマン帝国までもが入り乱れて戦い、約五十年後の一五五九年にカトー・カンブレジの和約で終結するまで続いた。

その間、同盟関係は刻々と変わり、敵味方が入れ替わったが、大局的にはフランス王とハプスブルク家のどちらがイタリアでの支配権を拡大するかという戦いであった。このイタリアをめぐる争いは、特に、一五一九年に一九歳の皇帝カール五世が即位し、一五一五年に二一歳で即位したフランス王フランソワ一世が対抗したことによって激化した。カール五世は、「西」の皇帝として、ヨーロッパ全体を統合する普遍国家の建設をめざした。その時代錯誤な夢は、戦場となったイタリア諸国にとっても、フランス王にとっても、あまりに危険と捉えられた。その野望をくじくために、フランスはイスラームのオスマン帝国とも同盟を結び、皇帝カール五世に対抗しようとしたのである。イスタンブルを首都としたことで、自らこそローマ帝国を受け継ぐ「ローマ皇帝（カエサル）」であると自認していたオスマン帝国のスレイマン大帝は、これを受けてハンガリー問題からウィーンを包囲し、地中海にも軍勢を送った。スレイマン大帝もまた、一五二〇年に二六歳で即位した、若く、在位の長い支配者であった。

このイタリア戦争は、一五世紀半ば以降のイタリアの勢力均衡を破壊した。一四九九年、ミラノ公国はフランスに征服され、一五〇三年にはナポリ王国がハプスブルク家の支配下に入った。フィレンツェ共和国は一五三〇年、追放されていたメディチ家と連合した皇帝軍によって滅ぼされ、メディチ家による君主政へと移行した。イタリア・ルネサンス発祥の地として有名なフィレンツェ共和国が滅亡し、皇帝の後ろ盾のもとにメディチ家が統治するトスカーナ大公国が生まれるのである。

戦場となったイタリアは荒廃した。延々と続く消耗戦で敗れたフランスは、最終的にはイタリアへの権利を放棄し、ナポリ王国とミラノ公国はスペイン王国が統治することになった。シチリア島、サルデーニャ島もスペイン副王領となる。同時進行していた宗教改革から対抗宗教改革への流れのなかで、カトリックを支援する皇帝やスペイン王の影響力はローマ教皇にも強く及んだ。一六世紀後半以降、イタリアはスペイン王国の支配下、あるいはその影響力を強く受ける地域になったのである。

半世紀におよぶ戦争でハプスブルク家の優位を崩すことができなかったフランスは、以後、イタリアへの介入を断念してその力を国内に傾け、中央集権化を進めて、フランスという主権国家の形成に向かった。

イタリア戦争の一場面、パヴィアの戦い（1575年）を描いたタペストリ（ベルナールト・ファン・オルレイ、1530年前後）

これに対して、勝利したはずのハプスブルク家もまた莫大な戦費による財政悪化に苦しんだ。スペイン王としてスペイン各地の反乱を抑え、神聖ローマ皇帝として宗教改革によるプロテスタント諸侯との内戦やドイツ農民反乱に直面し、さらにハンガリーをめぐってオスマン帝国と対立したカール五世は、その人生の大半を戦場で過ごしたが、普遍国家の夢はなお遠かった。一五五六年、あまりに巨大な帝国を一人の君主が治めることを断念したカール五世は退位して修道院に隠棲した。この後、神聖ローマ帝国は弟のフェルディナント一世が、スペインは息子のフェリペ二世が相続することになった。

一五世紀末にコロンブスがインドに向けて出発しながら、新大陸アメリカにたどり着いて以来、スペインは中南米を支配した。さらに一六世紀には太平洋を越えてアジアのフィリピンを征服し（一五七一年）、ヨーロッパ、アメリカ、アジアと世界中に支配地を持つ「太陽の沈まぬ帝国」として、黄金時代を迎えることになる。

一六世紀後半以降、イタリアはこのスペイン王国の支配下、あるいはその影響力を強く受ける地域になった。

そのなかで、ヴェネツィア共和国は、唯一の明白な独立国として一八世紀末まで存続した。

しかし、独立は保ったにせよ、国際状況の変化はヴェネツィアの経済構造を大きく変えることになった。

ポルトガルによるアフリカ周り航路

一五世紀、ヴェネツィア共和国の「海の国《スタート・ダ・マール》」つまり東地中海《レヴァント》での交易は大きな利益を上げていたが、商業拠点の維持費は、オスマン帝国との対立にかかる軍事費も加えれば赤字であった。これに加えて、西の果てのイベリア半島の国々の探検航海とその結果が、地中海交易の価値そのものを掘り崩そうとしていた。

一四九八年、ポルトガルのヴァスコ・ダ・ガマがアフリカ南端を回り、インド洋を越えて、インドの西岸のマラバール海岸のカリカットに到着した。一三世紀からエジプトのマムルーク朝の商人が紅海を渡って強い商業関係を結んできた港町である。ポルトガル側の疑心暗鬼もあって、現地の君主との関係構築はうまくいかなかったが、ポルトガルは以後、軍事力でもって拠点を獲得し、インドから東南アジアへ交易ルートを広げていく。

一五〇九年、ポルトガルは、インド北西部沿岸のグジャラート半島の沖にあるディウ島をめぐって、グジャラート王国総督であり現地ディウの領主とカリカットの領主、さらに支援に向かったマムルーク朝エジプトの連合艦隊と戦い、圧勝した（ディウ沖の海戦）。その結果、ポルトガルは従来アラブの船と商人が支配してきたインド洋交易にとっての脅威となった。

アラブ人は中世を通じて、アラビア半島の両側の紅海・ペルシア湾とインド西岸を結ぶ航路を支配してきた。宋や元の時代から明代初期までは、中国からの商船がインドの港まできており、中国海軍も強大であったが、一五世紀初頭の鄭和の遠征後に明朝が海禁策をとったあとは、インド洋から中国勢力が撤退した。研究者アブー・ルゴドは、この中国勢力の撤退によって、インド洋海域に「権力の空白」が生まれたことが、ポルトガルによる侵略を可能にしたと主張している。

マムルーク朝エジプトの艦隊は小規模で、ポルトガルの艦隊に太刀打ちできるだけの技術も経験もなかった。何より、インド洋の海上交易では、海賊は出没するにしろ、これまでいずれかの政治勢力が覇権を握ろうとしたことがなく、地中海とはちがって、商船が常に護衛を連れて戦いに備える習慣がなかった。一年のあいだに規則的に変化するモンスーンの風によって、目的地に応じて航海に適した時期が厳密に決まっている海域では、多民族のあいだで数世紀にわたって、相互に相手の船に敬意を払い、時には協力することがルールであり、慣習であった。そこに新たに現れたポルトガル人は、大砲や銃という新兵器を持ち込み、積極的に武力を行使して制圧し、市場価格よりも安価で製品を買う権利を与える条約を強制するという、異なるルールをこの海域に持ち込んだというのである。

ポルトガルは一五一〇年にインド西岸のゴアを獲得した。カリカットの北方約五一〇キロにある、インド有数の港である。そこを拠点にして、さらに東へとむかい、一五一一年には、マレー半島南西沿岸の港湾都市マラッカを攻略した。マレー半島とインドネシアのスマトラ島とのあいだのマラッカ海峡は、インド洋と南シナ海を結ぶ東南アジアの海上交通の要衝であり、東の中国から西のインドに向かう重要な中継地点であった。ポルトガルが求めた香辛料交易の重要拠点であり、ポルトガルがこの港湾都市を征服した約一年後にこの地を訪れたポルトガル大使トメ・ピレシュは、「マ

16世紀のゴア（*Civitates Orbis Terrarum*より）

ラッカを支配するものはヴェネツィアの首根っこを押さえる」という言葉を残したという。

このマラッカ占領のわずか四ヵ月後、ポルトガル人はさらに東のモルッカ諸島（現マルク諸島）に船を派遣した。小さな島々の集まりであるが、この島々が高価なスパイスであるクローヴの唯一の産地であったからである。そのなかでもバンダ諸島はナツメグの原産地であった。胡椒はインドから東南アジアにかけて広く栽培されていたが、クローヴとナツメグの産地は限られていた。そのため、これらの島々は「香料諸島」としてヨーロッパで知られるようになる。

こうしてポルトガルが開いたアフリカ周りの新航路は、従来のイスラーム商人による香辛料交易に打撃を与えた。香辛料を積んだポルトガルの船がはじめて喜望峰を回ってヨーロッパに到着したのは一五〇一年であったが、翌一五〇二年には地中海に香辛料が届かなかった。一五〇九年のディウ沖の海戦で勝利したポルトガルは、アラビア海での軍事的支配を強化し、アレクサンドリアやシリアでは、一〇年以上にわたって香辛料が深刻に不足することになった。

一四九九年からオスマン帝国と戦争中であったヴェネツィアは、国有定期ガレー商船団ムーダを出すこともできない状態であったが、一五〇三年に戦争が終わったとき、ヴェネツィア商人が購入しようにも、香辛料は地中海まで届かなかったのである。

地中海での香辛料交易の復活

しかし、ヴェネツィア経済はこの危機を生き残った。ひとつには、東地中海経由の香辛料貿易にポルトガルが与えたダメージが一時的なもので、一度は落ち込んだ地中海での香辛料交易が、一六世紀前半には復活を見せたからである。

理由はいくつかある。

第一に、ポルトガルがインド洋で軍事的優位を獲得したにしても、それはそのままインド洋交易の独占にはつながらなかったからである。東南アジアやインドから海路で運ばれた香辛料は、アラビア半島の東側のペルシア湾を北上して、湾奥の港町バスラからバグダードを経由する内陸ルートでシリアに出るか、アラビア半島西側の紅海を北上してエジプトに向かい、紅海沿岸の港からナイル川まで陸路で運んで、ナイル川を船で下りアレクサンドリアに運ばれた。この地中海沿岸のシリアやエジプトの港でヴェネツィア商人らが買い付けるのが従来の商業ルートであった。ポルトガルは、一五一五年、ペルシア湾の出口に位置するホルムズ島の港湾都市を狙い、占領した。ホルムズ海峡を押さえて、ペルシア湾ルートを統制下におくためである。

しかし、ポルトガルはもう一つの航路、紅海の入口に位置する重要な交易の要衝アデンを奪取できなかった。ポルトガルの制海権には大きな穴があったのである。衝撃の最初の数年が過ぎると、イスラーム商人は、インド洋でポルトガルが支配する海域を避けて、紅海を通ってエジプトに向かうようになった。

さらに東南アジアでも、抜け道があった。ポルトガルが支配したマラッカ海峡は確かに重要な海上交通路であったが、南シナ海からインド洋に抜けるには、スマトラ島とジャワ島とのあいだのスンダ海峡を抜ける航路もあった。イスラーム商人はマラッカ海峡を迂回して、モルッカ諸島で産出した商品を運ぶことができたのである。ポルトガルはインド洋を航行するすべての船を取り締まろうとしたが、成功しなかった。

第二に、ポルトガルが輸入した香辛料の価格競争力に難があったことである。ポルトガルがアフリカ周りの新航路でヨーロッパに輸入した香辛料は、原産地から地中海までを輸送する仲介業者であるイスラーム商人のマージンを削減できる分、東地中海ルートの商品よりも安価になるはずであったが、実際にはそれほどの価格差は生まれなかった。アフリカ周りの長い航路の運送コストと、さらにポルトガルが航路の安全保障のために積極的に行使した軍事費を、商品価格に上乗せせざるをえなかったからである。高額な軍事費を加算すれば、東地中海ルートの商品も価格面でじゅうぶん競争可能であった。

第三が、ヨーロッパでの香辛料の需要の増大である。ヨーロッパでは香辛料の需要が増大して、消費量が倍増する勢いであった。一五三〇年代以降、東地中海経由のルートが復活したことで、ヴェネツィアは一五六〇年代までに香辛料交易のシェアの半分を握るまでに回復した。一六世紀後半のヴェネツィアはアフリカ周り航路が開設される以前と同じだけ、あるいはそれを上回る量の香辛料を扱っていたのである。

地中海交易の変化

とはいえ、地中海交易が元の状態に戻ったわけではなかった。

一六世紀の段階で一度は復活したとはいえ、一七世紀以降、香辛料貿易はしだいに地中海ではなく、アフリカ周りの大西洋ルートが主流となり、ヴェネツィアにとっても一七世紀には西方からの輸入品になった。一六二五年、香辛料はヴェネツィアの関税徴収の分類の上で「西方商品」に分類しなおされている。

ただ、変化の発端となったポルトガルは、香辛料交易の支配権を長く維持することはできなかった。一七世紀に入ると、オランダやイギリスがアジアに進出し、香辛料をはじめとする交易の主役の座を奪っていったからである。たとえば、日本の戦国時代に鉄砲を伝え、南蛮貿易とともにキリスト教の宣教師を運んだのがポルトガルの船であったにもかかわらず、江戸時代の鎖国体制のもとで江戸幕府がヨーロッパへの窓口としてオランダを選んだのも、アジアで活動するヨーロッパ勢の勢力図を反映したものであろう。ポルトガルは中国南部のマカオやインドのゴアを拠点としてその後もアジアで経済活動を続けたが、アジアとヨーロッパをつなぐ交易は、オランダ・イギリス・フランスという、それぞれが東インド会社を設立した国々の争うところとなった。

この頃、ヨーロッパの人々がたどった交易の旅は決して平坦ではなく、壊血病、赤痢やコレラなどの疫病、戦闘、遭難など、命の危険と隣り合わせであった。アジアに旅立ったオランダ人のうち、生きて故国に帰れたのは三人に一人であったともいわれる。一七世紀、インドにおけるヨーロッパ人の平均生存年数は三年であった。それでも彼らはアジアに向かった。

地中海でも同様の変化が起こった。オランダ・イギリス・フランスの船舶の進出である。一五世紀まではジェノヴァやヴェネツィアの船が、ジブラルタル海峡を越えてフランドルやロンドンに向かったが、一六世紀後半には逆にアルプス以北の国々の船が地中海に向かい、地中海商業の輸送を担った。ヴェネツィアの港としての輸入量は一六〜一七世紀を通じてほぼ維持されたが、ヴェネツィアが誇った商船数は一五六〇年代を頂点として減少に向かい、一六〇〇年には最盛期のおよそ半分に縮小した。理由は経済的なものであった。

アフリカ周りでヨーロッパに到来する香辛料と競争するために、ヴェネツィアは輸送費の削減を図った。最初の方策は、香辛料交易の輸送を帆船に切り替えることである。ヴェネツィアの香辛料交易は安全性と定期性を優先して国有定期ガレー商船団のムーダに限られてきたが、一六世紀になると造船・軍事技術の革新によって丸型帆船の操船能力が上がり、特に大砲が装備されるようになったことで、その防衛力はガレー商船を上回るようになった。コストの高いガレー商船の利点は消え去ったのである。

一五一三年、ヴェネツィア政府はそれまでムーダにのみ認めていた香辛料その他の商品の輸送を丸型帆船にも認めた。輸送に丸型帆船を使うことで、輸送コストは従来の三分の一になったのである。私有の丸型帆船の積荷のメインは、以前と同じように安価な商品（葡萄酒、綿、小麦、塩など）であったが、高価な商品もともに輸送することで、利益を出しやすくなった。その一面、高額商品輸

17世紀の地中海の港。左側の帆船はオランダ船（アブラハム・シュトルク画、1674年）

送の法的独占権を失った国有ガレー商船団は以後、その存在意義を失った。一五三五年に最後のムーダがアレクサンドリアへ向けて出港したあとは、ヴェネツィアも他国と同様に、商品輸送は丸型帆船にのみ依存することになった。

ところが、オランダやイギリスの船の輸送費はさらに安価であった。ヴェネツィアは自国の艦船の建造のためにテッラフェルマでの森の保全に努め、特に船の建材になる樫やブナの木に関しては十人委員会の管理下において、植林にも気を配ったが、それでも木材が不足して、一七世紀にはナポリ王国などからアペニン山脈の木材を輸入するようになった。これに対して、アルプス以北の国々は豊かな森林資源を持ち、商船の建材費が安かったことから、輸送費も安価で競争力があった。しかも航海技術の点でも優れていたため、ヴェネツィア商人にとって自国のヴェネツィア商船よりも、これらの外国船舶に輸送をゆだねる方が経済的であったのである。

海運勢力としての地位の低下

ヴェネツィア政府はムーダのシステムを放棄した後も、海運・造船業に対して関心を払い続け、政府の入念な監督と補助金によって、ヴェネツィアの商船隊は一五七〇年頃までは相対的に良好な状態にあったが、その後の規模縮小は避けられなかった。

業を煮やしたヴェネツィア政府は、一六〇二年に自国の海運業を保護する航海法を布告した。ヴェネツィア港での商品の積み込みに際しては、ヴェネツィア人船員が運航するヴェネツィア船籍の商船が優先されるという法律で、運送業者としての外国船の排除を意図したものである。外国船との競争に直面しているヴェネツィア人船主の焦燥や、自国の商船団の衰微に対する政府の懸念の表

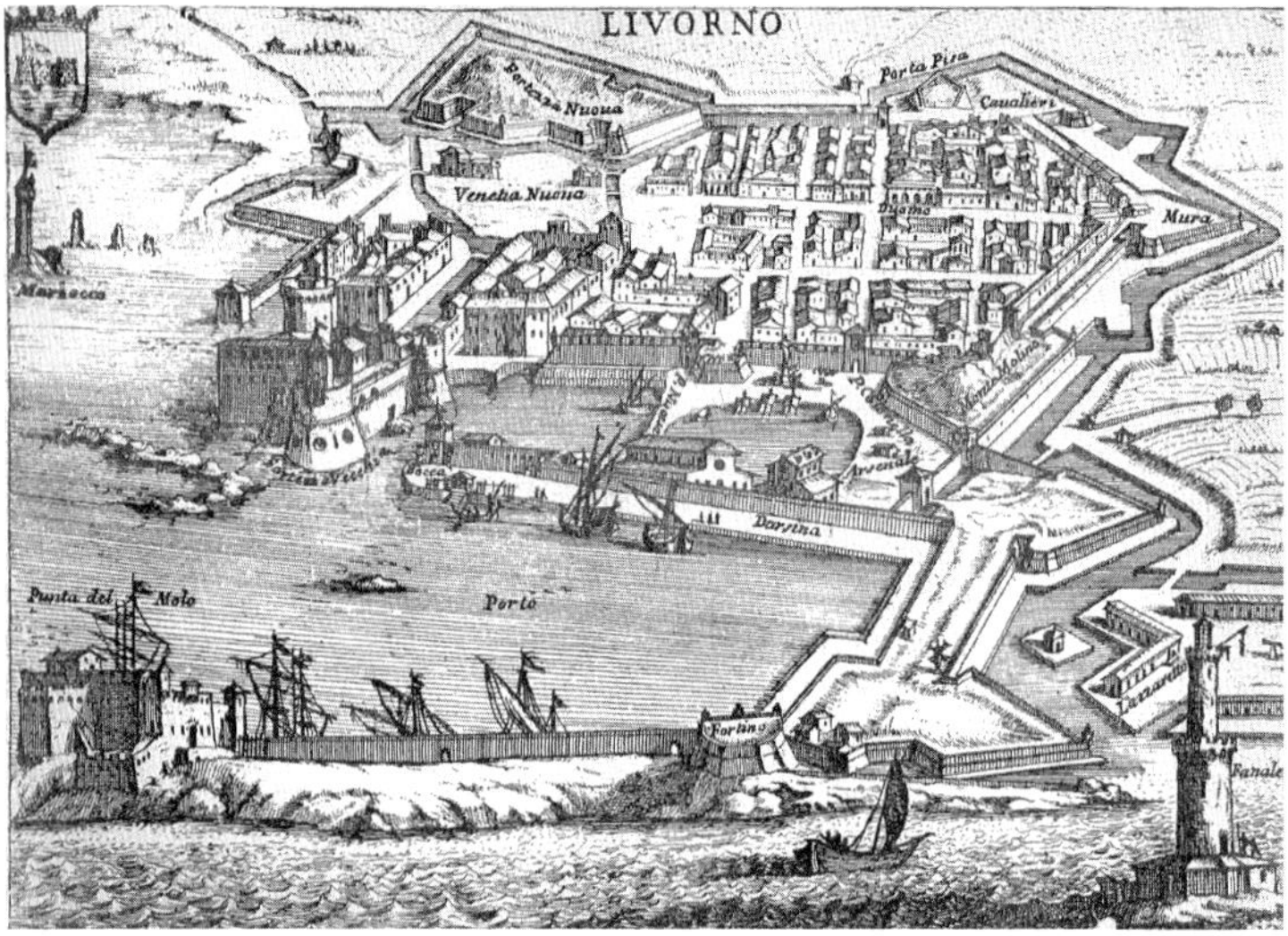

トスカーナ大公国の自由港として栄えたリヴォルノ（17世紀）

れといえよう。しかし、この政策はその意図とは裏腹に、外国船による安価な輸送によって繁栄していたヴェネツィア商業から、その競争力を奪う結果を招いた。

航海法以後、イギリスやオランダの船主は、リヴォルノなどの規制のない港に寄港先を変えてしまい、ヴェネツィア港は東地中海と北ヨーロッパを結ぶ海運路から外される結果となったのである。ティレニア海側のリヴォルノは、当時トスカーナ大公国が新たな自由港として開発した港で、一七世紀にイタリア各地の主要港が軒並み規模を縮小するなか、北ヨーロッパと地中海とを結ぶ中継港として唯一繁栄を続けた港であった。

加えて、かつては「ヴェネツィアの湾」であったアドリア海でも、ダルマツィア地方のラグーザ（現ドヴロヴニク）と、その対岸にあってラグーザと密接な関係をもつアンコーナが、オスマン帝国と友好関係を結んで東地中海に進出し、ヴェネツィアの競争相手となった。

アンコーナは一五二〇年代に国際商業都市としての地位を確立した。一五三二年に教皇によって軍事占領されたが、教皇はアンコーナ市民の支持を得るために商業を手厚く保護し、アンコーナは教会国家の港として急成長して、特に一六世紀半ばに繁栄したのである。アンコーナは陸路で高級毛織物・絹織物の生産地であるフィレンツェとつながっていた。

一六世紀後半にはラグーザが全盛期を迎えた。ヴェネツィアはこの港湾都市に対抗するために、ラグーザと同じくオスマン帝国の内陸に向かう重要な通商路に接続するダルマツィア沿岸のスパラト（現スプリト）を指定して、ロマニアからスパラトを経由してヴェネツィアに至る商品にかかる税を減免する交易振興策をとった。しかしそれでも一六世紀から一七世紀にかけて、東地中海の海上輸送におけるヴェネツィア海運の地位は低下したのである。

キプロス島とクレタ島の喪失

東地中海の海上勢力としてのヴェネツィアの地位の低下は、オスマン帝国との戦争によっても促進された。一五世紀後半以降のオスマン帝国の地中海進出によって、ヴェネツィアはすでにエーゲ海の拠点を失っていたが、一六〜一七世紀の過程での最大の損失がキプロス島とクレタ島である。

第四次対オスマン戦争は一五七〇年に始まった。オスマン帝国のセリム二世が、キプロス島を要求したからである。一五世紀前半から間接支配を強め、一四八九年に併合したキプロス島は、ヴェネツィアの支配のもとで砂糖と綿花の生産地として発展した豊かな植民地であった。ヴェネツィアはサン・マルコ財務官職という威信のある職に就任する権利を二万ドゥカートで売り、戦費をかき

生皮をはがれるブラガディン（サンティ・ジョヴァンニ・エ・パウロ教会）

集めた。国営造船所《アルセナーレ》では急遽、艦船が新造され、艦隊の保有量を倍増させた結果、ガレー船一〇〇隻が待機したという。ヴェネツィアは教皇とスペインと神聖同盟を結び、オスマン帝国に対抗できるだけの大艦隊を集めたが、この年の艦隊行動は不調に終わった。

その間にオスマン軍はキプロス島のニコシアとファマグスタを陥落させ、ファマグスタで粘り強く防衛戦を戦ったあと、降伏したヴェネツィア人司令官マルカントニオ・ブラガディンは生きながら皮をはがれたのち、首をはねられた。ヴェネツィアのサンティ・ジョヴァンニ・エ・パオロ教会はヴェネツィアの国家の英雄が多くまつられている教会であるが、この教会にブラガディンの墓があり、その犠牲をたたえて皮をはがれながらも祈る姿が描かれている。

この翌年一五七一年、二〇八隻のガレー船を集めたキリスト教神聖同盟軍が、ギリシアのレパント沖で、オスマン海軍と交戦し、激戦の果てに勝利した。総指揮官はカール五世の庶子でスペイン王フェリペ二世の弟にあたるドン・ファン・デ・アウストリアであったが、艦隊のほぼ半数一一〇隻がヴェネツィア艦隊であった。キリスト教軍の損失が一三隻の艦船と約一万五〇〇〇人の兵員であったのに対して、オスマン帝国側では二三〇隻のガレー船が撃沈もしくは捕獲され、三万人の兵士が戦死し、八〇〇〇人が捕虜になった。大勝利と言ってよかった（レパントの海戦）。

ヴェネツィアでも戦勝を祝ってカルネヴァーレのような騒ぎになり、元首公邸の投票の間を飾るためにこの海戦の絵が注文されたが、勝利の余韻は短かった。オスマン帝国は一年のうちに失った海軍を立て直したからである。東地中海の商業のためには、オスマン帝国との友好関係が必要不可欠なヴェネツィア共和国は、一五七三年に和平を結んで、キプロス島の譲渡を認めざるを得なかった。

キプロス戦争の一場面、レパントの海戦（1571年）（作者不詳、16世紀後半）

戦争になるかどうかの主導権はオスマン帝国側にあり、ヴェネツィアは守勢に立たざるを得なかった。一七世紀半ばの一六四五年には、オスマン軍がクレタ島を攻撃し、長い戦争が始まった。クレタ島の首府カンディア（現イラクリオン）の名を取って、第五次対オスマン戦争はカンディア戦争という。クレタ島は一二〇四年に獲得して以来、多数のヴェネツィア人が移住し、現地の反乱に苦しみながらも、長い時間をかけて開発してきた最大の植民地であった。ヴェネツィアはこの島を守るために、二四年間にわたって戦い続けたが、ついに一六六九年、クレタ島を譲渡する和平条約を締結した。

東地中海のキプロス島とクレタ島を失ったあと、残されたヴェネツィアの海外領土の中心となったのはイオニア諸島のコルフ島とザンテ島であった。

一六世紀まで、ヴェネツィアが東地中海で主に取引していたのは、香辛料や絹や陶磁器などの東方商品であるが、一七世紀になると商品の中心は生糸や皮革になった。バルカン内陸部からは家畜や陸路で運ばれた東方商品が、イタリア半島のプーリアからはオリーヴ油や穀物が運ばれた。また、大西洋交易に乗り出したイギリスは、一七世紀にはヴェネツィア経由の東方商品は必要としていなかったが、クレタ島の特産品である葡萄酒（アルコール度数の高い甘口のマルヴァジア酒）やザンテ島産の干し葡萄は好まれた商品であった。

ヴェネツィア市での毛織物生産の興隆

「その時期、共和国はすべての君主の明白な信頼を享受しており、彼らのすべてと友好関係にあるとも言えた。さらに、肥沃な土地や豊かな工業や、よく統制されたこの共和国が常に享受してきた立地的な好条件など、すべてのものに富んでいた〔中略〕交易はすべての地方からこの都市に流れ込んでいた。実際、ヴェネツィアがこの時期、過去のいかなるときよりも偉大だと考えられていたからである」と、元首ニッコロ・コンタリーニは一六世紀末のヴェネツィアの繁栄を記している。上記の通り、東地中海の海上勢力としてのヴェネツィアの地位は低下しつつあった。それを埋め合わせてヴェネツィア経済を支えたのが、ヴェネツィアでの工業生産である。

中世の東地中海交易で東方商品を購入する際、ヴェネツィアが対価としたのは、フランドルや北イタリア産の高級毛織物であった。一六世紀、国際情勢の変化によって東地中海交易が低調になるなか、ヴェネツィアは経済危機を乗り越えるために、輸出用の高級毛織物の自国生産に踏み切ったのである。

ヴェネツィアの毛織物工業の起源は一三世紀にさかのぼるが、一六世紀の大規模な発展までは実につつましいものであった。中世のヴェネツィアを支えていたのが商業と海運であって工業ではなかったためでもあるし、ヴェネツィアという都市が海の上に浮かぶ小さな人工島であるために、毛織物工業に必要な広い工業用地や縮絨機を動かす水流、大規模な労働人口などの要件が欠けており、基本的にこの工業に適していなかったためでもある。だが、毛織物工業は一五二〇年代から突如として成長をはじめた。この悪条件の中で、この都市に毛織物工業の興隆を引き起こしたのは、一六世紀初頭に訪れた異例な状況である。

一つが先にも述べた東地中海交易の不振である。

二つ目はイタリア戦争による毛織物中心地の荒廃である。北中部イタリアの織物工業をリードしていたロンバルディアの諸都市は戦場となり、破滅的な打撃を受けた。ブレシア、コモ、ミラノは荒廃し、フィレンツェ共和国も滅亡した。これに対し、ヴェネツィアは、一五〇九年のアニャデッロの敗戦でテッラフェルマのほとんどを一時失うという大きな打撃は受けたものの、首都であるヴェネツィアは戦争の直接の被害を受けず、国内政治は安定し、イタリア本土の被災地からの移民を受け入れる用意があった。さらに東地中海市場への商業網をもっていたことで、ヴェネツィアは、イタリア内の伝統的な毛織物生産地が破壊されたあとで、それを受け継ぐことができたのである。

ヴェネツィアの毛織物工業の発展は目覚ましかった。高級生地の生産高は一五六九年まで上昇を続け、二万六〇〇〇反を越えるに至った。これは従来のおよそ一〇倍である。

しかし、急激な上昇は一五六九年で終わった。生産高がピークを迎えるのは一六〇二年であるが、それまでの三〇年間の伸びは、急速な成長を遂げた半世紀に対し微々たるものである。

その原因として考えられているのが、イギリスやオランダが競合する新商品を東地中海市場に投入してきたことである。イギリスやオランダの毛織物は品質としては中級品以下であったが、軽く色鮮やかでしかも安価な商品を求めていたオスマン帝国市場のニーズに合わせたものであった。従来、高級品を作ってきたヴェネツィアには品質を維持するために多くの規制があり、職人の給与も高かったため、安価な商品にシフトすることも、流行に合わせて品質を変えることも不得手であった。今や地中海の海運勢力の筆頭であり、さらに魅力的で安価な新商品を提供するイギリスやオランダとの競争に、ヴェネツィアの高級毛織物は敗れたのである。

ヴェネツィア市での絹織物生産

一六世紀の高級毛織物の興隆に続いて、ヴェネツィア経済を支えたのが、従来からヴェネツィアに存在した奢侈品工業である。ヴェネツィアは中世から絹織物やガラス細工、モザイク、革製品といった奢侈品工業で有名であったが、対抗宗教改革期のカトリック教会の圧力から比較的自由な環境を生かした印刷・出版業や、砂糖やロウの精製、石鹼生産といった新しい分野でも力を発揮していった。

なかでも絹織物生産は、毛織物と同じく、輸出用の高級品の製造が伸びた。飯田巳貴氏によれば、主な輸出先であったオスマン帝国では、全体的には毛織物と同じく、品質は落ちるが軽く安価な中級品の需要が伸びていたが、ブロケードやダマスク織、金糸入り絹織物などのヴェネツィアが得意とする最高級の絹織物が宮廷のあるイスタンブルで好まれたことで、ヴェネツィアの生産する高級絹織物の主な販売先になった（歴史学研究会編『港町と海域世界』）。

さらに毛織物生産と絹織物生産はテッラフェルマでも広がった。毛織物の場合はイギリスやオランダと同じく、軽くて安価な商品を生産することでヴェネツィア市の毛織物産業のライヴァルになったが、絹織物の場合、ヴェネツィアが最高級品の生産を独占したために、テッラフェルマでは養蚕やアルプス以北向けの絹撚糸工業が本格化した。

ヴェネツィアは国際状況の変化によって、ヨーロッパとアジアをつなぐ東地中海の国際商業の中心としての地位を失った。一七～一八世紀に国際港として経済の中心になるのは、アルプス以北のアムステルダムやロンドンであり、この時代、ヴェネツィアは地方港に過ぎなかった。

16世紀ヴェネツィアの製糸風景（ジョバンニ・ストラダヌス作、16世紀）

しかし、その一八世紀であっても、ヴェネツィアの港としての収益は最盛期の一五世紀と比べても大幅には減少しなかったという研究もある。一七～一八世紀のヴェネツィアは、ガラス細工を含むいくつかの奢侈品製造と、周辺のテッラフェルマの産品を扱う地方港として活動を続けたのである。

それでは、そのテッラフェルマはどのような経緯でヴェネツィア共和国の一部となり、ヴェネツィアはどのようにしてこの地域を含む領域国家を作り上げていったのであろうか。

第5章　陸のヴェネツィア（テッラフェルマ）

1　陸上領土拡大の最初の動機

商業路の安全を求めて

テッラフェルマ（陸上領土）にヴェネツィア共和国の支配圏が成立したのは、主として一五世紀前半のことである。この時期にヴェネツィア共和国が支配を広げた主要都市としてはトレヴィーゾ（一三三九年）、ヴィチェンツァ（一四〇四年）、パドヴァ（一四〇五年）、ヴェローナ（一四〇五年）、ウーディネ（一四二〇年）、ブレシア（一四二六年）、ベルガモ（一四二八年）がある（括弧内は服属年）。

ヴェネツィア中央政府の政治的関与の程度は、地域の状況や時期によって左右されたが、地理的な領域そのものは一六世紀半ば以降、共和国が滅亡する一八世紀末までほぼ増減なく安定していた。東はイゾンツォ川、北はアルプス山間部、南はポー川、西はアッダ川をおよその国境とする領域で

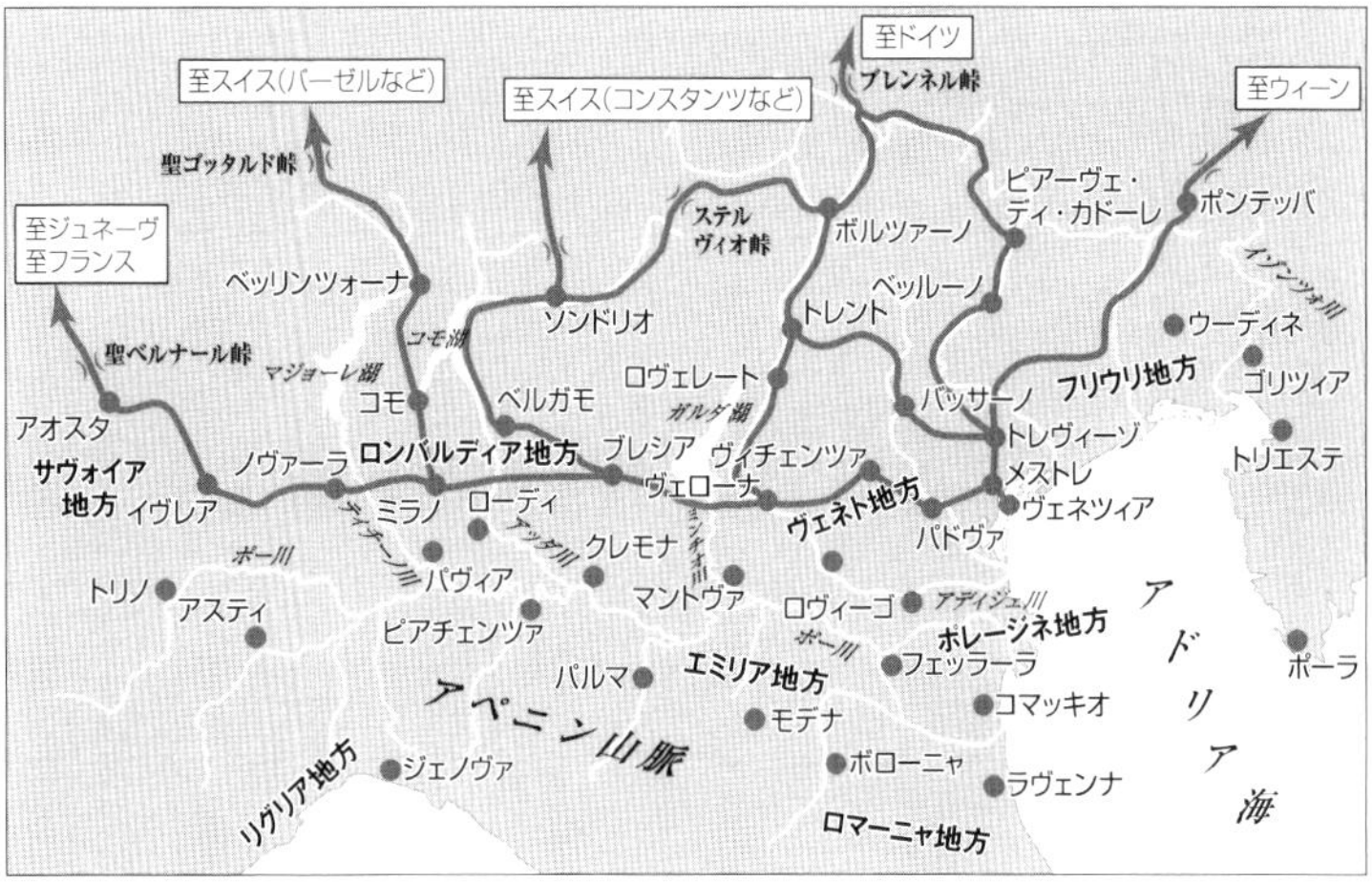

テッラフェルマの商業路

ある（一八頁地図参照）。

とはいえ、ヴェネツィアは最初から陸上で広い領域を支配する地域国家になることをめざしたわけではなかった。海上都市ヴェネツィアが後背地に支配圏を広げようとしたそもそもの動機は、海上交易都市としての商業ルートの確保と安全保障であった。

海上交易都市といっても、すべての商業が海でおこなわれるわけではない。陸路も河川交通も重要な商業ルートであった。香辛料や絹や陶磁器をはじめとする東方商品をヨーロッパ市場へ運び、対価として毛織物や金属を得る陸路、具体的には南ドイツやフランスにいたるアルプスルートの確保と、ポー川とアディジェ川の河川交通の確保である。ヴェネツィアは、重要な通商ルートであったこの後背地に、敵対勢力が成長するのを見過ごすことはできなかった。自国の防衛もかねて、敵対勢力を排除し、強力な仮想敵との緩衝地帯を作る必要があったのである。

造船にも生活にも木材が必要

第二に、他のイタリア諸都市とちがって周辺農村領域《コンタード》をもたないヴェネツィアは、都市内の食糧や木材・原材料の供給地を確保する必要があった。

海上交易で発展する港湾都市として、ヴェネツィアは造船のために大量の木材を必要とした。たとえば、一五世紀初頭において、一隻の大型ガレー船を建造するためには、（船の骨組みに合うように曲げて育てた）骨組み用の湾曲した樫材の梁が三八〇本、まっすぐな樫材の梁が一五〇本、樫材の板が二七〇本、外装用として唐松材の長い梁が三五本、甲板用に唐松か松の梁が一八本に縦材の板が三〇〇枚必要であった。一四二三年の元首モチェニーゴの演説によれば、国営造船所《アルセナーレ》で働く人々は一万六〇〇〇人に上った。これだけの人々を必要とするほどの数の船が建造されていたことになる。木材の確保は大問題であった。

中世の木材は、船や建物の建材であるばかりでなく、燃料でもある。さらにヴェネツィアの場合、海の波により浸食から都市を守り、航路を示すために、多くの木材の塀や杭が必要であった。生活必需品であったのである。

ヴェネツィアのアルセナーレ（国営造船所）鳥瞰図（アボット・ジャン・マリア・マフィレオッティ画、1797年）

ヴェネツィア政府は貴重な木材を確保し、公正かつ効率的に使用するためにさまざまな行政官職を作って管理しようとした。ただし、そうした政府の介入が明確になるのは、テッラフェルマ獲得後の一五世紀後半からである。それまでは、ヴェネツィアは外国から木材を輸入したり、一二世紀にイストリアやダルマツィアを征服したのちはそこから輸入したりしていたが、一四世紀前半にトレヴィーゾを獲得してからは、その地のモンテッロの森から木材を得ることができるようになった。この森は高品質の樫材を産出したため、何世紀にもわたって共和国の至宝と見なされた。

一四七〇年には、樫材調達に関する法令が出され、国営造船所の用材を確保するために、ヴェネツィア共和国の支配下にある全領域に対して、すべての樫の森を国有とし、保存するように命じている。一五世紀から一六世紀にかけて、艦隊建造用の木材を共和国が管理するために、樫の木は森の法的所有者が誰であろうと（個人であろうと、共同体の共有林であろうと）、ヴェネツィア中央政府の十人委員会と国立造船所の管理と保護のもとにおかれ、一本一本の樫の木に聖マルコの刻印が押され、専用の登録簿に記録され、記録は定期的に更新することが義務づけられた。トレヴィーゾのモンテッロの森には、一五八七年以降、この森を管理するための監督局が設置され、一六六七年以後は、汚職を防ぐために、さらなる規制がつくられた。この森の周囲にある一三の共同体に土地を所有するヴェネツィア貴族に対して、監督局の職に就くことを禁じるという周到なものであった。

ちなみに、ベッルーノにはコンセリオの森があるが、この地名はもともと十人委員会《コンシリオ・デイ・ディエチ》が管理していたために、コンシリオの森という呼び名が転じて固有名詞になったものである。

水の管理は死活問題

第三の動機は、水の管理の問題である。

ヴェネツィアは、自然に形成された内海《ラグーナ》のなかに人工的に作られた都市である。ラグーナはヴェネツィアを守る防壁であり、ヴェネツィアに最初の商品である塩をもたらした。しかし、陸地から流れ込む河川とアドリア海との微妙なバランスで成り立つ自然環境であるがゆえに、ヴェネツィアはその保全に細心の注意を払わなければならなかった。

ラグーナに流れ込む河川は大きく八つある。東からイゾンツォ川、タリアメント川、ピアーヴェ川、シーレ川、ブレンタ川、バッキリオーネ川、アディジェ川、ポー川である。これらの河川は、ヴェネツィアにとって重要な商業ルートになったが、やっかいなものも運んできた。砂や泥土といった土砂である。この土砂がアドリア海の風や海流に押し戻されて、数千年の作用のなかでラグーナを囲む細長い島ができたのであるが、この土砂はさらにラグーナにたまり、ラグーナを埋めてしまう危険性があった。

外海に出て行く大型船が発着できなければ、海上交易で繁栄する港湾としての機能は果たせない。国際商業のための外港として必要な水深を確保することは、常にヴェネツィア指導層にとっての重要な懸案であった。この懸念は特に一七世紀以降、現実のものになる。

内海が陸になるところまで行かなくとも、土砂の堆積によって水流が停滞すれば水質が悪化する。ラグーナは日に二回起こる潮の干満によって、呼吸するように外海の海水と入れ替わることで状態が保たれていたが、何らかの理由で水の流れが滞ると、葦原が自生し、沼沢地となり、水がよどんで悪臭が発生し、やがては蚊が媒介するマラリアが発生する。当時は「夏に吹く悪い空気」がもたらす疫病だと考えられていたが、それがラグーナの水流の停滞によって起こることは、古くから指摘があった。

ヴェネツィア政府は一四世紀からラグーナの水の状態を監督する専門の行政官職の設置を始めた。

一三二四年に沼沢地を監督する専門委員四人が選出されている。河川からの淡水の流入による被害について、対策を講じるためであった。ここから一五世紀にかけて、いくつもの専門委員会が設置や提案がおこなわれているが、継続した常任職にはなっていない。長期的な視野のもとでラグーナを合理的に管理するための要となる機関ができるのは、テッラフェルマ獲得後の一六世紀初頭、一五〇一年に水利行政委員会《サーヴィ・アッレ・アックエ》が設置されてからである。しかし、それ以前から、ラグーナの水の管理に悩まされていたヴェネツィア政府が、河川の管理も含めて内陸に関心をもたざるを得なかったことは確かである。テッラフェルマの獲得直後から、ヴェネツィア政府は治水工事を進め、大規模な河川がヴェネツィアのラグーナに注がないように迂回工事を繰りかえした結果、一七世紀末までには、主要河川の河口がすべてラグーナの外に向かうようになった。

しかし、動機がいかなるものであったにせよ、内陸の征服過程は実際には確たる政策に基づいたものではなく、偶発的な戦争と外交的対応の積み重ねの結果であった。

テッラフェルマ獲得の経緯

一四世紀、北イタリアではシニョリーア制によって有力都市を掌握したシニョーレたちがこれまで支配を越えた広い領域を支配すべく征服戦争を繰り広げていた。そのなかで、ヴェネツィア商人の商品輸送を妨害し、法外な関税をかける支配者たちとの対立が、ヴェネツィア共和国が陸の領土を併合するきっかけとなった。

ヴェローナの支配者デッラ・スカーラ家は急速に領土を拡大し、一時はパドヴァ、トレヴィーゾ、ヴィチェンツァ、ブレシア、パルマ、ルッカと征服を進めて広大な領土を獲得した。しかしこれを

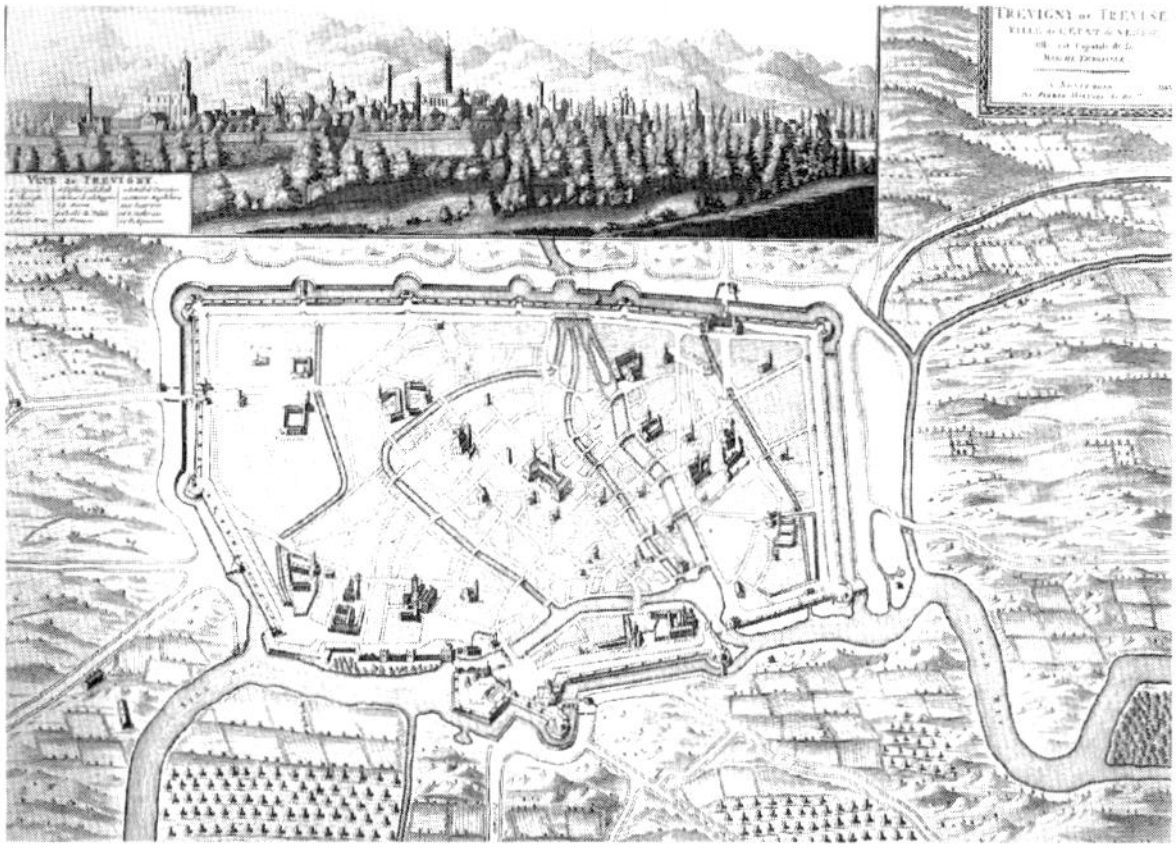

17世紀のトレヴィーゾ（ピエール・モルチェ作、1663年）

警戒した周辺の北イタリア諸国（ミラノのヴィスコンティ家、フィレンツェ共和国、ヴェネツィア共和国、フェッラーラのエステ家、マントヴァのゴンザーガ家）が同盟を組んで大軍を組織した結果、デッラ・スカーラ家は降伏し、ヴェローナとヴィチェンツァをのぞく地域を手放した。同盟に参加したヴェネツィアも、この戦いによって、一三三九年、トレヴィーゾとその周辺地域、すなわちラグーナ沿いのメストレから山麓部のコネリアーノまでの地域を獲得した。ラグーナ沿岸のドガードをのぞくと、海上勢力であったヴェネツィアが最初に手にした陸地である。この地域がのちのヴェネツィアの領土拡大の足がかりとなった。

一三八一年、海上交易勢力として最大のライヴァルであったジェノヴァとの抗争の決着が付いたあと、東地中海でのヴェネツィア海上領土は第二の拡大の波を迎えたが、イタリア内陸でのヴェネツィア支配圏テッラフェルマも同時期、本格的な拡大期を迎えた。その最初のきっかけになったのは、まさにこのジェノヴァとの戦争であり、より本格的な契機になったのは強国ミラノの支配者《シニョーレ》ジャンガレアッツォ・ヴィスコンティの領土拡大政策とその死であった。

ジェノヴァとのキオッジア戦争（一三七八～八一年）は、ヴェネツィアにイタリア内陸との関係が大きなリスクになり得ることを自覚させた。敵国ジェノヴァはこのとき、ヴェネツィアの近隣都市、パドヴァの支配者カッラーラ家やアクイレイア総大司教、ハンガリー王と同盟を結んで、ヴェネツィアを追い詰めたからである。パドヴァによる妨害がヴェネツィア商業を麻痺させ、ジェノヴァ艦隊がヴェネツィアとは目と鼻の先であるキオッジアまで攻め込む事態を招いた。ヴェネツィアはこのとき、包囲網からパドヴァ軍を遠ざけるために、一度獲得したトレヴィーゾを手放さざるを得なかった。ジェノヴァとの戦いで辛勝したあと、次はパドヴァのカッラーラ家と対抗するために、一三八八年、ヴェネツィアはミラノの支配者《シニョーレ》ヴィスコンティと同盟を結んで、再度トレヴィーゾを征服したのであった（一三八九年）。

しかし、近隣の敵を牽制するために同盟を結んだミラノのジャンガレアッツォ・ヴィスコンティは、ヴェネツィアの思惑を越えた領土拡大の意図を抱いていた。カッラーラ家支配下のパドヴァ、デッラ・スカーラ家支配下のヴェローナとヴィチェンツァ、さらにヴェネツィアが再征服したばかりのトレヴィーゾまでもが、今度はミラノによって征服されたのである。南ではフィレンツェ共和国がさしせまった脅威におののいていた。

ところが、この急速な拡大政策は、一四〇二年にジャンガレアッツォの突然の病死で頓挫した。その後、約一年半でジャンガレアッツォの支配は瓦解し、ヴェネツィアは混乱に乗じて、一四〇四年にヴィチェンツァ、一四〇五年にはヴェローナとパドヴァを征服した。自国の周りに侵略者を防ぐための緩衝地帯を作ろうとしたのである。

「ヴェネツィアの長女」ヴィチェンツァの例

ヴィチェンツァを例として、具体的な状況を見てみよう。テッラフェルマ諸都市のなかで最初にヴェネツィアに服属したのはトレヴィーゾ（一三三九年）であるが、その後ヴェネツィアの手を離れていた経緯もあり、ヴィチェンツァは自ら「ヴェネツィアの長女」を名乗った。ヴェネツィアを親とすれば服属都市は娘であり、服属都市同士は姉妹にあたる（イタリア語で都市は女性名詞である）。ヴェネツィアに最初に服属したヴィチェンツァは、その長女として他のテッラフェルマ諸都市の手本となるべき都市だというのである。

ヴィチェンツァは、一三世紀の初期のシニョーレのひとりエッツェリーノ・ダ・ロマーノの支配下にあった都市のひとつで、その死後は近隣都市パドヴァの保護下に入った。一四世紀に入ると反パドヴァ派の反乱が起こるが、ほぼ直後に近隣都市ヴェローナの支配者《シニョーレ》デッラ・スカーラ家の支配下に入り、一四世紀末にはミラノのヴィスコンティ家の領土拡大政策によりミラノの支配下に入った。ヴェネツィアとの関係が始まるのは、ジャンガレアッツォ・ヴィスコンティの死の二年後、ミラノの支配が崩壊しつつある時期のことである。

一四〇四年春、ヴィチェンツァ市と周辺農村領域は、カッラーラ家支配下にある近隣都市パドヴァの軍事的脅威にさらされていた。ヴィチェンツァは依然としてヴィスコンティ家に服属していたが、ミラノ軍はヴェローナに呼び戻されてすでに駐留しておらず、ヴィチェンツァは独自に自衛手段を模索せざるを得ない状況にあった。さらにパドヴァのカッラーラ家はヴェローナの元支配者《シニョーレ》デッラ・スカーラ家と同盟を結び、ヴェローナを陥落させ、ヴィチェンツァに向けて軍を送った。ヴィチェンツァは、ヴェネツィア駐在のミラノ大使に救援を要請し、また、ヴェネツィア政府へも大使を通じて援助を請うた。

　要請に応えて、ヴェネツィア政府は二〇〇人の弩弓部隊と二〇〇〇ドゥカートの軍資金を「ヴィチェンツァとバッサーノの件」のために送ることを決定し、その結果、カッラーラ軍はヴィチェンツァの包囲を解き、退却した。四月末のことである。そして五月、ヴェネツィアの司令官は、公式にヴィチェンツァの「支配と統治」をヴェネツィア共和国の名において受諾することになった。ヴィチェンツァは、近隣都市パドヴァからの侵略の危機に際して、自発的にヴェネツィアに服属することを選んだのである。以後、一六世紀初頭のわずかな期間を除いて、ほぼ四世紀にわたって、ヴェネツィアがこの地を支配することになった。

パドヴァ鳥瞰図

既得領土防衛のための領土拡大

　ヴィチェンツァの獲得はこのように短期間に進展した。しかし、この征服はヴェネツィア政府の政策が領土拡大に転換したことを示すというよりも、むしろ当時のこの地域の混乱した状況に対する個々の対応の積み重ねが、ヴェネツィアの政策転換を迫ることになったというべきであろう。ヴィチェンツァを獲得した結果、ヴェネツィア共和国はその防衛のためにカッラーラ家やデッラ・スカーラ家といった在地のシニョーレとの戦争を余儀なく

アルプス越えの要衝のひとつベッルーノ（トーマス・サーモン画、1750年頃）

されたからである。

ヴィチェンツァがヴェネツィアへの服属を選択した直後、アシアーゴ、フェルトレ、ベッルーノがこれに倣った。翌一四〇五年、ヴェネツィアはデッラ・スカーラ家の本拠地ヴェローナとカッラーラ家の本拠地パドヴァを併合した。ヴェローナの場合にはさしたる抵抗はなかったが、パドヴァはカッラーラ家による激しい抵抗ののち、征服された。さらにこれらの諸都市を支配下に留めておくために、ヴェネツィアは以後一五年間にわたって、これらの諸都市の前支配者たちとの戦争をくりかえし、さらに戦争と外交の両面の成果によって、他の地域も領有するに至ったのである。

南のロヴィーゴは、アディジェ川とポー川に挟まれたデルタ地帯ポレージネ地方の中心都市である。フェッラーラ侯（のちに公となる）としてエステ家が支配するフェッラーラとパドヴァのあいだに位置し、フェッラーラと関わりの深い都市であった。一三九五年、ヴェネツィアは五万ドゥカートでこの都市をエステ家から買い取った。その後、一四三八年に一度返還されたが、一四五三年に始まるフェッラーラとヴェネツィアとの戦争で、再びヴェネツィアの領土となった（一四八四年講和条約）。

以降は、一六世紀初頭のカンブレー同盟戦争の際の四年間をのぞいて、ヴェネツィア共和国が滅亡するまでその一部となった。

東のフリウリ地方はアクイレイア総大司教《パトリアルカ》が裁判権を所有していた地域であった。一四二〇年、ヴェネツィアはアクイレイアを征服し、総大司教の裁判権がヴェネツィアのものとなった。フリウリ地方は人口も少なく、経済的にはきわめて貧しい地域であったが、ウィーンやドイツ諸都市に向かう重要な商業路が通っており、戦略的にも重要な地域であったのである。ただし、アクイレイアはカンブレー同盟戦争の際の一五〇九年に皇帝の手に渡り、ゴリツィア伯領の一部となった。ヴェネツィアの支配するフリウリ地方の中心地はウーディネになる。

さらにヴェネツィアは、ピアーヴェ川上流に位置する山岳都市フェルトレとベッルーノ、アディジェ川河畔のロヴェレートを得ることで、ブレンネル峠に通じるアルプス越えの要害の地を押さえることができた。ヴェネツィア商業最大の取引相手であるドイツへの重要ルートを確保したのである。ヴェネツィアと対立し、ダルマツィアにおけるヴェネツィアの諸権利を否定していたハンガリー王にして神聖ローマ皇帝のジギスムントも、一四三七年にはこれを承認した。ハンガリー王とヴェネツィアは、同時期、アドリア海沿岸のダルマツィアをめぐって争っている最中でもあった。イストリアやダルマツィアでも多くの拠点が一五世紀前半にヴェネツィアの支配下に入ったが、港を主体とするため、これらは海上領土に入る。しかし争う相手は同じであったのである。

ヴェネツィア政府内での対立

一四二三年に死を目前にした元首トンマーゾ・モチェニーゴがおこなった有名な演説は、当時の

第65代元首フランチェスコ・フォスカリ（ラッツァーロ・バスティアーニ画、15世紀中頃）

ヴェネツィア人の考え方の一例を示している。彼はヴェネツィアがこれほど急速にイタリアでの陸の帝国を築いたことを称賛したが、その一方で、ヴェネツィアの海運力を誇りとし、ヴェネツィアの未来の基盤を海上商業に見ていた。そして、陸上での戦争はたとえ利益をもたらしたとしても、同時に莫大な戦費がかかるものであり、平和こそが繁栄の源なのだと主張して、国の舵取りを誤らないようにと警告したのである。

しかし、彼の死後、新元首に選出されたのは、まさにモチェニーゴが嘘つきで凶暴だと批判していた候補者、テッラフェルマでの積極的な拡大政策を主張するフランチェスコ・フォスカリであった。彼のもとで、ヴェネツィアは陸海の双方で拡大政策を推し進めていく。フォスカリの政策は当時のイタリア情勢をかんがみたものであり、彼もまた前任者のモチェニーゴと同様に、新しいテッラフェルマ支配圏と従来の海の支配圏は矛盾するものではなく、陸上の支配圏を拡大することがすなわち海上商業からの撤退を意味するとは考えていなかった。

ヴェネツィアは、ミラノのヴィスコンティ家と争うなかで、ヴェネト地方とロンバルディア地方との境になっていたミンチオ川をこえて西へ進出し、一四二六年にブレシア、一四二八年にベルガモを獲得した。これらの地を巡る防衛戦争は、以後二〇年あまり続くことになる。一四三八年から四〇年にかけて、ミラノの支配者フィリッポ・マリア・ヴィスコンティが、ヴェネツィアに奪われた領土の奪還を図ったが、失敗に終わっている。

ローディの和約

第4章でも述べたように、ヴェネツィアが急速に拡大した領土を、他のイタリア諸国が事実上承認したのが一四五四年のローディの和約である。フィレンツェ・ヴェネツィア・教皇の連合とミラノとの間で結ばれたこの講和条約は、以後四〇年間にわたる平和をイタリアにもたらし、この和約によって、ヴェネト地方とロンバルディア地方にまたがるヴェネツィアの征服が批准された。こうして一五世紀前半にヴェネツィアが獲得した支配圏は保全されることになった。この半世紀で、ヴェネツィアは海上のみならず陸上でも、イタリア半島有数の勢力となったのである。

しかし同時代人にとって、この事態はヴェネツィア共和国の大きな政策転換と見なされるものではなかった。ミラノ公国やフィレンツェ共和国など他のイタリア列強は、すでに一四世紀から周辺の領主や中小コムーネを併合することによって、従来の都市国家を越えた領域を支配する地域国家を形成しはじめており、ヴェネツィアの動きは一世紀遅れてそうした動向に追随するものであったし、ヴェネツィアがテッラフェルマ政治に関与するのもこれが初めてではなかったからである。

自国の利益を外交交渉で守ることに失敗した場合には、ヴェネツィアはこれまでも即座に軍を派遣し、河川交通や港を確保し、自国の塩生産の独占を維持してきた。また、自らが当事者でない場合に、諸都市間の紛争の調停者として要請を受けてヴェネツィアが対処したこともあった。当時の認識として、一五世紀前半の軍事行動はこうした従来の活動の延長線上にあったのである。

2 「農業」という分野——人口成長の時代の投資戦略

テッラフェルマでのヴェネツィア人の土地投資

しかし、こうした活動の延長線上にあったとはいえ、一五世紀初頭、ヴィチェンツァ、ヴェローナ、パドヴァという領域に支配圏を拡げたことは、海運と商業を主たる経済基盤としてきたヴェネツィア共和国が、陸の地域国家へと変化していくひとつの大きな階梯となったことも確かである。これらの地域は、パドヴァまでが直線距離で約三五キロ、ヴィチェンツァまでが約六〇キロ、ヴェローナまでが一〇〇キロあまりであることからわかるように、ヴェネツィアの比較的近郊にある地域であった。

一五世紀以降、当初のテッラフェルマ拡大の動機に加えて、この地域はヴェネツィア人の土地投資の対象になった。特にヴェネツィアに近かったトレヴィーゾ領とパドヴァ領に人気が集まった。その結果、たとえば一四四六年に、パドヴァの市議会が、パドヴァの周辺農村領域の三分の一がヴェネツィア人の所有になっていると苦言を呈したほどであった。

こうしたヴェネツィア貴族や市民による土地投資の増加は、かつてはヴェネツィア共和国の衰退と結びつけて考えられてきた。労苦を伴う海上交易から手を引いて、手軽で安定した不労所得を求めて土地への投資に向かったことで、ヴェネツィアの東地中海商業を支えていた商人貴族が積極的な企業家精神を失ったために、共和国の衰退を招いたという見方である。しかし現在では、それほど単純な構図ではなかったと考えられている。従来の東地中海商業のリスクが高くなっていた一六世紀当時の経済状況を考えれば、むしろ「リスクを分散し、より高い収益を求める積極的経営戦略の結果」であり、穀物という当時価格が上がり続けた商品への投資として、テッラフェルマの土地を求めたものと考えることができるのである。

人口増加と食糧不足の時代

一六世紀当時の土地への投資が経済的に合理的であった理由は何か。一六世紀が人口増加の時代であり、食糧危機が起こった時期であったからである。

一六世紀後半は、それまでの中世の温暖期に比べて、気温の低い時期であった。冷涼な夏と厳しい冬が続いた。一六世紀後半には、一五六〇年のジェノヴァで飢饉が起こり、メッシーナでは一五五九年、六〇年、六二年、六三年、六五年、六六年、七〇年、七一年、七七年の九回飢饉が起こっており、ナポリでも一五六〇年、六五年、七〇年、八四年、八五年、九一年に食料不足が発生している。

ヴェネツィアでは一五三九年、一六〇七年、一六二八年にアドリア海の外部への小麦輸出を禁止し、一五六九年には食糧不足のために外国人とその従者が都市から追放された。さらにこのとき、ヴェネツィアでは、政府が備えていた備蓄を取り崩して、小麦の配給が毎日おこなわれた。一五六四～六五年には、ヴィチェンツァでは小麦が収穫できず、一五六四～六五年には、ほとんどのひとが雑穀類を食べて生きているという状態であった。一五八六年からイタリアでは不作続きであり、九〇年にピークを迎えた。一五九〇年にはフィレンツェのトスカーナ大公が、翌年にはヴェネツィアが遠方から小麦を輸入する手続きをしていた。澤井一彰氏によれば、一六世紀後半には地中海世界の広い地域で食糧事情が悪化していたが、特に一五六一年は地中海世界のほぼ全域が不作に見舞われた点で特異な年であった（『オスマン朝の食糧危機と穀物供給』）。

全体的に食糧が不足していた一六世紀、地中海地域の人口は全体として増加し、その人口増加に食糧生産が追いつかなかったといわれている。このころに起こった急激なインフレーション、いわゆる価格革命の原因のひとつが、この人口増加である。イタリアも例外ではなく、ヴェネツィア共和国が新たに支配圏とした北イタリアでは、特に一五四〇〜七〇年の人口増加が著しく、食糧供給源の確保が急務となった。

ヴェネツィアはといえば、一四世紀初頭の段階で、都市ヴェネツィアの人口は、内海沿岸のドガードも含めて一二万から一六万人であった。一四世紀の黒死病によって大きな打撃を受けたが、その後の一六世紀初頭にはほぼ同水準に回復した。当時のヨーロッパの基準では最も人口の多い都市の一つである。食料が全般的に不足する時代に、人口の多い都市を抱えていたヴェネツィアは、食糧確保に気を配らなければならなかった。

小麦は作れば売れる

ヴェネツィアではテッラフェルマ獲得以来、ヴェネツィア貴族や市民のあいだに個人的にテッラフェルマでの土地を購入する人々が現れはじめた。さらにその動きが急激に増加するのが一五七〇年代から一六三〇年までの時期である。この六〇年ばかりの土地投資ブームの時期に、ヴェネツィア人が所有する土地の面積は約一・五倍に増加した。

小麦価格の上昇はもう少し早く、一五二〇年代に始まっている。もともと食糧を生み出す周辺農村領域であるコンタードを持たなかったヴェネツィアは、従来、食糧を輸入に頼ってきた。一二世紀まではシチリアや北アフリカから、一三世紀以降は黒海沿岸地域から輸入し、一四世紀末の一三九〇年からはオスマン帝国からも穀物輸入を始めている。しかし、一六世紀の小麦価格の上昇によってそれが困難になったことで、ヴェネツィア政府はテッラフェルマでの土地開拓を奨励した。

利益を上げることを目的にした投資はこの頃からおこなわれるようになったと思われる。人口増加による食糧需要増加によって、穀物価格の高騰は、この後、明白になった。たとえば一五九〇年代、ヴェネツィアの小麦価格は一五七〇年ころの約二倍であった。そして一五七〇年以降になると、ヴェネツィア市に輸入された小麦のうち、テッラフェルマ産の小麦が外国産の小麦を上回るようになった。一七世紀初頭には、かつては輸入に頼っていたヴェネツィア市の食糧は、テッラフェルマ、特にヴェネト地方東部の低地地帯産の穀物が支えるようになっていた。

和栗珠里氏の指摘によると、小麦価格の上昇が始まる一五二〇年代から、ヴェネツィアで土地投資ブームが始まる一五七〇年までの五〇年間に土地投資をおこなったヴェネツィア人の特徴は、積極的に広範な開墾事業をおこなったことである。主な対象となったのは、ヴェネト地方東部の広大な低湿地帯であった。農地になりにくい低湿地帯に、大規模なヴェネツィア資本を投入し、開墾事業がおこなわれたのである。広く投資ブームが起こる前に先を読んで土地に投資した人々は、投資家として経済の動向を読む目に優れ、積極的に土地開発をし、利益を求めようとした。穀物価格は上昇を続け、農業は確実に高収益の期待できる投資先であった。

フリウリ地方からロンバルディア地方東部にまたがる広い領域を支配圏とすることで、ヴェネツィア共和国は一五世紀のイタリア五大勢力のひとつとなった。

しかし、獲得した陸上領土（テッラフェルマ）を防衛するためには、ローディの和約以来のイタリア半島の勢力均衡を保つ必要があり、そのために結んだ同盟によって、ヴェネツィアは数多くの戦争に巻き込まれることになった。加えて、ヴェネツィア共和国は多くの人的資源をテッラフェルマの支配のために振り分けることになった。一六世紀半ばのテッラフェルマ人口は一四〇万人あまりであり、当時のヴェネツィア市の人口が約一五万人であったことを考えれば、その難しさは想像に難くない。

しかも、急速に拡大した領土は、ヴェネツィアがさらに支配領域を広げるのではないかという周辺諸国の警戒を招いた。そしてこの警戒心はやがて明確な利害の対立に転じて、ヴェネツィア包囲綱とも言うべきカンブレー同盟戦争を引き起こした。ヴェネツィアは手痛い敗北をこうむることになる。

本章では、ヴェネツィアが直面した大きな危機と、それをいかにヴェネツィアが乗り越えたのか、そして、一五世紀に獲得した陸上領土テッラフェルマがいかにしてヴェネツィア共和国の支配下に入り、中央政府とどのような関係を結んでいたのかについて扱う。テッラフェルマに領土を拡大したことによって、ヴェネツィア共和国はイタリアの地域国家の一つになった。その地域国家とは実際にはどのようなものであったのかについて検討する。

1 カンブレー同盟戦争の敗北と失地回復

カンブレー同盟戦争（一五〇八〜一六年）

ヴェネツィア共和国は概して「外交にたけた国家」と評価されてきた。自国の資源をほとんど持たず、交易で生きる海洋商業都市として、早くから外交使節を各国に派遣し、情報収集に努めてきたからであろう。国家間で相互に外交使節を常駐させるという現代にもつながる制度は一五世紀のイタリアで生まれたといわれるが、ヴェネツィア共和国は最初にこの制度を定めた国のひとつである。しかし、そうした国が大きな失策を犯したことがあった。それが一六世紀初頭のカンブレー同盟戦争である。

ヴェネツィア共和国による一五世紀前半の領土拡大は、前述の通り、確固たる目的をもった政策に基づくものではなく、その時々の問題に対処したに過ぎなかったし、当時の北イタリアの政治状況のなかではありふれた対応でもあったが、だからこそ周辺諸国の警戒感をあおるものでもあった。ヴェネツィアの拡大がどこまで広がるのか、さらなる拡大をめざしているのではないか、イタリア半島全体を支配下におこうとしているのではないかといった疑念が、周辺諸国に広がっていたのである。ミラノ公国をはじめとした周辺諸国は、ヴェネツィアが「イタリアの帝国（Imperio d' Italia）」になろうとしていると非難し、ヴェネツィアの膨張主義の危険性を喧伝した。

ヴェネツィア人が帝国を広げる野心を抱いていると公言したことはなかったが、ヴェネツィア共和国の拡大主義的な行動は、悪評を否定するどころか拍車をかけた。一四九四年のフランス王シャルル八世のイタリア侵攻に端を発するイタリア戦争のなかで、新たに領土を広げたのである。これは、一五世紀半ばのローディの和約で周辺諸国にひとまず承認されていた領土の枠を越えるものであった。

ヴェネツィアはフランス王のイタリア侵攻によってナポリ王国が混乱するなか、一四九五年から九六年にかけて、南イタリアのプーリア地方のトラーニ、モノポリ、ブリンディシ、オトラントといった諸港を奪取した。さらに、一五〇三年には、教皇アレクサンデル六世の病没とその庶子で教会軍総司令官であったチェーザレ・ボルジアの失脚にともなう混乱に乗じて、ロマーニャ地方のファエンツァとリミニを獲得した。ヴェネツィアは、アドリア海の支配を確実にするために、東岸のダルマツィア地方やアルバニア地方に加えて、ポー川河口からプーリア地方沿岸にいたる西岸も統制下におこうとしたのである。しかし、ロマーニャ地方への進出は、この地域を含めて教皇領の立て直しを図ろうとしていた教皇との対立を生み、ヴェネツィアが際限なく「帝国」を広げようとしているという疑念を再燃させるものでもあった。

一五〇三年に即位した新教皇ユリウス二世は、教皇権の権威にとっては教皇領という世俗領土も不可欠であるとみなし、自ら軍を率いて征服戦争を行うことも辞さない教皇であった。教皇はまず、教皇領であったにもかかわらず教会国家からの独立をはかっていたペルージアとボローニャに進軍し、平定した。次いで目を向けたのがリミニ、ファエンツァ、ラヴェンナであった。教皇はこれらの都市は教皇領であるとして、ロマーニャ地方の返還をヴェネツィアに求め、さらにヴェネツィア共和国がこれまで行使してきた国内の聖職者叙任権の放棄を要求した。そしてヴェネツィアが応じないとみると、諸国に反ヴェネツィア同盟を呼びかけたのである。これに神聖ローマ皇帝、スペイン王（アラゴン王）、ナポリ王、ハンガリー王、フランス王、イングランド王に加えて、フィレンツェ共和国、フェッラーラ公、マントヴァ侯、サヴォイア公などイタリア諸国が応じた。一五〇八年一二月に結ばれたカンブレー同盟であり、教皇当人は翌年三月に加盟した。

アドリア海西岸の都市リミニ（*Civitates orbis terrarum*、16世紀）

　この同盟は表向き、オスマン帝国に対する十字軍を目的としていたが、実際には参加国はそれぞれ、解体後のヴェネツィアのテッラフェルマを分割することをもくろんでいた。ヴェネツィアはいわば世界中を敵に回したようなものであった。フィレンツェ共和国の外交官であったマキアヴェッリは、すでに一五〇三年の報告書でヴェネツィアに対する「世界中の

第75代元首レオナルド・ロレダン（ジョヴァンニ・ベッリーニ画、16世紀初頭）

ローマ教皇ユリウス２世（ラファエロ画、1511年）

敵意（odio universale）」に言及している。

包囲網に直面したヴェネツィアでは、元首レオナルド・ロレダンが元首の給与のみならず、個人財産もすべて共和国に寄付すると宣言してヴェネツィア人の団結を呼びかけ、大規模な陸軍を編制したが、抵抗の意思表明に怒った教皇はヴェネツィアを破門し、翌一五〇九年五月、ミラノの東南三〇キロにあるアッダ河畔のアニャデッロの戦いでヴェネツィア軍は大敗を喫した。奇しくも、ポルトガルがインドのディウ沖海戦で勝利し、インド洋交易を支配したかに思われたのが同じ年のことである。

敗戦の知らせを受けた元老院は静まりかえり、元首は口がきけなくなったように立ち尽くした。戦火はやがて海上にあるヴェネツィア市のすぐ対岸まで迫った。マキアヴェッリ曰く「もしこの国が海に取り囲まれていなかったとしたら、すんでのところで最後の日を迎えていたところであった」。フランス軍と神聖ローマ帝国軍がヴェネト地方まで制圧し、ヴェネツィア共和国は支配下にあったテッラフェルマの領土のほとんどを失ったのであった。例外はトレヴィーゾだけである。

危機を乗り越える

しかし、ヴェネツィア共和国にとどめを刺したかに見えたこの敗戦は、半世紀続いたイタリア戦争のなかの一コマに過ぎなかった。

ヴェネツィアは戦費調達のためにサン・マルコ教会が所有していた宝石と五〇人の貴族の財産を担保として、ローマの銀行家キージから多額の借金をし、プーリア地方で得た港を割譲してスペイン王を懐柔し、カンブレー同盟から切り離した。一五〇九年末に、ヴェネツィア共和国はやむなく、ファエンツァ、リミニの返還とヴェネツィア領内での聖職叙任権の放棄という教皇の要求を受諾して降伏した。そして今度は、ロンバルディア地方で勢力を広げすぎたフランス勢を追い払うために、教皇が主唱した反フランス同盟に、スペイン、イギリスとともに加わることになったのである（一五一一年、神聖同盟）。教皇ユリウス二世は、フランス軍を一兵残らず半島から追い出すまではひげを剃らぬと宣言したという。フランス王ルイ一二世はイタリアからの撤退を余儀なくされたが、一五一三年、教皇ユリウス二世も熱病に倒れ、帰らぬ人となった。

めまぐるしく敵と味方が入れ替わるイタリア戦争のなかで、ヴェネツィアもまた外交と戦闘を駆使して戦い続けた。神聖同盟で多額の資金提供をしたにもかかわらず、勝利の褒賞を与えられないことに不満を抱いたヴェネツィアは、一五一三年、フランスとの攻守同盟であるブロワ条約を結んだ。新教皇レオ一〇世は、ロレンツォ・ディ・メディチの次男で、前任者ユリウス二世と同じくルネサンスのパトロンとして芸術後援に熱心であったが、教会国家のために自ら軍を率いて戦い続けた前任者とは異なって、社交的で享楽的な人物であったため、フランスは関係改善を期待した。しかし、二年後の一五一五年、ルイ一二世が没して若いフランソワ一世がフランス王として即位した

マリニャーノの戦い（1515年）（メートル・ア・ラ・マティエール画、16世紀）

際、教皇はフランスと対抗することを決意した。ヴェネツィアとフランスとの同盟は更新された。

一五一五年のマリニャーノの戦いは、フランス軍が、教皇、スペイン、ミラノ、フィレンツェ、神聖ローマ帝国側のスイス傭兵隊を破った戦いで、イタリア戦争中の転機のひとつであるが、このときヴェネツィア共和国はフランス側で参戦し、自軍を勝利に導いた。その結果、反ヴェネツィア同盟の発端となったロマーニャ地方やロンバルディア地方のクレモナ、プーリア地方の諸港は失ったものの、一五一六年までに、かつて失ったテッラフェルマの領土をほぼ取り戻すことに成功したのである。

この一五一六年にスペイン王となったカルロス一世は、やがて一五一九年に神聖ローマ皇帝となり、ヨーロッパ全体を支配下におく普遍国家をめざしてイタリア戦争の主要人物のひとりとなる。ヨーロッパの覇権をめぐる神聖ローマ皇帝とフランス王との争いはますます激しくなり、イタリア半島はこの二大勢力に翻弄された。この困難な時期にヴェネツィア元首を務めたアンドレア・グリッティは、どちらにもつかない巧みな外交を繰り広げ、

第77代元首アンドレア・グリッティ（ティッツィアーノ画、1540年頃）

取り戻したテッラフェルマを守り通した。

元首グリッティは、若いころコンスタンティノープルで働いた商人であり、政治家としてはオスマン宮廷・フランス・神聖ローマ帝国にも駐在経験のある老練な外交官で、さらにアニャデッロの敗戦直後の一五〇九年にパドヴァを奪還して皇帝軍から守り抜き、一五一二年にはフランスからブレシアを奪還した英雄でもあった。そして、この元首の時代に、ヴェネツィア政界では、貴族共和政の外見は変えないまま、十人委員会を核とする少数の人々が効率よく政治をおこなうことができるような権力集中が進行し、都市ヴェネツィアではサン・マルコ広場を中心として古典古代の再生をめざすルネサンス建築による再整備である「都市の刷新（renovatio urbis）」が推進された（第7章参照）。ポルトガルのアフリカ周り航路開設のショックとたび重なる戦争で疲弊していたヴェネツィア商業も、一五二〇年代から回復を見せはじめた。ヴェネツィア共和国はこうして危機を乗り越えようとしたのである。

敗北への反省

一〇年もしないうちに失った領土をほぼ取り戻したとはいえ、カンブレー同盟戦争の敗北はヴェネツィア共和国にとって大きな危機であった。第4章で述べたように、当時のヴェネツィア共和国の総歳入のうち約三〇パーセントがテッラフェルマからの税収であった。ところが、のちに失地を回復したとはいえ、この数年間にはその税収が大幅に落ちた。また、戦争で失ったのはテッラフェルマからの税収だけではない。テッラフェルマを通過する商業路の安全が脅かされたことで、ヴェネツィア市自体の取引量も低下した。しかも、ちょうどポルトガルが開設したアフリカ南端周りの交易路とインド洋への進出によって、地中海交易が不振にあえいでいた時期である。収入の喪失と多額の支出は共和国財政を逼迫させ、テッラフェルマで所有していた個人資産を失ったうえに、強制公債のかたちで戦費を負担したヴェネツィア貴族の経済基盤が揺らぐ事態であった。

この危機の時期、ヴェネツィア国内では、この敗北はヴェネツィアの傲慢と腐敗に対する「神の罰」だとする声が上がった。神に許しを請うために、風紀の乱れを取り締まるべく奢侈禁止令が強化され、規制を遵守させるための奢侈取締官（プロヴェディトーレ・ソプラ・ディ・ポンペ）が創設され、賭博場の営業が禁止され、瀆神《とくしん》行為や近親相姦、男色などを厳しく取り締まる法令も出された。さらには貴族の脱税が摘発され、税金を滞納する債務者のリストが公表された。

このようにアニャデッロ敗戦後のヴェネツィアでは、敗北への反省から種々の引き締めが行われるようになり、その後、政治のなかでも新たな動きが起こることになるのである。

2 「ヴェネツィア神話」とテッラフェルマ支配の正当化

コンタリーニの「ヴェネツィア神話」

こうした反省ののち、ヴェネツィアでは「ヴェネツィア共和国がいかに素晴らしい資質と優れた政治制度を備えているか」を語る書物がいくつも出版された。いわゆる「ヴェネツィア神話」の伝統は古くから存在するが、これをヴェネツィア人が最も盛んに発信したのは、実はこの危機を乗り越えようとする時期であった。現在のヴェネツィアが繁栄を可能にした伝統からはずれていないかどうかを再検討し、再確認することで、カンブレー同盟戦争を引き起こしてしまったことで失われたヴェネツィア支配層の自信を取り戻そうとしたのである。

これらの作品のなかで最も有名になったのが、ガスパロ・コンタリーニが書いた『ヴェネツィア人の行政官と共和国（De magistratibus et republica Venetorum）』である。コンタリーニはカンブレー同盟戦争期に人格形成期を過ごし、一六世紀前半、前述の元首アンドレア・グリッティのもと、ヴェネツィア政治の中枢で活躍した政治家であるが、ヴェネツィア政治の現実ではなく、この国の体制を理想的な政治体制として描いた。しかしだからこそ、一五四三年の初版以来、原著のラテン語から、イタリア語、フランス語、英語と各国語に翻訳されて外国でも盛んに読まれ、一六・一七世紀のヨーロッパの政治思想に影響を与えることになったのである。のちにコンタリーニがその外交手腕を買われて教皇から枢機卿に任命され、宗教改革のさなかに改革派の枢機卿として、ルター派をカトリック教会の中に引き留めようとする最後の努力を主導した人物になったことも、この作品がヨーロッパに広まる後押しになった。

ヴェネツィアの正当性を内外に発信したガスパロ・コンタリーニ

コンタリーニはこの本のなかで、ヴェネツィアは平和を重視しており、領土的な野心があってテッラフェルマを侵略したのではないと、他国の非難に反論している。コンタリーニの主張によれば、ヴェネツィアは陸上の戦争には関心がなかったが、暴君の圧政に苦しむテッラフェルマの人々に請われて、彼らを助けるために陸上に介入したのであって、ヴェネツィアの支配はテッラフェルマの人々の同意を得たものであった。

これはレトリックであって、事実とはいえない。たとえばヴィチェンツァは、他の支配者《シニョーレ》と比べて、自らヴェネツィアの統治を選択したことになっているが、服属条約が結ばれたとき、市壁の外にはヴェネツィア軍が控えていた。自発的な選択という主張には疑問が残るうえ、反対に、パドヴァのように激しい攻防戦の果てに占領された都市もあった。しかし、たとえ実情とは異なっていたとしても、「テッラフェルマの人々の要請による介入」と「善意による統治」という主張で、ヴェネツィア人は一度失い、取り戻したテッラフェルマの支配を正当化しようとしたのである。

支配される側の言説――ヴェネツィア支配を選択した都市

テッラフェルマ支配についてのヴェネツィア側の基本姿勢が「テッラフェルマの人々の同意を得た支配」であるとすれば、支配される側のテッラフェルマの人々はこの状態をどう受け入れようとしたのであろうか。

ヴェネツィア側の姿勢に呼応して、テッラフェルマでヴェネツィアに服属した都市の人々もまた、自分たちは「自らすすんでヴェネツィアへの服属を選んだのだ」というレトリックをしばしば利用した。一四〇四年にヴェネツィアと服属条約を結んだときのヴィチェンツァ側の大使ジャコモ・ティエーネはこう述べた。

ヴェネツィアからヴィチェンツァに派遣された統治官（カピターノ）の館(パッラーディオ設計)

あなたがた（ヴェネツィア）の正義、あなたがたの慎重さ、あなたがたの他のあらゆる徳《ヴィルトゥ》についての名声が、我々を導いてきたのです。いとも晴朗なる君主にして最もすぐれたる父よ。自由に、あなたがたへの服従のもとへいたるように、そしてあなた方の支配に従属するようにと、我々を導いてきたのです。あなたがたの支配は、イタリアすべての盾なのです。我々は我らの最も苦き敵、パドヴァの害を耐えることができませんでした。彼らの残虐なくびきの下に、我々は今にも陥落させられんばかりでした。我らはその憎むべき専制に耐えられなかったでしょう。もし我らがヴェネツィアの慈悲の胸に加わらなかったならば［中略］かくして、この都市とその農村地域、そして我らの富は、それらを獲得し、それらをカッラーラ家の君主の害から護るのです。いとも晴朗なる支配が常に備えていた剛勇さと魂の偉大さとともに。もしあなたがたがそうしてくださるのであれば、あなたがたは我々を忠実なる僕《しもべ》とも友ともするでしょう。我々の富ばかりでなく、我々の命までも、あなたがたの帝国の栄光のために費やさんとする我らを。

ティエーネの演説とよく似た言説は、他のヴェネツィア支配下のテッラフェルマ都市でも繰り返された。

一四六二年には、ヴィチェンツァ人バッティスタ・トリ

ヴィチェンツァのシニョーリ広場に立つ2本の柱には、ヴェネツィアを象徴する聖マルコのライオンと聖テオドルスの石像が置かれている

ッシノが、ヴェネツィア人による強奪に抗議するためにこのように述べている。「我々の都市は戦争や武力によって獲得されたのではなく、金銭で買われたのでもない。誠実さへの熱意とヴェネツィア元老院に対する献身にのみ突き動かされて、自由に自ら進んで、自らをヴェネツィアの支配に引き渡したのだ。」

ヴェネツィアに武力で征服されたのでも買われたのでもない、自ら服属を選んだのだという主張は、支配される側としては、だからこそ名誉をもって公正に扱われる権利があるという主張にもなりえるものであった。

武力征服された都市の場合

ヴェネツィアへの服属を自ら選んだヴィチェンツァとは異なって、パドヴァはこの地域の有力な前支配者《シニョーレ》カッラーラ家の本拠地であり、ヴェネツィアの征服に対して激しい攻防戦を繰り広げた都市である。しかしパドヴァの人々もまた、むしろこれまでヴェネツィアに敵対してきた経緯ゆえに、なおさらヴェネツィアから好意的な反応を引き出そうとした。そのために、パドヴァ大学という歴史の古い著名な大学をもつ都市として、豊富な人材を活用し、修辞をふんだんに散りばめた演説を用意している。

一四〇五年、ヴェネツィアへの服属の儀式で演説したパドヴァ大使曰く、パドヴァ人は暴君のくびきから逃れ、純白の自由の衣を身につけた。影のなかから永遠の光の栄光ある歓びへと歩みでたのであり、カッラーラ家の支配のもとで隷属状態にあり、人口も減少し、さまざまな破壊に苦しんでいたことに気がついた今、賢明で力強くこの上なく優れたヴェネツィアの素晴らしい正義や慈悲や自由に目覚めた。ヴェネツィアは、神の恩寵によって、パドヴァ人を暴君の不正で過酷なくびきから自由へと連れ出したのだ。パドヴァのコムーネと人々は幸福な気持ちでヴェネツィアの元首に服属する、と美辞麗句の大盤振る舞いであった。

テッラフェルマの都市がヴェネツィアに「自発的に服属（spontanea dedizione）」したのだというレトリックは、支配する側、される側、双方によるいわば合作であった。ヴェネツィア共和国はテッラフェルマ支配の正当化を図るために、一時は神聖ローマ皇帝から皇帝代理の権限の承認を求めたこともあった。中世から神聖ローマ皇帝が主張してきたように、北イタリアがイタリア王国として本来、皇帝権の下にある地域であるならば、そのなかで領域を支配する権限は上位権力である皇帝にあると考えられるからである。実際一四三七年には、ヴェネツィアはテッラフェルマにおける皇帝代理という称号を皇帝から得ている（デッラ・スカーラ家がその称号を有していたヴェローナとヴィチェンツァをのぞく）。

13世紀に設立されたパドヴァ大学（ジャコモ・フィリッポ・トマジーニの著作より、17世紀）

しかし、この政策はその後継続しなかった。神聖ローマ帝国とフリウリ地方やダルマツィア地方の所属を争う関係上、不都合もあったからであろう。上位権力による承認という手段がとれない以上、ヴェネツィアとしては「自発的な服属」というレトリックが最も穏便な正当化の手段であった。そして、支配される側にとっても、「自ら選んだ」というレトリックは、支配されているという屈辱をうまく覆い隠し、場合によってはヴェネツィアではなく他の支配者を選ぶこともあり得るという選択肢を突きつけることで、ヴェネツィアとの交渉材料にすることもできる点で都合のよいものであった。

実際のところ、ヴェネツィアとテッラフェルマの従属都市との関係はそれぞれの服属条約によって個別に定められたが、それらの服属条約は多くの特権を服属側に認め、大いに交渉の余地のあるものであった。これについては第5節で述べる。

3　中央集権と地方分権

それでは、実際のテッラフェルマの統治はどのようにおこなわれていたのであろうか。

一五の地域の集まり

ヴェネツィア共和国の支配圏であるテッラフェルマは、東はイゾンツォ川、西はアッダ川に挟まれた領域であり、大きく分けて一五のプロヴィンチアあるいはテリトリオと呼ばれる地域の集合体であった。全体で三万平方キロメートル強の面積で、人口はかなり多い地域であった。

東から、フリウリ領、ベッルーノ領、フェルトレ領、トレヴィーゾ領、コネリアーノ領、バッサーノ領、パドヴァ領、ポレージネ領、ヴィチェンツァ領、ヴェローナ領、コローニャ領、リヴィエラ・ブレシアーナ領、ブレシア領、ベルガモ領、クレーマ領の一五である。これらのなかでも規模

表6-1　テッラフェルマ諸地域の人口とヴェネツィア市の人口　（単位：人）

テッラフェルマ諸地域（province）	1548年	1625年
フリウリ領	210,000	202,000
ベッルーノ領	23,815	25,000
フェルトレ領	21,835	24,000
トレヴィーゾ領	162,603	134,000
パドヴァ領	152,163	178,000
ポレージネ領	28,816	45,000
ヴィチェンツァ領	155,708	196,000
ヴェローナ領	167,344	202,000
リヴィエラ・ブレシアーナ領	43,447	70,000
ブレシア領	299,626	294,000
ベルガモ領	122,511	170,000
クレーマ領	29,132	33,000
計	1,417,000	1,573,000
ヴェネツィア市	150,000	141,625

出典：*Venezia e la terraferma attraverso le relazioni dei rettori*, a cura di Tagliaferri, (Milano, 1981), pp. 42-43より作成。

の大きな重要な都市は、ウーディネ、パドヴァ、ヴィチェンツァ、ヴェローナ、ベルガモ、ブレシアの六都市である。

これらの地域（プロヴィンチア）は、現在の地理区分では、フリウリ・ヴェネツィア・ジュリア州、ヴェネト州、ロンバルディア州の三州にまたがっている。フリウリ地方とロンバルディア地方に含まれるブレシアやベルガモは、ヴェネツィアの支配下に入ったのが遅く、遠方でもあったため、首都ヴェネツィアの支配は比較的緩やかであった。特にロンバルディア地方との境であるミンチオ川をはさんで、「ミンチオ川の向こう側」と「こちら側」と区別して言及されることも多い。

これに対して、地理的に近いヴェネト地方は一四〇五年までにヴェネツィア共和国の支配下に入っており、中央政府からの介入の度合いも強かった。ヴェネツィア人統治官が派遣された拠点が多いのは、ヴェネト地方のなかでも、特にタリアメント川とアディジェ川に挟まれた地域である（二二二頁参照）。

イタリアでは、中世から都市は周辺の農村領域を含めて都市国家を形成していたが、中世後期から近世にかけて、従来の支配領域を越えて、現在の州（レジョーネ）に匹敵する広さの地域を支配する有力都市や君主が現れる。こうして形成された新たな領域国家を「地域国家（スタート・レジョナーレ）」という。一五世紀の北中部イタリアは、領土争いの結果、いくつかの地域国家に再編された。ヴェネツィアのテッラフェルマ拡大もそうした動きの一つであるが、ヴェネツィアが形成した地域国家は、一つの制度が均一に組織する一円的な支配のもとにおかれた近代的な国家ではなかった。同時期の他のイタリアの地域国家も同様である。ヴェネツィアが支配を広げた北イタリアの内陸部には、すでに中世以来、現地で形成された都市コムーネの伝統があり、そのなかでも有力な都市が、従来の周辺農村領域《コンタード》を越えた領域を支配するようになっていた。ヴェネツィアはこれらの地域の中心となっていた有力都市との条約締結によって、地域中心都市が従えていた領域を含めて、ヴェネツィアの地域国家に組み込んでいったのである。

一五の地域には、それぞれヴェネツィアが支配を広げる以前から、これらの地域を支配していた地域中心都市《カーポ・ルオーゴ》があり、服属条約はそれぞれの地域中心都市が個別にヴェネツィアと結んだものであったため、地域によって内容も異なり、さまざまな特権が個別に設定されていた。

共通しているのは、宗主権をもつ首都ヴェネツィアから、それぞれの地域中心都市とその他の重要な拠点にヴェネツィア人統治官が派遣されていたことである。

もう一つの共通点は、これらのヴェネツィア人統治官が、現地の市議会とともに現地の都市法

（スタテュート）や慣習法を尊重しながら統治した点である。ヴェネツィアは一五世紀以降、イタリア内陸部に支配圏を獲得し、イタリア半島における五大勢力のひとつとなった。しかし、その支配圏はヴェネツィアの集権的な支配のもとに均一に組織されたものではなく、従来、自都市の周辺地域を支配していたテッラフェルマの諸都市とヴェネツィアとの個々の関係に基づく間接統治の性格が強く、地域ごとの差異が大きかった。

ヴェネツィアは一三世紀以来、アドリア海と東地中海の港や島々を中心とした海上領土を築き、その領域が大きく拡大した一五世紀は、テッラフェルマでの支配圏拡大の時期とも重なっている。しかし、双方に派遣されたヴェネツィア人行政官が担った役割は、かなり異なる性格をもった。海上領土では、クレタ島、ネグロポンテ島、モドン、コロンという重要な拠点がヴェネツィアの直接的な支配のもとにあったのに対し、テッラフェルマの場合は、テッラフェルマ諸都市の市議会や市議会選出の官職が従来通り機能し、現地で長年にわたって積み重ねられてきた都市法《スタテュート》と慣習法が依然として有効だという条件のもとで、ヴェネツィア人統治官が派遣されたからである。ヴェネツィア人統治官は名目上、現地の社会の平和を守り、公的秩序を維持し、司法を担い、財政政策を実行し、軍を組織する権限をもっていたが、実際には、それぞれの現地の状況によって大きな制約を受けていたのである。

服属条約

ヴェネツィアとテッラフェルマ諸都市との法的な関係は、テッラフェルマ諸都市がヴェネツィア共和国の宗主権のもとに入る際に交わした服属条約によって規定された。ヴィチェンツァが近隣都

ヴェローナのエルベ広場にある、ヴェネツィアの有翼のライオン像

市パドヴァとの対立のなかで、自ら選ぶかたちで、穏便にヴェネツィアの支配を受け入れたことを先に挙げたが、ヴィチェンツァの場合、服属条約を最初に結んだのが一四〇四年で、一四〇六年に改訂された。

どちらの条約でも、司法の判決はヴェネツィアの都市法とその他の法に基づいて下されると定めている。ヴェネツィアはヴィチェンツァがこれまで作り上げてきた都市法の完全な保全を約束し、それによって、都市法に規定されたヴィチェンツァの市議会や官職もそのまま残り、通常の行政の場でヴィチェンツァ市の官職や裁判所の手続きが優越することを保証したのである。また、服属条約の付帯条項では、ヴィチェンツァ市の法律家組合と公証人組合の特権や規約を遵守すること、間接税《ダーツィ》の徴収はヴィチェンツァの規定に従っておこなうこと、とも定められている。さらに、周辺農村領域《コンタード》における刑事・民事の最高裁判権はヴィチェンツァ市にあるとも示唆されていた。

ヴィチェンツァとは異なって、ヴェネツィアに敵対しながら武力によって併合された都市の場合も、服属時にこうした条件を確保した都市は多い。ヴェローナは、前支配者《シニョーレ》デッラ・スカーラ家の本拠地であったが、同じくヴェローナ市のすべての都市法を保全すること、ヴェネツィアが派遣する統治官を例外として、それ以外のヴェローナ市の官職はすべてヴェローナ市民が保有すること、周辺農村領域からの穀物持ち出しについての統轄権はヴェローナ市の権限とすることなどを条件として、大きな抵抗なく一四〇五年に服属条約を結んだ。

前支配者《シニョーレ》カッラーラ家の本拠地であったパドヴァは、ヴェネツィアに敵対して長く抵抗を続けたが、それでもパドヴァの都市法と毛織物組合の規定の保全と、ヴェネツィアから派遣される統治官の職をのぞいて、パドヴァ市議会と官職にパドヴァ市民が自由に就任できることを条件として、一四〇六年に服属している。

服属都市の都市法の尊重

同じく広い領域に支配を拡大し、宗主権をもつ首都になったフィレンツェ共和国の場合、服属した都市の都市法を統制しようとする政策が見られるが、同じ立場のヴェネツィア共和国は、それぞれの服属都市の都市法の保全を承認した。ヴェネツィアも、服属都市が都市法を改定する際に、規定の文言を修正する権限は主張したが、ごく初期のトレヴィーゾの例をのぞいて、実際にその権限を行使した形跡は見られない。

服属都市の都市法の保全を認めるヴェネツィアの姿勢は、ヴェネツィアが支配圏を広げたヴェネト地方やロンバルディア地方では一般的な慣行ではなかった。当時、支配領域を広げて他都市を征服した支配者《シニョーレ》は、必ずしも服属した都市の都市法を尊重しなかったのである。

たとえば一四二一年、ミラノ公国のヴィスコンティ家はブレシア市の都市法を承認しなかったし、ヴィチェンツァでも一三二九年以降の支配者であったデッラ・スカーラ家が派遣した統治官《ポデスタ》は、ヴィチェンツァ市議会の承認なくヴィチェンツァの官職を任命し、交代させる権限をもっていた。また、ヴィチェンツァがヴィスコンティ家に服属した際の一三八七年の服属条約では、新たな支配者《シニョーレ》に完全な裁判権を与えており、ヴィチェンツァ市の都市法を保証するという文言はなかった。

つまり、新たにヴィチェンツァを支配下におさめたヴェネツィアは、こうした権限をもてなかったのであり、服属したヴィチェンツァの側から見れば、ヴェネツィア支配下に入ることによって、以前の支配者《シニョーレ》の時代よりもヴィチェンツァの都市コムーネの権限は増大したのである。

服属都市が勝ち取った都市法や市議会の行政官職選出権の保全はひとつの特権である。宗主ヴェネツィアに委譲された裁判権と、服属都市が保持する特権とのぶつかり合いは、日々の統治の現場における権限の所在を曖昧にした。この曖昧さにこそ、服属都市側とヴェネツィア中央政府側のそれぞれが権限を主張し、争い、調整する余地があった。

ヴェネツィア共和国はさまざまな外交や戦争を積み重ねた結果として、テッラフェルマで支配地域を広げたが、ヴェネツィアの軍事力が突出していたわけではなかった。ヴェネツィアでは、海軍は伝統的に自国民で構成し、海軍司令官はヴェネツィア貴族が務めてきたが、陸での戦争は傭兵が主力となることが多かったからである。戦争を傭兵隊にゆだねるのは当時のイタリアでは一般的な慣行であった。したがって、征服し服属させたといっても、服属側から見てヴェネツィアの宗主権のもとにあることにメリットがなければ、支配下におき続けるのは難しかった。ヴェネツィアのテッラフェルマという地域国家は、中央政府と服属都市との権力のバランスの結果、成立していたのである。

4　テッラフェルマにおける統治体制

ヴェネツィア人統治官

さまざまな制約を背負いながら、中央政府ヴェネツィアとテッラフェルマの支配地との接点となったのが、ヴェネツィアが服属した諸地域を統治するために、各地に派遣した行政官たちである。彼らは総称して統治官《レットーレ》と呼ばれ、ヴェネツィア中央政府の大評議会で選出されたヴェネツィア都市貴族であった。

一六世紀から一八世紀末まで、常任のヴェネツィア人統治官が派遣されていたテッラフェルマの拠点は五八ヵ所あり、役職数はあわせて七三職である。これらの派遣先は、一六世紀から一八世紀末のヴェネツィア共和国滅亡の時点まで、ほとんど増減しなかった。

各地に派遣されたヴェネツィア人統治官の役職名は、派遣先によってさまざまであるが、行政長官《ポデスタ》、司令官《カピターノ》、管理官《プロヴェディトーレ》といった職名が一般的である。任期は当初一二ヵ月であったが、やがて一六ヵ月に延長された。

行政長官——執政官の伝統の利用

同じ任地に数名の統治官が派遣される場合、最も上位の職と見なされるのが行政長官《ポデスタ》である。

この「ポデスタ」という名称は、この地域で以前から存在した「ポデスタ制」の役職名と同じである。前述の通り、都市の最高行政官である執政官《ポデスタ》を、短い任期で他都市もしくは他国から招き、都市コムーネの統治を委ねる「ポデスタ制」は、一三世紀から北中部イタリア諸都市で広く普及した政治制度である。パドヴァ、ヴェローナ、ヴィチェンツァといった近隣の諸都市には、一三世紀からヴェネツィア人がポデスタとして招聘され、赴任していた実績があった。一三世紀の一六都市を対象とした山辺規子氏の調査によると、ヴェネツィア人が他都市のポデスタを務めた例は、ミラノ（一例）、マントヴァ（三例）、パルマ（二例）、レッジョ（一例）、ボローニャ（三例）、フェッラーラ（三例）、アレッツォ（一例）、オルヴィエート（一例）と広範囲にわたるが、ヴェローナ（一〇例）、パドヴァ（一八例）、ヴィチェンツァ（六例）の三都市が最も多かった。

この従来のポデスタは、あくまで都市コムーネの側が適任者を選んで招聘するもので、主導権はポデスタを迎える都市コムーネ側にあり、テッラフェルマの地域国家で中央政府ヴェネツィアが地方に派遣した行政長官とは意味合いが異なるが、名称の継続はポデスタを受け入れる側の抵抗感を薄める働きをした。他国の中央政府や地域の支配者《シニョーレ》たちが支配下の都市に統治官を派遣する場合も、ポデスタという役職名が使われることが多かった。

ヴェネツィア支配下のテッラフェルマにおける行政長官は、都市の最高統治官であること、他都市（この場合ヴェネツィア）の出身者であること、都市の都市法にしたがって統治をおこなうこと、任期が限られていて短いことなどでは、従来のポデスタ制を引き継ぐ性格をもっていた。ヴェローナ、パドヴァ、ヴィチェンツァなどの近隣都市では、征服以前にもヴェネツィア人が個人としてポデスタを務めたこともあったが、征服以前と以後の最大の相違点は、ポデスタが現地の市議会ではなく、中央政府となったヴェネツィアの議会で選出され、任命された点である。

ヴェネツィア人統治官は、ヴェネツィア共和国の大評議会で選出され、ヴェネツィア元首の命を

テッラフェルマの最重要都市のひとつヴェローナ

受けて、派遣された都市と周辺農村領域の行政を統轄し、裁判をおこない、平時の守備軍を管理し、重要な要塞の城代を務めたのであった。

テッラフェルマに派遣されたヴェネツィア人統治官の報告書史料の編纂をおこなった研究者タリアフェッリの分類によれば、テッラフェルマのなかで最も重要性が高い地域がフリウリ領、パドヴァ領、ヴィチェンツァ領、ヴェローナ領、ブレシア領、ベルガモ領の六つの地域（プロヴィンチア）である。これらの地域の中心都市には、二名の統治官が派遣された。上位職が行政長官《ポデスタ》、次職が司令官《カピターノ》である。こうした大都市の統治官職を務めることは、ヴェネツィア貴族にとっての出世コースのひとつでもあり、ヴェネツィア貴族のなかでも特に有力で名声の高い家系の人物が選出され、派遣された。

二名派遣される場合、行政長官の職務は主として司法と行政の分野にあった。現地における最高裁判官であり、行政面では、秩序の維持から、食糧供給の安定、道路などの公共設備の維持管理、公衆衛生問題、公営質屋《モンテ・ディ・ピエタ》の運営、修道院や慈善施設の管理など幅広い問題を扱うことになった。公営質屋とは、イタリア諸都市に広く普及していた制度のひとつで、動産を担保にした公的貸付機関であり、大きな資金を持つ組織のことである。

司令官――財務と軍事

これに対して、司令官《カピターノ》の職務は、主として財務と軍事の分野にあった。同業者組合《アルテ》と交通の維持管理は行政長官の職掌であるが、それをのぞく経済活動はすべて司令官の職掌になる。地域中心都市におかれた財務局《カメラ・フィスカーレ》を統轄し、税に関わる問題を取り扱った。

また軍事面では、都市の守備隊である砲手隊や、周辺農村領域で組織された農民軍《ミリツィア》、要塞に常駐する（一時的に駐屯する場合も）傭兵隊の管理や徴兵、補給、さらに武器製造所や火薬庫、（火薬に用いる）硝石保管庫、大砲の鋳造所などの監視といったさまざまな役割を負っていた。常任統治官の果たすべき軍事機能は、平時において、任地の軍事機構が有事の際に有効に機能するように、保守することであった。

地域の中心地ではあるが、前述の六都市よりも規模の小さな中都市では、ひとりの統治官が行政長官と司令官を兼任し、双方の機能を果たした。チヴィダーレ・ディ・ベッルーノ、フェルトレ、トレヴィーゾ、コネリアーノ、バッサーノ、ロヴィーゴ、ベッルーノ、クレーマといった都市である。

地域中心都市以外の拠点

さらに、こういった地域中心都市に従属する小都市や、農村領域にある拠点にも、行政長官や管理官《プロヴェディトーレ》が派遣される場合もあった。さらに重要な砦の場合には、砦をあずかる城代《カステッラーノ》がヴェネツィアから派遣される場合もあった。

　これらの統治官は、地域中心都市に派遣された統治官の統轄下におかれることになっていた。たとえば、パドヴァ領のエステ、ヴィチェンツァ領のマロスティカ、ヴェローナ領のロナート、ベルガモ領のマルティネンゴといった地域に派遣された統治官がこれにあたる。

税務専門の財務官

　ヴェネツィア共和国がテッラフェルマの支配地域に期待した大きな役割が租税である。税務は統治官の職掌であるが、主要な地域中心都市には、統治官のもとで税務に専念する専門のヴェネツィア人行政官が派遣された。財務官《カメルレンゴ》である。彼らは派遣された都市だけでなく、その地域全体の税務を統轄する財務局《カメラ・フィスカーレ》を管理する役職であり、統治官と同じく、ヴェネツィアの大評議会で選出され、各財務局につき一～二名が派遣された。

　各地域に課されたヴェネツィア共和国の税は、原則として各地域中心都市におかれた財務局にすべて集められ、そこで現地の支出分を差し引いたあとで、中央政府ヴェネツィアに送られた。たとえば、ヴェネツィア人統治官の給与は、中央政府ではなく、現地の財務局から支払われたのである。

中央政府諸機関との関係

　以上が、ヴェネツィア共和国がテッラフェルマに派遣していた常任統治官である。これに加えて、有事の際や早急に解決すべき問題が持ち上がったときには、臨時の管理官《プロヴェディトーレ》や特別統治官が任命され、派遣された。国境での紛争、衛生問題、財政や税をめぐる紛争、陸軍の編制などである。常任統治官はヴェネツィア大評議会で選出されたが、非常任の場合は案件に応じて、大評議会、元老院、十人委員会などで選出された。

また、常任統治官は中央政府のさまざまな機関の指示を仰ぐ必要もあった。ヴェネツィア中央政府には内陸担当委員（サーヴィ・ディ・テッラフェルマ）や要塞担当委員（サーヴィ・アッレ・フォルテッツエ）、農民軍担当委員（サーヴィ・アッレ・オルディナンツェ）、大砲管理官（プロヴェディトーリ・アッレ・アルティイリエリエ）など、テッラフェルマの軍事を担当するさまざまな部署があった。いかにしてこの地域国家を防衛するかは、ヴェネツィア共和国にとって優先度の高い問題であったからである。これらの頂点にあったのが元老院と十人委員会であり、統治官は任期終了後、元老院で報告し、この二機関に報告書を提出することになっていた（一〇六～一〇七頁参照）。

統治官配下のスタッフ

これらの常任・非常任の統治官は、すべて宗主都市ヴェネツィアの支配階級であるヴェネツィア貴族である。しかし、そのもとで実際の業務をおこなう官僚は、ヴェネツィア貴族である必要はなかった。統治官の業務に関わる書類を作成する書記と、法律の専門家である補佐役《アッセッソーレ》が統治官のスタッフである。従来のポデスタ制では、ポデスタは法学教育を受けた専門家であることが前提であったが、ヴェネツィア人統治官の場合、法律の専門家でない場合も多かった。特にこの場合、統治官が司法判断を下す際に専門家として助言をおこなう補佐役は、なくてはならないスタッフであった。補佐役は、テッラフェルマ諸都市の都市法《スタテュート》の基盤であるローマ法と現地の慣習法に精通している必要があるため、多くの場合テッラフェルマ出身者であり、ヴェネツィア地域国家随一の高等教育機関であるパドヴァ大学で教育を受けたものが多かった。

具体例を挙げれば、たとえばヴィチェンツァの場合、テッラフェルマの主要中心都市のひとつであるから、ヴェネツィアから派遣された統治官は行政長官と司令官の二名である。彼らは財務官一名、司法に通じた補佐役を三名、侍従を一名、身の回りの世話をする私的な召使いと警備担当者数名をともなって、任地に赴いた。そして、ヴィチェンツァ市の行政機関とともに、ヴィチェンツァ市の住民約三万人と、ヴィチェンツァ領全体では約一五万人の住民を統治したのである。

官僚の多くは現地の市議会選出

ヴェネツィアから派遣される統治官は、いわば県知事のような存在である。行政を執行し、民事・刑事の最高司法権を担い、財務を統轄する権限を、ヴェネツィア中央政府から与えられていたが、同時にその統治や裁判は現地の都市法に則っておこなわれ、現地都市政府の公職は現地の市民が保有していた。中央政府から派遣されたヴェネツィア人統治官は、単独で統治機能を果たしたのではなく、以前から継続するテッラフェルマ諸都市の行政・司法機構の上に被さるかたちで統治をおこなっていたのである。

実際の現地の行政の多くは、現地の市議会とその市民が就任する行政官職が担っていた。他のイタリア地域国家の多くと同様に、ヴェネツィア中央政府にとっても、従来の都市国家の範囲を越えた広い領域の国家を組織することは、服属する諸地域の政治構造や社会構造を承認し、受け入れることを意味していた。それは、それぞれの地域の支配層がこれまで築いてきた既存の体制を認め、それに依存することでもあった。

ヴェネツィア共和国の場合、ヴェネツィア人統治官の任期は一二ヵ月から一六ヵ月で、再選されることはほとんどなかった。ヴェネツィア政府はヴェネツィア人統治官と現地支配層との癒着を恐れて、同一人物を同一任地に再派遣しない方針をとっていたからである。一六世紀にテッラフェルマ諸都市のうち、主要な一五都市に派遣された統治官の数はのべ一三七六名であるが、その中に四回以上現れる同姓同名の人物は四二名だけであり、延べ人数の半数弱は一度しか現れない。二回以上現れる場合は任地がかわる場合がほとんどである。つまり、現地の事情に通じていることは期待できなかった。

さらに最高裁判官としての役割を果たすにもかかわらず、ヴェネツィア人統治官は専門的な法学教育を受けているとは限らなかった。その知識を補うために大きな役割を果たすのが補佐役《アッセッソーレ》である。補佐役は、規則上は、任地の都市出身者ではなく、任地に家族が在住せず、親しい友人もいないことが条件であり、一四七一年以降は継続して勤務することも禁じられたが、規則はともかく現実には、現地都市のエリート層によって構成される法律家組合の内部で、選出されるようになった。ヴェネツィア人統治官が実際の職務を果たすためには、現地の都市の行政・司法機構との共同作業が不可欠であったからである。

統治の実務の大部分は、テッラフェルマ諸都市の市議会が担った。税の査定と配分と徴収、裁判と法的手続き、食糧供給、現地の市民権の授与、現地都市法の制定、その都市の支配下にある周辺農村領域の農村共同体法《スタテュート》の承認といった権限である。

テッラフェルマ諸都市の市民たちがヴェネツィア都市貴族の一員になれなかったのと同様に、ヴェネツィア都市貴族もまた、テッラフェルマ諸都市の市議会の一員にはなれなかった。ヴェネツィア市の市民権とテッラフェルマ諸都市の市民権とはまったく別のものであり、唯一存在したのは、相互に商業権を与える同意である。たとえばブレシア市民は、首都ヴェネツィアにおいてヴェネツィア市民と同じ商業権をもつことができた。

都市と農村

ヴェネツィア人統治官が着任するのは地域中心都市《カーポ・ルオーゴ》である。この都市の周りには広い農村領域が広がっていた。ヴェネツィア支配下のテッラフェルマの領域には、約四〇〇〇の農村が確認できる。これらの周辺農村領域は「コンタード」や「ディストレット」と呼ばれ、多くの場合はヴェネツィアがこの地域を支配する前から、それぞれの地域中心都市の支配下にあった。

　ヴェネツィアのテッラフェルマの場合、農村領域の支配にヴェネツィアが関与できるかどうかは、大きな地域差があった。ヴェネツィアの近郊地域であるトレヴィーゾ領やパドヴァ領、ポレージネ領では周辺農村領域の拠点にヴェネツィア人統治官が派遣され、農村領域の多くがヴェネツィア人統治官の司法権のもとにあった。特に最も早期に征服したトレヴィーゾでは、市議会は農村領域に派遣する役人の選出権をほとんどもっていなかった。

　これに対して、少し距離のあるヴィチェンツァ領やヴェローナ領、そしてさらに遠く離れたミンチオ川以西のロンバルディア地方にあるブレシア領やベルガモ領などでは、農村領域へのヴェネツィア人統治官の派遣は少なく、多くを地域中心都市の市議会で選出された代官が支配していた。フリウリ領は例外で、ヴェネツィア征服以前から、都市コムーネが周辺農村領域への支配権をほとんどもっておらず、ヴェネツィアの支配下に入ってからも、農村領域は在地の封建勢力の支配下にあった。

研究者ザンペレッティによれば、パドヴァ領では周辺農村領域の行政区画である一三の農村地区のうち、七区がポデスタ区としてヴェネツィア人統治官が統轄する農村地区であり、トレヴィーゾ領では封建貴族の所領をのぞいたほぼすべてをヴェネツィア人統治官が統轄していた。ところが、ヴィチェンツァ領では周辺農村領域の一三農村区のうち、ヴェネツィア人統治官が統轄できたのはわずか二区だけであった。ヴェローナ領では、八〇あまりあった農村区のうちのわずか二区、ブレシア領の場合は約二〇の農村区のうちの三区、ベルガモ領では約一五の農村区のうち三区だけがヴェネツィア人統治官の統轄下にあった。各地域の周辺農村領域では、圧倒的に多くの領域が、ヴェネツィア人統治官ではなく地域中心都市の行政官の統轄下にあったのである。

首都ヴェネツィアの近隣にあったトレヴィーゾ領やパドヴァ領をのぞけば、テッラフェルマのほとんどの地域で、周辺農村領域の行政は、都市内の行政の大部分と同様に地域中心都市の役人にゆだねられていた。こうした行政の二重構造と現地の自立性の高さは、ヴェネツィア中央政府が独自の支配政策を推し進めることができなかった原因であるが、その問題が最も表面化したのが租税をめぐる問題であった。

5　テッラフェルマにおける税システム

一六世紀後半のヴェネツィア共和国の総収入のうち、テッラフェルマからの税収は約四割を占めていた。研究者ペッツォーロの試算によれば、一六世紀後半の一五五〇年から一六一〇年までのあいだにヴェネツィア共和国全体の収入は約一・八倍に増加したが、同じ期間にテッラフェルマからの税収は二倍になった。国家の収入源として、テッラフェルマが重要であったことは明らかである。

しかし、税をめぐって、一六世紀のテッラフェルマには二つの問題が存在していた。ひとつはヴェネツィア人土地所有者の納税問題であり、もう一つがそれぞれの地域内での税負担をめぐる、市民と農村領域住民との対立である。

間接税と直接税

まず、ヴェネツィア共和国がテッラフェルマに課した税の概要を見ておこう。

第4章で見た一五八二年のヴェネツィア共和国収入（二二五頁参照）の内訳を計算すると、テッラフェルマからの税収入のうち、半分はダーツィと呼ばれる経済活動のさまざまな分野にかかる各種の間接税である。これに対して、グラヴェッツェと呼ばれる直接税は一五パーセントであった。一六世紀半ばから一七世紀にかけてのヴェネツィア共和国財政を研究したペッツォーロの試算によれば、一六世紀後半のヴェネツィア共和国収入に対する直接税（各種デチマ税とスッシーディオ税などの和）の割合は、ほぼ変化することなく安定して約一三パーセントである。このほかに大きな割合を占める塩税は、物品税であるため分類上は間接税になるが、実際には直接税的な性格をもった。塩はヴェネツィア共和国の専売品であり、あらかじめ販売すべき塩の価格と量を決定し、それを人口と家畜数をベースにして各地に割り当てる販売方式をとっていたからである。したがって分類が難しいが、少なくとも間接税収入が半分以上を占めると考えていいであろう。

この間接税《ダーツィ》の徴収は、他のヨーロッパ諸国同様、ヴェネツィア共和国でも請負制でおこなわれて

ヴェネツィアの塩貯蔵庫。現在は美術館として利用されている

いた。統治官が公的に競売にかけ、落札者は同意した金額を分割で財務局《カメラ・フィスカーレ》に支払うことを契約する。通常、間接税徴収の請負は、税種別かつ地域の行政区画ごとに競売にかけられたが、複数の地域で手広く間接税徴収を請け負うケースもまれに存在した。

間接税徴収の請負制が主流であったのはメリットがあるからである。これから徴収予定の租税を先んじて利用できること、租税徴収のための役人を雇用するコストがかからないこと、国家の役人が徴税をおこなう場合に比べて、人々の敵意が政府ではなく徴税人個人に向きがちであることなどが、政府にとってのメリットである。しかし、同時に大きな問題点もあった。徴税請負人の取り分として、かなりの金額が余分に徴収され、国庫に入る金額よりも重い税負担が被支配者にかかること、さらに徴税以外の面でも徴税請負人が影響力を乱用する危険性があったことである。ヴェネツィア共和国では間接税徴収は基本的に請負制でおこなわれ、特に重要な税の場合には、確実に収入を確保するために役人による徴収と請負制の混合方式がとられた。たとえば、ヴェネツィア市で消費された葡萄酒にかかる葡萄酒税（ダッツィオ・デル・ヴィーノ）がその例で、三分の二は請負制で、残る三分の一は役人が徴収した。塩税をのぞくと、ヴェネツィア市の間接税のなかで最も徴収額の多い税目であったからである。

ただし、税額の大きい間接税は、政治的な目的で各種の特権の対象になることも多かった。国境などの戦略的に重要な位置にある共同体に対しては、あらかじめ定めた税額を共同体が徴収し、ヴェネツィアの財務局に納めるといった特権が与えられることもあった。これは現地の共同体が徴収した税を運用できること、そして一度定めた税額がほとんど改定されなかったことで、のちのち有利な特権になった。たとえばベッルーノとフェルトレは、一五世紀初頭のヴェネツィアへの服属条約でこの特権を得て、間接税の代わりにそれぞれ年に一〇〇〇ドゥカートと五〇〇ドゥカートを固定額で支払うこととされたが、なんと三〇〇年後の一七三八年になっても、フェルトレが納めていた税額は五〇〇ドゥカートのままであった。

テッラフェルマにおける直接税

テッラフェルマに対するヴェネツィアの課税額のうち、直接税が占める割合は大きくはないが、税をめぐる紛争の最大の原因であった。争点のひとつがヴェネツィア人土地所有者の納税問題である。宗主都市ヴェネツィアの住民と支配下にあるテッラフェルマの住民とは、異なる税制の下におかれていたが、これが問題の原点であった。

ヴェネツィア支配下のテッラフェルマにおいて、最初に経常的な直接税《グラヴェッツェ》となったのが、「槍税（ダディア・デッレ・ランツェ）」である。これは戦時に戦費を補うための臨時税が起源であるが、一五世紀半ばまでに経常的な税となり、中央政府が要求する年間総額が各地域（プロヴィンチア）に割り当てられた。割当比率は経験則である。

一六世紀初頭と一六世紀後半、ヴェネツィア中央政府がテッラフェルマの各地域に課した税額と地域ごとの割合を上げた（表6－2参照）。これらを見ると、ブレシア領、パドヴァ領、ヴェローナ

表6-2　テッラフェルマ各地域（プロヴィンチア）からの共和国税収額

1500年		
徴収地域（プロヴィンチア）	税徴収額（ドゥカート）	割合
ブレシア領	75,000	23%
パドヴァ領	65,600	20%
ヴェローナ領	52,500	16%
トレヴィーゾ領	49,850	15%
ヴィチェンツァ領	34,600	10%
ベルガモ領	25,500	8%
ラヴェンナ領	11,830	4%
フリウリ領	7,550	2%
クレーマ領	7,400	2%
計	329,830	100%

1582年		
徴収地域（プロヴィンチア）	税徴収額（ドゥカート）	割合
パドヴァ領	197,451	18%
ブレシア領	189,506	18%
フリウリ領	141,849	13%
ヴェローナ領	123,179	12%
ヴィチェンツァ領	102,931	10%
クレーマ領	85,792	8%
トレヴィーゾ領	79,602	7%
ベルガモ領	74,744	7%
ポレージネ領	24,474	2%
ベッルーノ領	17,092	2%
フェルトレ領	16,688	2%
コローニャ領	3,922	0%
バッサーノ領	500	0%
コネリアーノ領	64	0%
分類不可	11,092	1%
計	1,068,886	100%

注：徴収地域には地域中心都市を含む。

出典：*Bilanci generali della Repubblica di Venezia*, vol. 1, a cura di F. Besta, (Venezia, 1912), pp. 171-173およびpp. 282-323から作成。

領、ヴィチェンツァ領がそれぞれ全体の一〇～二〇パーセントを担い、次いでトレヴィーゾ領、ベルガモ領、フリウリ領がそれぞれ八パーセント前後を分担することがわかる。その他の地域の納税額は合わせても一〇パーセント以下である。

この税額を各地域に割り当てたのは中央政府であるが、それぞれの地域内で実際に納税者の分担額を定め、徴税をおこなったのは現地のシステムであった。具体的には地域中心《カーポ・ルオーゴ》都市の市議会である。

直接税課税のための資産査定台帳

テッラフェルマにおいて、直接税の税額負担額を定めるための算定基準になった資産査定とそのための台帳を「エスティモ」という。所有する資産や収入に応じて納税額を分担するためのシステムであるが、この台帳はそれぞれの納税者が所属するグループごとに別に作成された。地域中心都市の市民、農村領域住民、聖職者の三グループである。

資産はそれが「どこにあるか」ではなく、「誰が所有しているか」に応じて、それぞれの台帳に記載された。つまり、農村領域にある市民所有地は市民の財産として市民の資産査定台帳《エスティモ》に記載されたのである。なお、ヴェネツィア人は都市ヴェネツィアの税制の下にあるため、テッラフェルマで土地を所有していても、テッラフェルマの資産査定台帳には記載されない。

そして、中央政府からテッラフェルマの各地域に割り当てられたヴェネツィア共和国税は、この資産査定台帳のグループごとに分割して課税されたため、各グループは税負担の分担率をめぐって激しく対立することになった。

中央政府の要求に対して、納税者個人の税額が決定されるまでには、三つのレベルの台帳が必要であった。第一のレベルは、地域単位で市民と農村領域住民の全課税対象資産を記載する「総資産査定台帳（エスティモ・ジェネラーレ）」である。納税者グループのうち、聖職者のグループを包括するかどうかは地域によって異なっていた。当該地域全体の土地や不動産、各種の資産や収入が記載され、この台帳に記載された資産の多寡によって、納税者グループ間の税負担比率が定められた。そのため、この台帳は市民と農村領域住民との対立の焦点になった。

資産に見合った公正な課税をおこなうためには、頻繁に情報を更新する必要があるが、規模が地域単位と大きいことと、さまざまな利害が絡んだため、実際の改訂頻度はきわめてまれであった。たとえば、ヴィチェンツァ領では、一六～一七世紀の二〇〇年間に一五六四年と一六六五～七六年のわずか二回しか改訂がおこなわれていない。

第二のレベルが、地域内のそれぞれの納税者グループごとの「納税者グループ台帳（エスティモ・デイ・シンゴリ・コルピ）」である。このレベルでは「市民資産査定台帳」「聖職者資産査定台帳」「農村領域資産査定台帳」の三つがそれぞれ作成された。市民と聖職者の場合は、このレベルで個人の納税割合が決まるためか、ヴィチェンツァの都市法の規定では三年ごとに改訂することになっていたが、これもまた改訂頻度は低かった。

これに対して「農村領域資産査定台帳（エスティモ・デル・テリトリオ）」は比較的更新が頻繁で、ヴィチェンツァの場合、一六世紀中に七回改訂されていることが確認できる。ただし、農村領域資産台帳の場合、この段階ではまだ農村共同体ごとの負担割合が決まるだけで、さらに個々の納税者に振り分けるためには、第三のレベルの「各農村共同体台帳（エスティモ・デイ・シンゴリ・コムーニ・

ルラーリ）」を作成する必要があった。農村の場合、都市よりも資産が少ないため、農地や水車を記録するほか、成年男子一名につき（男子不在の場合は家長となる寡婦もしくは老人など）一ソルドなど、人頭税的な性格もあった。農村共同体台帳は、ヴェネツィアが課した直接税ばかりでなく、農村共同体そのものの財政のためのコルタと呼ばれる税の徴収にも用いられたため、通常は毎年改訂されることになっていた。

ヴェネツィア人土地所有者の納税問題

こうした直接税徴収システムのなかで問題になったことのひとつが、ヴェネツィア人土地所有者がどこに納税するかという問題であった。

テッラフェルマで作成される資産査定《エスティモ》台帳は「誰が資産を所有しているか」を基準に作成されるため、ヴェネツィア人がテッラフェルマの土地を購入し土地所有者になった場合、その土地はテッラフェルマの資産査定台帳に記載されない。つまり、ヴェネツィア人土地所有者はヴェネツィア中央政府が各地域に割り当ててくる税を分担しない仕組みなのである。規定に従えば、ヴェネツィア人土地所有者はヴェネツィア市が課す税の対象になり、納税しないわけではないが、テッラフェルマの立場に立てば、自分たちの地域にある土地の所有者が自分たちの地域に割り当てられる税を負担しないことになる。そのため、ヴェネツィア人所有地が増えれば増えるほど、それ以外の地元の土地所有者にとっては、税負担額が増えることを意味した。

ヴェネツィア人による土地投資が盛んで、ヴェネツィア人所有地が多く見られるのは、ヴェネツィアの近隣地域であるパドヴァ領、トレヴィーゾ領、ポレージネ領といった地域である。一五世紀前半のテッラフェルマ征服から始まったヴェネツィア人の土地所有は一六世紀に大幅に増加し、一五八八年までに、パドヴァ領、トレヴィーゾ領、ヴィチェンツァ領、ヴェローナ領の各地域に一五万〜一六万ヘクタールの耕地を所有していたと考えられている。ヴェネツィア人所有地はパドヴァ領全体の約四分の一、耕地に限れば三分の一を占め、トレヴィーゾ領の一八パーセント、ヴィチェンツァ領とヴェローナ領の三パーセントを占めていた。

一六世紀末から一七世紀初頭にかけてはさらに増加し、一六三六年までにヴェネツィア人はミンチオ川の東の諸地域の土地の一二パーセント、約二二万四〇〇〇ヘクタールの土地を所有することになった。

ヴェネツィア人はさまざまな手段で脱税を試みた。なかでも多かったのが、土地を購入してテッラフェルマの現地の財務局の記録を抹消したあと、ヴェネツィア市の資産台帳に新たに購入した土地を登録するのを遅らせて未登録のままにしておくことで、その間の税を逃れる方法である。

この単純だが手軽で効果の高い脱税の横行はヴェネツィア政府の歳入にとって問題であったが、テッラフェルマの人々にとって問題であったのは、先にも述べたとおり、これらの土地がヴェネツィア人に購入されて、テッラフェルマ現地の資産査定台帳から抹消されたにもかかわらず、ヴェネツィア中央政府がテッラフェルマの各地域に課した税額が減少しないことであった。一五二〇年のパドヴァ領の農村共同体は、現地の土地所有者の不正を訴えてこう述べている。「(パドヴァ)領に資産を所有するものの多くが直接税を逃れるために、ヴェネツィア人と見せかけの契約をしました。それによって彼らは自分の資産を共同体(の記録)から引き抜き、直接税は哀れな共同体に残されたのです。それらの(資産は共同体から)なくなってしまったのに。」

このヴェネツィア人土地所有の問題は、テッラフェルマの各地域とヴェネツィア中央政府との緊張を引き起こした大きな問題のひとつであったが、テッラフェルマは苦情を申し立てるだけでなく、この状況をうまく利用してもいる。中央政府への納税が滞っているのは、こうしたヴェネツィア人土地所有が原因であるとして、税の滞納を正当化したのである。たとえば、一五七八年にヴェローナは、一五四二〜七七年にヴェローナ領の多くの資産がヴェネツィア人の所有になったことが原因であるので、延滞中の債務五〇〇〇ドゥカートは支払い不可能であると主張している。

こうしたクレームを受けたヴェネツィア中央政府は一六世紀に状況の改善を試み、ヴェネツィア市民の資産台帳に移動した資産分に相当する税額を、各地が滞納している債務から差し引いた。フリウリ領、トレヴィーゾ領、パドヴァ領、ポレージネ領、ヴェローナ領、フェルトレとベッルーノ、バッサーノ、アーゾロといったヴェネツィア人所有地を抱える各地が債務の減額を要求し、了承されている。

しかし、この対応はあくまで税金の滞納分を対象としており、根本的な解決にはならなかった。債務が減額されても毎年の税負担額は変化しなかったからである。ヴェネツィア人所有地の存在は、以降もこれらの地域の税の滞納を正当化する口実となり、各地の共同体は累積債務がいずれ前例に倣って減額されることを期待するようになった。

都市民と農村領域住民との対立

テッラフェルマでのヴェネツィアの課税のうち、直接税がもたらしたもう一つの、より深刻な紛争は、税負担をめぐる地域中心都市市民と農村領域住民との対立であった。争点になったのは前述の資産査定台帳のうち、総資産査定台帳《エスティモ・ジェネラーレ》である。市民と農村領域住民を異なる納税者グループとして区別し、税の総額をそれぞれの資産の多寡に応じて算出した比率で両グループに分割したあと、それぞれのグループ内で分担するというプロセスのうち、新たに市民所有地になった農村領域の土地にかかる税の負担額をどう処理するかが争点になった。

市民が新たに購入した土地は、農村領域資産査定台帳から削除され、市民資産査定台帳に移転される。そのプラスマイナスは総資産査定台帳に反映され、農村領域住民が負担する税額と市民が負担する税額との割合が変更される。この手続きがすみやかにおこなわれれば問題ないが、前述の通り、総資産査定台帳の改訂が長期にわたっておこなわれないことが問題であった。ブレシア領の例でも、都市法の規定では一〇年ごとに改訂すると定められていたにもかかわらず、一五八八年作成の総資産査定台帳は約六〇年後の一六四一年まで改訂されなかった。

これは単なる怠慢ではなかった。改訂が遅れることが、新たに土地を取得した市民にとっては、合法的な脱税手段になったからである。しかも、総資産査定台帳の査定と改訂を司る資産査定官《エスティマトーレ》と、この官職を選出する市議会は、改訂を引き延ばすことによって利益を得られる有力市民で構成されていたのであった。

この状況を見かねた中央政府から、一六四三年、総資産査定台帳の改訂作業を監督するために特別管理官《プロヴェディトーレ》が派遣された。その調査報告によれば、市民が資産査定台帳に記載していなかった未申告所有地が一七五三七ピオ（五八四九ヘクタール）あり、さらに農村領域住民の所有地が市価の二倍の査定を受けていたのに対して、市民所有地の査定は実際の価値の三分の一から二分の一程度に不当に低く査定されていた結果、三〇〇万ドゥカート以上の脱税が発見されたのである。

一五世紀から一七世紀初頭にかけてのブレシア有力市民による所有地の拡大は著しく、一六一〇年のブレシア領の資産査定《カタスティコ》をもとにした計算によれば、一五世紀に農村領域住民が所有していた土地は農村領域全体の六六パーセントであったが、一六一〇年には二五パーセントまで減少しており、その差である四一パーセントは行政長官《ポデスタ》がブレシアの「貴族」と規定した人々の所有地になっていた。ここでいう「貴族」には法律家、医師、商人も含まれており、ブレシア市の支配層であった有力市民を指すものである。

この時期、ブレシア領の農村領域では資産が大きく減少していたにもかかわらず、その現実は総資産査定台帳に反映していなかった。その結果、農村領域の資産の多くがブレシア市民の手に渡っていたにもかかわらず、農村領域住民はかつての税負担率にしたがって、すでに所有していない資産の分まで納税しなくてはならなかったのである。

こうした農村領域における市民所有地の納税問題は一五世紀から存在していたが、市民と農村領域住民の対立が明確になるのは一六世紀に入ってからである。一六世紀が人口増加と穀物不足の時代であり、農業生産物の価格が上昇し、土地投資は利益が確証された投資先だと考えられ、市民のあいだで土地投資が盛んになった。逆に農村領域の富裕層は自らも市民権を取得して市民となり、その資産も市民資産査定台帳に記載されることで、ますます農村領域の課税対象資産を減少させた。この大きな現実の変化にもかかわらず、地域中心都市と農村領域との税負担率はほとんど改訂されず、農村領域の税負担は重くなる一方であった。

農村は中央政府をどう利用したか

テッラフェルマの各地域内での税負担をめぐる地域中心都市市民と農村領域住民との対立は、至るところで生じたため、大きな影響をもつ社会問題になった。しかし、農村領域の多くは地域中心都市の市議会が派遣する役人の統治下にあり、課税にともなう資産査定台帳の作成も市議会が任命する官職がおこなうものであり、農村領域住民が事態の改善のためにできることは限られていた。

そのなかで、農村領域住民が利用しようとしたのが、中央政府から派遣されるヴェネツィア人統治官と、中央政府そのものの諸機関であった。

テッラフェルマでの実務の多くを現地の市議会選出の官職に頼るヴェネツィア人統治官が、現地の問題に関与できた領域が司法である。ヴェネツィア人統治官は派遣先の最高裁判官として、裁判を司った。ただし、あくまで現地の都市法にしたがい、多くは現地出身の補佐役《アッセッソーレ》の助言にしたがって判決を下すもので、市議会が定める都市法も、有力市民出身であることが多い法律の専門家も、農村領域住民の味方をするとは考えにくい。

そこで農村領域住民が頼ったのが、中央政府ヴェネツィアの法廷への上訴であった。テッラフェルマの刑事・民事の最高裁判権は、公式には宗主ヴェネツィアにあったからである。現地の市議会と関わりの深い法廷に訴え、それに不服ならば、ヴェネツィア人統治官の法廷に訴え、なお不服があれば、最後は中央政府ヴェネツィアの数々の法廷に訴えるという手段が残されていた。

テッラフェルマの住民が中央政府に上訴を願い出るルートは大きく三つあった。ひとつは「国家検察官（アヴォガドーリ・ディ・コムン）」に訴える方法である。国家検察官とは一三世紀末のセッラータ（一〇一～一〇二頁参照）以前からヴェネツィアにあった由緒ある司法職で、定員は三名、任期は一六ヶ月の重職である。この官職はヴェネツィア中央政府の法廷のひとつである刑事四十人法廷《クワランティア・クリミナーレ》裁判において、検察官と国選弁護人の両面の機能を果たす職であった。

国家検察官は、テッラフェルマに関しても裁判手続きの公正を保障する役割をもち、ヴェネツィア人統治官が下した刑事裁判の判決に対する上訴を扱う機関であった。国家検察官が受け付け、吟味した結果、もとの判決を破棄すべきと判断した場合は、上訴審として、ヴェネツィアの刑事四十人法廷か旧民事四十人法廷に送付し、これらの裁判所が判決を下すことになっていた。

第二のルートは、別の中央政府機関である「新民事上訴予審判事《アウディトーリ・ヌオヴィ》」に訴える方法である。この職のもとになった民事上訴予審判事《アウディトーリ》は、国家検察官職の過重な業務緩和を目的として一三四三年に創設された司法職で、民事上訴の予審判事を務める。この職の創設によって、国家検察官は刑事裁判に専念できるようになったのである。新民事上訴予審判事は、この職の業務が過重になって裁判が遅滞するようになったために、業務緩和を目的として一四一〇年に新設されたもので、新領土であるテッラフェルマのヴェネツィア人統治官の判決に不服がある場合、民事上訴の予審を務めた。

第三のルートは、これらの専門機関を通さず、直接、中央政府のさまざまな機関に嘆願をおこなうことであった。ヴェネツィア中央政府には長い歴史のなかで多数の機関が併存しており、職掌が重なるものも多い。テッラフェルマの司法権をめぐっては、上訴を専門とする国家検察官とヴェネツィア政治全般の中枢にいる十人委員会《コンシリオ・ディ・ディエチ》が一五世紀に権限争いをくりひろげたが、他にも嘆願を受け付けることができる機関が複数存在していた。四十人委員会《クワランティア》も元老院《セナート》も対象になり得たし、そのほかに案件によっては、元老院の下部組織として各種の委員会が数多くあった。ヴェネツィア政府は、新たな問題に対処する際に、旧来の制度や機関を廃止することなく、新しく設立した機関を付け加えて事態に対処することが多かったからである。

ヴェネツィアに残る税の問題に関わる上訴裁判の記録には、地域中心都市に支配される農村領域住民が、その支配に対抗するために、ヴェネツィア人統治官を通じてヴェネツィア共和国に訴え出ていた例が多数見られる。農村領域住民の訴えが認められるケースも、棄却されるケースも双方あり、中央政府に訴えることによって、即座に問題が解決するというものではなかったが、幾ばくかの可能性を託して、訴えたのであろう。はるか遠方にあるヴェネツィアの中央政府は、農村領域住民にとって、近くにあって自分たちに過酷な支配をおこなう地域中心都市に対する防波堤になりうる存在であった。

さらに一六世紀から一八世紀にかけて、都市や市民の既得の特権に対抗するために、農村領域で新しい動きが起こった。パドヴァ領、ヴェローナ領、ブレシア領といった主要地域中心都市の農村領域で、各地域の農村領域全体の利益代表として働く団体として、テリトリオ代表組織（コルポ・テリトリアレ）と呼ばれる農村共同体の組織が出現したのである。個々の農村共同体を越えたこうした団体の活動は、都市と農村領域との権力バランスを幾分か変えることになった。

ひるがえって、ヴェネツィア中央政府から見れば、ヴェネツィア統治官を接点とするテッラフェルマとの関係は、支配といいながら多くを現地の地域中心都市の市議会にゆだねた間接支配に近いものである。そのなかでヴェネツィア人統治官や中央政府の機関が、テッラフェルマの農村領域と地域中心都市と対立に介入することで、ヴェネツィアは両者のバランスをとる調停者の役割を果たすことができた。支配下にある地域中心都市にとっても、農村領域で次第に台頭しつつある都市よりも小さな共同体の代表者たちにとっても、ヴェネツィア中央政府が「利用できる」存在であることで、ヴェネツィア中央政府はこれらの地域をヴェネツィアの支配下につなぎとめ、関係を深めていこうとした。現代の国家とは異なる、不均質な政治構造は、近世のイタリア社会全体に見られる特徴であったのである。

ここではヴェネツィア中央政府が支配下のテッラフェルマ諸都市や農村領域といかなる関係を取り結んだかという国家と地域との関係、あるいは中央と周縁との関係の形成について述べたが、西隣のロンバルディア地方や北部のドイツやスイスとの国境地帯について、地域と地域とのあいだ、あるいは地域と何らかの領域権力とのあいだで、国家の枠組みを超える関係が生まれ、それが国家の外交関係にも影響を与えうるという研究が、佐藤公美氏を中心に進みはじめている。地域形成を考える新たな展望として、ヴェネツィア史だけでなく、広くヨーロッパの地域形成や外交のあり方を考えるうえでも新たな課題であろう。

第7章　ルネサンスとヴェネツィア

1　花開くルネサンス

ルネサンスとは

ルネサンス（Renaissance）とは「再生」や「復興」を意味するフランス語である。古代ギリシアや古代ローマの文化を再発見した人々が、古代の知識や学問、芸術、人間の生き方などをよみがえらせようとした文化運動で、一四～一六世紀のイタリアではじまり、やがてヨーロッパ各地に広がった。

古代ローマの建築や、古代ギリシアの哲学が研究の対象となり、古代ローマ風の建築やプラトンの哲学をモチーフにした絵画が描かれ、キリスト教ばかりでなく、ローマ神話の神々も絵画のテーマになった。古代ローマの彫刻を二次元に移したかのように、遠近法を駆使した奥行きのある背景とリアルな肉体の表現が発展したが、単に現実をリアルに写し取ろうとしただけではなく、現実の絵画や彫刻や建築の奥に永遠の真実、永遠の美を求めて、円や正三角形、左右対称といった調和のとれた構図が好まれた。古典古代をよみがえらせようとしたルネサンスの芸術は、これ以降のヨーロッパ芸術にとって新たな古典となる。

「プリマヴェーラ」(サンドロ・ボッティチェリ画、1482年)

フィレンツェ・ルネサンス

イタリア・ルネサンスの三大巨匠といえば、初期ならばブルネレスキ、ドナテッロ、マサッチオ、盛期ならばレオナルド・ダ・ヴィンチ、ミケランジェロ、ラファエロであろうか。フィレンツェやローマで活躍した芸術家のイメージが強いかもしれない。

フィレンツェでは、一四世紀に早くもイタリア語で『神曲』を書いたダンテや、ジョットの絵画などにより最初にルネサンスが開花したといわれ、一五世紀には建築家ブルネレスキが都市のシンボルとなるサンタ・マリア・デル・フィオーレ大聖堂のクーポラを設計し、彫刻家のドナテッロや画家マサッチオが活躍した。メディチ家をはじめとするパトロンたちが芸術や学問を後援し、ボッティチェリのように生涯、フィレンツェで活動する芸術家もいた。

しかし有力なパトロンであったロレンツォ・ディ・メディチの死の二年後、一四九四年にイタリア戦争が始まると、メディチ家はフィレンツェ共和国から追放され、一六世紀初頭の教皇ユリウス二世やメディチ家出身の教皇レオ一〇世、教皇クレメンス七世らが有力なパトロンになったことによって、ルネサンスの中心は教皇庁のあるローマに移っていった。フィレンツェ郊外のヴィンチ村に生まれたレオナルドや、同じくフィレンツェ共和国のアレッツォ近郊で生まれたミケランジェロ、ウルビーノ出身のラファエロらは、一五世紀末から一六世紀にかけて、フィレンツェで修行を積んだあと、まずはフィレンツェでメディチ家などの後援を受けて名声を博し、次いでローマの教皇たちをパトロンにして活躍した。

イタリア戦争による荒廃

しかし、イタリア戦争が続くなか、メディチ家出身の教皇クレメンス七世の時に、神聖ローマ皇帝カール五世と対立したローマは、皇帝軍の略奪によって大きく荒廃した（一五二七年ローマ劫掠《サッコ・ディ・ローマ》）。さらに教皇と和解した皇帝軍は、一五三〇年にフィレンツェ共和国を攻め滅ぼし、メディチ家がフィレンツェの支配者として復帰することになった。

フィレンツェは、教皇の庶子であるメディチ家のアレッサンドロが皇帝から公爵位を授けられて支配する公国になったが、一五三七

「ローマ劫掠」（ヨハネス・リンゲルバッハ画、17世紀）

年にこの人物が暗殺されたのちは、同じくメディチ家のコジモが初代トスカーナ大公に任じられ、トスカーナ大公国となった。

約五〇年にわたって続いたイタリア戦争は、一五五九年、フランス国王アンリ二世が、ハプスブルク家のスペイン王フェリペ二世とカトー・カンブレジ条約を結んだことによって終結した。フランスはイタリアから軍を引き、スペインがイタリアを支配する体制が確立することになる。

この五〇年の戦争によるイタリアの荒廃で注文主やパトロンを失った芸術家や学者たちは、仕事を求めてイタリアを離れ、ルネサンスはヨーロッパ各地に広がったのである。

2　ヴェネツィア・ルネサンス絵画

ヴェネツィア共和国もまたイタリア戦争で翻弄されたが、第4章で述べたように、度重なる戦禍を軍事力と外交努力で切り抜け、なんとか失った領土の大半を取り戻し、イタリア半島の多くが直接的・間接的にハプスブルク家の支配のもとにおかれたのちも、独立を保ち続けた。

ヴェネツィア・ルネサンスを最も特徴付けているのは絵画と建築であるといわれる。絵画に関して、遠近法によるリアルな奥行きの表現や解剖学の知識に基づく正確なデッサンなど、主として「造形」の理論を重視したフィレンツェ・ルネサンスに対し、ヴェネツィアで生まれたルネサンス絵画は鮮やかな「色彩」を特徴とし、なかでも一六世紀に活躍したティツィアーノは、ヨーロッパ中で人気を博した。

「サン・マルコ広場における聖十字架の行列」(ジェンティーレ・ベッリーニ画、1496年)

ベッリーニ一族

フィレンツェを中心とするトスカーナ地方で生まれたルネサンス絵画の影響を受けて、ヴェネツィアではじめてルネサンス絵画を確立したといわれるのが、一四六〇年代のジョヴァンニ・ベッリーニ(一四三〇〜一五一六年)である。父のヤコポ・ベッリーニの代からヴェネツィアで工房を構え、兄のジェンティーレ・ベッリーニ(一四二九〜一五〇七年)はヴェネツィア共和国の公式画家として、政府の指示による肖像画や記録画を描いた。なかでも一四九六年に描かれた「サン・マルコ広場における聖十字架の行列」は、一五世紀当時のサン・マルコ広場のありさまを克明に伝えていて興味深い。また、一四七九年には、二六年前にコンスタンティノープルを征服したオスマン帝国皇帝《スルタン》メフメト二世の要望で、文化使節としてオスマン宮廷に派遣され、一六ヵ月滞在して征服王メフメト二世の肖像画を描いている。兄弟の妹はアンドレア・マンテーニャと結婚した。マンテーニャはマントヴァ公の宮廷画家として働くためにヴェネツィアを去ったが、ベッリーニ兄弟に大きな影響を残した。

兄の死後、共和国の主席画家となったジョヴァンニは、工房を率いて多くの絵を描いた。この時代、多くの絵は教会の祭壇や礼拝堂のためのものであったが、たとえば「サン・ザッカリーアの祭壇画」（一五〇五年）は、ジョヴァンニが得意とした「聖なる会話」という本来は生きていた時代も場所も異なる聖母マリアや聖人たちが、同じ場所につどって会話をしているかのような場面を描いたものである。人物の姿はリアルで、背景は祭壇画の枠になっている本物の石柱やアーチと連続するかのように、巧みな遠近法で描かれている。

また、カンブレー同盟戦争勃発の時の元首レオナルド・ロレダンの有名な肖像画もジョヴァンニ・ベッリーニの手になるものであるが、元首のまとう衣の金糸を織り込んだ絹地の手触りまで感じられるかのようである（一八八頁参照）。

本書の表紙カバーでかかげたヴィットーレ・カルパッチョ（一四六五〜一五二五年）も、同時代にヴェネツィアで活躍していた画家である。

「サン・ザッカリーアの祭壇画」（ジョヴァンニ・ベッリーニ画、1505年頃）

ティツィアーノ

ジョルジョーネとともにジョヴァンニ・ベッリーニの弟子で、ヴェネツィア・ルネサンス最大の画家と名高いのがティツィアーノ・ヴェチェッリオ（一四八八〜一五七六年）である。テッラフェルマの山がちな地域ドロミテ山麓のピエーヴェ・ディ・カド

「聖母被昇天」（ティツィアーノ・ヴェチェッリオ画、1516〜18年）

「聖会話とペーザロ家の寄進者たち」（ティツィアーノ・ヴェチェッリオ画、1519〜26年）

ーレで生まれ、ヴェネツィアでベッリーニ兄弟に学び、ジョヴァンニ没後は共和国の公式画家となる。

白く輝くような女性の肉体と鮮やかな色彩を特徴とするティツィアーノは、教会のための宗教画も、ローマの神話も得意としたが、肖像画の描き手としても各国の国王・貴族に人気が高かった。ヴェネツィアの二大ゴシック教会のひとつ、サンタ・マリア・グロリオーサ・デイ・フラーリ教会の祭壇画は聖母マリアが天に昇る姿を描いたもので、ヴェネツィアに残る宗教画として最も有名な作品である。同教会には、この絵の構図をレリーフにしたティツィアーノの墓もある。

また、フラーリ教会内にあるペーザロ家の礼拝堂の祭壇画は、聖ペテロが羽織っている山吹色の布の輝きが暗い堂内に照り映えて美しい。右手前にひざまずく寄進者たちのうち一人だけ、寄進者ヤコポ・ペーザロの甥にあたる少年が我々見るものの側を向いているが、我々がどこに移動しても少年の目がこちらを追いかけてくるという、画家の遊び心を見ることができる。

ティツィアーノはヨーロッパ中で名声を得て、各国の国王や貴族の注文に応じて描いたため、各国の美術館で作品を見ることができる。皇帝カール五世、息子のスペイン王フェリペ二世、教皇ユリウス二世、パウルス三世、オスマン帝国のスレイマン一世など同時代の有名人の肖像画が多い。むろん共和国の公式画家として、ヴェネツィア元首の肖像も描いている。ティツィアーノの描いた元首アンドレア・グリッティの肖像は、嚙みしめた口元や握りこんだ右手の表情から、いかにも意志の強そうな元首の性格まで表しているかのようである（一九一頁参照）。

ティントレット

ティツィアーノの弟子の世代にあたるのが、ヴェネツィア生まれのティントレット（一五一八〜九四年）である。『ヴェネツィアの石』を書いたラスキンは、ティツィアーノの豊かな官能性よりも、ティントレットの神秘的幻想を高く評価した。色彩は暗めで黒い影に覆われているが、大胆な構図の作品が多い。

たとえば、サン・ジョルジョ・マジョーレ教会にある「最後の晩餐」はおなじみの主題であるが、ティントレットの場合、晩餐の光景を正面からではなく、斜めから描いた。イエスと弟子たちが食事をするテーブルが左手前から右奥にかけて斜めにおかれ、手前の人々に比べてテーブルの奥にいるイエスはむしろ小さく描かれているが、この構図と画面左上の燈火の光が、今まさにイエスがユダの裏切りを予言する場面の緊迫感を生み出している。ティツィアーノと違って、生涯に一度しかヴェネツィアを離れなかったといわれ、もっぱらヴェネツィアで活動したため、その作品はヴェネ

「最後の晩餐」（ティントレット画、1592〜94年）

「天国」（ティントレット画、16世紀後半）

ツィアのいたるところで堪能することができる。元首公邸《パラッツォ・ドゥカーレ》の大評議会《マジョール・コンシーリオ》の間の壁面に掲げられた巨大な油彩画もティントレットの手になるものとしてよく知られている。

　元首公邸の外観は、一四世紀中頃から一五世紀にかけての再建以来、ほとんど変化していないが、一六世紀後半の一五七四年と七七年に大きな火災があり、内部の改装が必要になった。パッラーディオとルスコーニの設計にしたがってアントニオ・ダ・ポンテが修復工事をおこない、その際、大評議会の間の壁面に、ティントレットの「天国《パラディーゾ》」が描かれることになった。大評議会の間は一〇〇〇人以上が出席可能な議場であったから当然巨大で、奥行き五四メートル、幅二五メートルある。議長を務める元首府《シニョリーア》の席の背後の壁面いっぱいに描かれたこの絵は、世界最大の油彩画（七×二〇メートル）といわれている。この議場の壁面上部には歴代元首の肖像画が並んでいるが、これもまたティントレットとその工房の作品である。

「レヴィ家の饗宴」（ヴェロネーゼ画、16世紀中頃）

ヴェロネーゼ

色鮮やかだというヴェネツィア・ルネサンス絵画の特徴をよくあらわしているのが、ヴェロネーゼ（一五二八〜八八年）であろうか。テッラフェルマのヴェローナで生まれ、二〇歳代半ばにヴェネツィアに移ってきた。ヴェネツィアで受けた最初の依頼が、後述のサンソヴィーノが建設中であったサン・フランチェスコ・デッラ・ヴィーニャ教会のための絵画である。次いで元首公邸の十人委員会の間の装飾を手がけ、後述のサン・マルコ図書館の大広間の装飾も勝ち取った。「レヴィ家の饗宴」（現在はアカデミア美術館にある）や「カナの婚礼」（パリのルーヴル美術館蔵）などの大作は、聖書に題材をとりながらも、一六世紀当時の建築家パッラーディオが作ったような古典主義的な建築に色鮮やかな衣装をまとった登場人物たちが多数登場し、当時のヴェネツィア貴族の祝宴の様子を彷彿とさせる。

「レヴィ家の饗宴」は貴族の祝宴の真ん中に、そこだけ異質であるかのようにイエス・キリストが描かれているが、それは本来この絵がサンティ・ジョヴァンニ・エ・パオロ教会の修道院の食堂を飾る「最後の晩餐」を主題にしたものであったからである。しかし、道化やこびとまでが描かれたあまりに享楽的な宴の様子が問題視され、一五七三年、異端審問官の喚問を受けた。一六世紀後半は対抗宗教改革の時期で、異端審問官といえば大変恐れられていたはずであるが、描き直しを命じられたヴェロネーゼは絵に手を加えるのではなく、タイトルをつけかえ、「最後の晩餐」ではなく「レヴィ家の饗宴」とすることでよしとした。神聖な最後の晩餐の場面になぜ猥雑な登場人物が必要なのかと問い詰めた異端審問官に、画家には詩人や狂人と同じく自らの空想を表現する自由があるのだと主張したといわれている。ローマ教皇庁からある程度の距離をとり続けてきたヴェネツィアで活躍した画家ならではの言いぐさであった。

3　一六世紀の都市ヴェネツィアの刷新（レノヴァティオ・ウルビス）

芸術は共和国の威信に貢献するもの――コッレオーニの誤算

ヴェネツィア共和国は貴族共和政を維持した国である。一五世紀以降、他のイタリア諸国でシニョリーア制が広がっても、あるいはヨーロッパ全体でフランスやスペイン、イギリスといった君主国の国王が国家の中心として権力を強化する時代にあっても、ヴェネツィア共和国は平等な権利をもつヴェネツィア貴族が統治する共和国という原則を維持し、誇り続けた。そういった共和国にとって、芸術は「共和国としての国家の威信を示すため」に貢献すべきもので、公《おおやけ》の広場に個人を称揚する彫像を建てるといった行為は許されなかった。

これを象徴するひとつのエピソードがある。

一四七五年、ヴェネツィア共和国の陸軍を指揮してきた傭兵隊長《コンドッティエーレ》バルトロメオ・コッレオーニが死去した。テッラフェルマの西の端、ミラノに近いベルガモ出身のこの傭兵隊長は、長年仕えたヴェネツィア共和国に愛着があったのであろうか、死に際して、七〇万ドゥカートを上回る莫大な財産のほとんどを共和国に遺贈したのである。ただし、ひとつだけ条件があった。コッレオーニの功績をたたえて、サン・マルコ広場に彼の銅像を建ててほしいというのがその要望であった。

ヴェネツィア共和国はこの当時、第一次対オスマン戦争の最中で、一四七〇年にネグロポンテ島を失い、戦費捻出のために公職者の大幅な減給措置をとらざるを得ないほど、財政が窮迫していた。そうした状況のなかで、ヴェネツィア人でもないコッレオーニの愛国的な行動はヴェネツィアの人々を大いに励ますものであった。それでも、個人を称揚する記念碑を公の場につくることを認めない共和国の伝統を考えれば、コッレオーニの条件はどうしても叶えるわけにいかなかった。

そこで共和国は一計を案じた。遺産を受領の上、遺言状に解釈を加え、コッレオーニの像をサン・マルコ広場ならぬ、サン・マルコ大同信組合《スクオーラ・グランデ》の会館前の広場に建てたのである。商売人の国として「打算的でずるがしこい」というヴェネツィア人の評判を裏付けるエピソードとしてよく知られている。ただし、野戦砲術に長けた軍人であると同時に芸術への理解の深いパトロンでもあったコッレオーニに敬意を表して、銅像は一流の彫刻家であるフィレンツェのヴェロッキオに発注された。その後、銅像制作をめぐってヴェロッキオと共和国がもめたことで、ヴェロッキオが一四八八年に死去したとき銅像は未完成であったが、別人の手を経て一四九六年に完成した。できあがった騎馬像は、ラスキンが「世界にこれよりもっとすばらしい彫刻が存在するとはわたしは信じない」と書いたほど、すばらしい出来になった。

ちなみに同信組合《スクオーラ》とは、ヴェネツィアで発展した平信徒の団体で、共通の国籍や共通の職業によ

サン・マルコ大同信組合（左）に隣接するサンティ・ジョヴァンニ・エ・パオロ教会

コッレオーニの騎馬像。後方右手がサン・マルコ大同信組合会館

って団結し、相互扶助と慈善活動への参加を目的とした。修道院に付属することもあれば、ギルドの役割を果たすこともある。規模もさまざまであったが、一五世紀末頃から、職能に関係なく全体的な慈善活動をおこなう大規模な同信組合六つをスクオーラ・グランデ、同職組合の性格の強い中小の団体をスクオーラ・ピッコラと呼ぶようになった。スクオーラ・グランデが最も発展した時期は一六～一七世紀で、一六世紀半ばには会員がそれぞれ五〇〇～六〇〇名を数える大規模な団体に成長した。この組織の幹部をつとめることは、貴族には許されないヴェネツィア市民の特権で、市民にとって大きな名誉であった。サン・マルコ大同信組合もこのスクオーラ・グランデのひとつで、会館の創設は一二六〇年であるが、一四八五年の火災で焼け落ちたあと、一五世紀末に再建された。だまし絵《トロンプ・ルイユ》を含む美しい正面《ファサード》を持つこの建物は、現在は市民病院となっている。

　コッレオーニの騎馬像がおかれたのは、このサン・マルコ大同信組合とサンティ・ジョヴァンニ・エ・パオロ教会の二つが隣り合う小さな広場である。

　ドミニコ修道会のサンティ・ジョヴァンニ・エ・パオロ教会（サン・ザニポロ教会）は、フランチェスコ修道会のサンタ・マリ

ヴェネツィアの二大ゴシック教会のひとつ、フラーリ教会

ア・グロリオーサ・デイ・フラーリ教会と並ぶ、ヴェネツィアの二大ゴシック教会である。そして、国家の英雄を葬るパンテオンの役割を果たした教会でもあった。共和政の伝統を守り、個人への権力集中を避けるために、公の建物や広場に個人をたたえる祈念碑の建造をかたくなに避けてきたヴェネツィアにとって、個人の姿を掲げ、その功績をたたえる場は、私的な館の室内をのぞけば、教会の礼拝堂や墓所のモニュメントしかなかった。こうした記念碑が集まっていたのが、ヴェネツィアの教会の中でもぬきんでて大きなサンティ・ジョヴァンニ・エ・パオロ教会であり、フラーリ教会であった。特にサンティ・ジョヴァンニ・エ・パオロ教会には二五名の元首《ドージェ》が埋葬されており、一一世紀以降、すべての元首の葬式がここでおこなわれた。
サン・マルコ広場から北に外れた小さな広場とはいえ、ここはヴェネツィア人としては、「国家の英雄」をまつるにふさわしい立地であり、共和国に忠誠を尽くし財産を残した傭兵隊長に対して、最大限の感謝を示した妥協点であった。

危機を乗り越えるために——元首アンドレア・グリッティの戦略

それでは、権力者個人ではなく、「共和国の威信を高めるため」に、ヴェネツィアで芸術はどのように活用されたのであろうか。

一六世紀前半、ヴェネツィアは大きな危機に直面していた。東からはオスマン帝国が台頭し、ヴェネツィアの海上拠点と海上交易を脅かしていたし、ポルトガルがアフリカ周り航路を開設して地中海交易の前提を揺るがしていた。西ではイタリア戦争が勃発し、とくにアニャデッロの敗戦はヴェネツィア貴族の政治力・外交力に対する自信を打ち砕いた。

ヴェネツィア共和国は危機を乗り越えるために、現実の政治や外交や経済での努力とともに、精神面でもあらためてヴェネツィア共和国の威信を示し、打ちのめされた自国の指導層の自信を取り戻して、ヨーロッパ全体に対しても新たにヴェネツィア共和国の価値を示す戦略が必要であった。そのために、一六世紀半ばに公正で平和な優れた制度として、ヴェネツィアの政治制度を称揚する作品が出版されたことは第6章で述べたとおりである。著者ガスパロ・コンタリーニは、時の元首アンドレア・グリッティのもとで親密な協力者として活躍していた政治家であった。

建築史家タフーリは、元首アンドレア・グリッティ（在位一五二三～三八年）が危機の時代を乗り越えるために、ヴェネツィア共和国の「刷新（renovatio）」をめざしていたと指摘している。グリッティの目的は「いとも晴朗なる共和国《ラ・レプブリカ・セレニッシマ》」のアイデンティティを立て直し、国際的な威信の回復を図ることであった。そのためには、ヴェネツィアだけでなく、国際的に通用する価値観でこの共和国をアピールする必要がある。それはヴェネツィア共和国を、ローマ劫掠（一五二七年）で荒廃した教皇の都ローマに代わって古典古代の再生を担う「新たなローマ」として、またフィレンツェ共和国滅亡（一五三〇年）後は、イタリアで唯一自由と平和を守ることが出来る存在として、新たに位置づけようとする戦略であった。そのために元首グリッティは四つの分野における刷新、すなわち領土防衛計画の刷新、新たな科学・技術の導入、都市ヴェネツィアの再整備、ヴェネツィアの司法システムの改革を進めようとしたのである。

ひとつめの領土防衛計画の見直しは、オスマン帝国に海戦で敗れたこと、そしてカンブレー同盟戦争の経緯のなかで喚起されたものである。一六世紀は戦争での火器の普及と、大砲の砲撃に耐えられる新たな防衛設備（城塞）が発展した時代である。海戦でもガレー船が廃れ、新しいタイプの帆船が登場する。

防衛計画を練り直すためには、新たな科学・技術の導入が必要であった。しかし、新技術を導入しても、動員できる物量の点で、もはやヴェネツィアが軍事大国としての地位を維持できる時代は終わっていた。

好戦的で貪欲なヴェネツィア共和国のイメージがカンブレー同盟戦争を引き起こしたのであれば、実力で戦争に勝つことができない以上、平和な文化国家としての新たなヴェネツィア共和国のイメージを提示する必要がある。ヨーロッパの知と文化の中心地、哲学や洗練された芸術の都としての新たなイメージを作り出すために、共和国の中核であり首都である都市ヴェネツィアを作り直す必要があった。

ヴェネツィアはその起源から、自分たちの祖先が蛮族に追われてラグーナに逃げ込んだ「古代ローマ人の生き残り」であり、その法律や文化や精神を今に伝えるローマの真の継承者、「新たなローマ」であると主張していたが、結局のところ、中世に生まれた都市であるヴェネツィアに古代ローマの遺跡はない。この矛盾を解消するために、新たに都市の再整備をおこなう際に選ばれた建築様式が、トスカーナ地方やローマで興隆していたルネサンスの古典主義の様式であった。これが三つ目の首都ヴェネツィアの刷新である。

そして最後が、領土の拡大によって錯綜するヴェネツィアの司法システムを合理化し、専門家による迅速な意思決定を可能にするために、政治指導者層を実質的に有力家系に限定する寡頭制を目指した政治改革であった。

　ヴェネツィアを取り巻く国際状況は厳しく、一五年という元首グリッティの在位のあいだに実現できたことは多くないが、三つめの都市ヴェネツィアにローマ風のルネサンス建築を導入し、この都市の価値と美しさを目に見えるかたちで具現化しようとする都市の刷新《レノウァティオ・ウルビス》については、元首グリッティの死後も方針が受け継がれ、ある程度の成果を上げたと考えられる。ヴェネツィアの二つの中心、政治の中心サン・マルコ広場と商業の中心リアルト橋が現在のかたちに整えられたのは、一六世紀のことなのである。

4　ヴェネツィアのルネサンス建築

ヴェネツィアの初期のルネサンス建築

ヴェネツィアの建築は、ビザンツの影響や、商業での関わりが深いイスラーム世界からの影響と、運河に面して建つヴェネツィアの立地条件ならではの制約がまざりあったヴェネツィア・ゴシック建築が多く、古代ローマに範をとったルネサンスの建築様式が導入されるのは、あまり早くなかった。一五世紀の終わり頃、テッラフェルマですでに広まっていたルネサンス様式が次第に導入されるようになる。

　ヴェネツィアに最初に建てられたルネサンス様式の建築としてあげられるのが、サンタ・マリア・デイ・ミラコリ教会（一四八九年完成）である。外壁は多色大理石で、円形の小窓と円形の飾り板の装飾が印象的に配され、小さな宝石箱のようにかわいらしい。建築家ピエトロ・ロンバルドの設計で、前述のサン・マルコ大同信組合会館のファサードもロンバルドとジョヴァンニ・ブオーラによるものである。こうしたロンバルディア地方出身の建築家たちがロンバルディア様式のルネサンス建築をヴェネツィアで開花させた。

ヴェネツィア最初のルネサンス様式建築、ミラコリ教会

サン・マルコ広場の時計塔（トッレ・デッロロロージョ）

サン・マルコ広場でのルネサンス建築のはじまり

ヴェネツィア共和国の政治の中心であるサン・マルコ広場に、最初にルネサンス様式の建築物を作ったのも、一五世紀後半にヴェネツィアで活躍したロンバルディア地方出身の建築家グループのひとりで、ベルガモ近郊出身のマウロ・コドゥッシであった。

一四九六年〜九九年にかけて、サン・マルコ広場《ピアッツァ》の北翼の東端に時計塔（トッレ・デッロロロージョ）が建設された。コドゥッシが設計したこの時計塔には、ヴェネツィアの特徴である二四時間時計が設置され、その上に聖母子の銅像、さらにその上には聖マルコの有翼のライオン像をはめ込み、一番上では大鐘を「ムーア人《モーリ》」と呼ばれる二名のブロンズ像が鳴らす仕

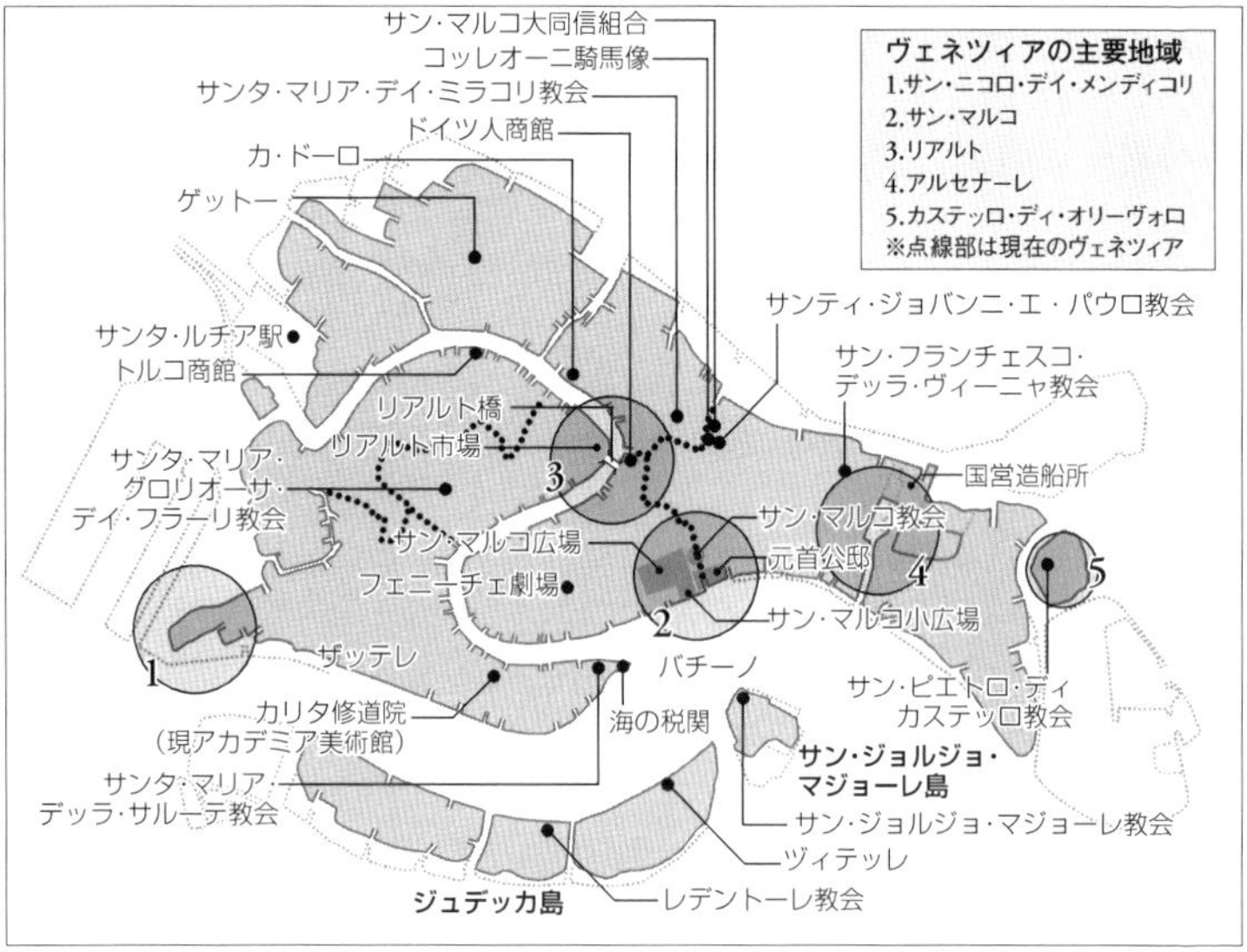

出典：ルカ・コルフェライ『ヴェネツィア――「水の都」歴史散歩』をもとに著者により地名を追加

掛けである。この時計塔は、海から見ると、サン・マルコ小広場の海縁に立ってヴェネツィアの表門の役割を果たしている二本の柱のあいだからちょうど目に入る位置にあり、海からの視線を受け止める焦点になる建築物になった。

本格的なローマ・ルネサンス建築の導入――サン・マルコ小広場の再整備

ところが、一六世紀にまだ、この海からの眺めに難点を残した場所があった。サン・マルコ小広場《ピアツェッタ》の西側である。元首公邸《パラッツォ・ドゥカーレ》の向かいで、サン・マルコ教会の斜め向かいにあるにもかかわらず、この場所には露天の肉屋や質素な宿屋や居酒屋、パン屋などが並び、庶民的な下町の雰囲気を色濃く残していた。この雑然とした空間を整理し、共和国の表玄関にふさわしく、時代の最先端としてヨーロッパで普遍的な価値を持ちはじめていた古典主義のルネサンス建築で整える役を担ったのが、ローマで活躍していたフィレンツェ出身の建築家ヤコポ・サンソヴィーノ（一四八六〜一五七〇年）である。

サンソヴィーノがヴェネツィアに活躍の場を移したのは、一五二七年の皇帝軍によるローマ劫掠《サッコ・ディ・ローマ》によって、避難所と新たな注文主を求めたからである（息子フランチェスコの証言などから一五二三年にすでにヴェネツィアに来たとみなす説もある）。まもなくサン・マルコ教会のドームの補強工事に関わるようになったサンソヴィーノは、一五二九年にはヴェネツィア共和国の主任建築家（プロート・ディ・サン・マルコ）に任命された。サンソヴィーノの起用は、ヴェネツィア共和国の首都ヴェネツィアを文化国家の首都にふさわしく整えようと「都市の刷新」をめざしていた元首アンドレア・グリッティの政策に沿ったものであった。グリッティは、ローマでサンソヴィーノのパトロンであったヴェネツィア人枢機卿グリマーニから、サンソヴィーノを紹介されたのである。

サン・マルコ図書館（鐘楼手前）と造幣局（左）

露天商らの立ち退き交渉に手間取ったが、一五三六年に、サン・マルコ小広場の西側で海に面する場所で老朽化していた造幣局《ゼッカ》の建て直しがはじまり、翌一五三七年からはサン・マルコ小広場の西側で元首公邸と向かい合う位置にサン・マルコ図書館の建設も始まった。造幣局は中世から近世にかけて、品質に定評があったことでヴェネツィアだけでなく多くの国で使われたドゥカート金貨（ゼッキーノ）を鋳造する役所であり、ヴェネツィアの経済力の象徴であった。他方、サン・マルコ図書館（リブレリア・マルチアーナ）は、ビザンツからイタリアに来たベッサリオンが一四六八年にギリシア語とラテン語の貴重な写本を共和国に寄贈したのを受けて、この蔵書を核として設立された図書館である。まさにルネサンスの知を表象する場所であった。

　ヴェネツィアにそれまでなかった本格的な古典主義のデザインを取り入れたサン・マルコ図書館は、建築家サンソヴィーノの代表作となった。

　二階建ての建物で、一階は自由に歩ける開廊《ポルティコ》になっており、一階にドリス式、二階にイオニア式の建築様式を積み重ねた。本格的な古代風でありながら、向かい合う元首公邸の一階の開廊や二階のヴェネツィア・ゴシックの狭間飾り《トレーサリ》とも調和がとれていた。造幣局が一五四五年、図書館が一五五四年に完成したことで、海からみたヴェネツィアの玄関口は、古典主義の建築を取り入れて、美しく完成したのである。ただし、残っていた肉屋が完全に移転し、古い建物を壊して、跡地に図書館を増築できたのはサンソヴィーノの死後、一六世紀末のことである。

　さらに海からは見えないが、サン・マルコ小広場とサン・マルコ広場の接点にある鐘楼の足下には、ロッジェッタと呼ばれる開廊が、サンソヴィーノの指揮のもとローマの凱旋門のデザインを取り込んで再建された。もともとは元首公邸での議場に訪れる貴族たちが気軽に立ち寄る集会所であったが、一五六九年からは小広場を警備する警備隊の詰め所になった。

サン・マルコ広場の再整備

サンソヴィーノがヴェネツィアにやってきたとき、サン・マルコ広場では、そこに連なる北側の旧行政官庁（プロクラティエ・ヴェッキエ）が一五一二年に火災に遭ったため、時計塔に続いてマルコ・コドゥッシによってルネサンス様式に改築されている最中であった。長方形のかたちのサン・マルコ広場の南北の二辺を構成する旧行政官庁と新行政官庁（プロクラティエ・ヌオーヴェ）は、広場の東にあるサン・マルコ教会の資産を管理するサン・マルコ財務官の役所であった。

サン・マルコ財務官（プロクラトーレ・ディ・サン・マルコ）は、ヴェネツィア貴族の役職としては元首を除けば唯一の終身職であり、教会の資産管理から始まって、一三世紀後半からは私人の遺言執行や遺産の管理を委託されるようになった影響力の大きな重職である。サンソヴィーノが任命されたのは、このサン・マルコ財務官の主任建築家であり、広場も含めたサン・マルコ教会周辺の建築事業を統括する立場であった。

サンソヴィーノの計画では、北側に引き続いて、上部のデザインがばらついていた南側の新行政官庁もサン・マルコ図書館と同じ二層のデザインで再整備する予定であったが、この建て替え計画が実現するのはサンソヴィーノの没後、一五八二年になってからである。サン・マルコ図書館の増築を担当したヴィンツェンツォ・スカモッツィが新行政官庁の再整備でも任命され、基本的にはサンソヴィーノ案に忠実に、ただし二階建てを三階建てに変更して、実行した。工事途中でスカモッツィが没したため、完成させるのはバルダッサーレ・ロンゲーナである（二六〇頁参照）。サン・マルコ広場の再整備計画は一六世紀末にほぼできており、一七世紀半ばに完成した。

なお、サン・マルコ広場が完全に現在の姿になったのは、一八世紀末にナポレオンによってヴェネツィア共和国が滅ぼされたあとである。サン・マルコ広場の西側にはサンソヴィーノがファサードを建設したサン・ジェミニャーノ教会があったが、行政官庁《プロクラティエ》に王宮を置こうとしたナポレオンは大階段や舞踏室をおく空間がないことが不満であり、これらを設置するために、一八〇七年にナポレオンの命によって教会を含む広場の西側が取り壊され、既存の行政官庁と外壁の建築様式をほぼあわせて再整備された。完成したのは皮肉にも、フランスでナポレオンが失脚した一八一四年で、ナポレオンを表す大きなNの文字と元首公邸前に置かれたナポレオン像は、一年後に撤去された。この部分は現在、ナポレオン翼と呼ばれており、コッレール博物館の入口になっている。

大運河と橋

サン・マルコ広場が都市ヴェネツィアの政治の中心であるならば、リアルト橋界隈はこの都市の商業の中心であった。サン・マルコ広場の時計塔の下を抜けると小間物屋通り《メルチェリア》で、今も昔も多くの商店が道を連ねているが、人混みを縫いながら道なりに北西の方角に抜けていくと、やがてリアルト橋のたもとにたどり着く。共和国滅亡後の一八五四年まで、この橋がヴェネツィアの街の真ん中を流れる大運河《カナル・グランデ》にかかる唯一の橋であった。最初は小舟を並べた上に板を渡した仮設の橋であったが、一二六四年に常設の橋がはじめて建設されたといわれている。

現在はアカデミア美術館とサン・マルコ広場方面を結ぶアカデミア橋、イタリア本土とヴェネツィアを結ぶ鉄道の終着駅サンタ・ルチア駅前にかかるスカルツィ橋、おなじく線路と並行して走る自動車道の終着点ローマ広場前に架かるコスティトゥツィオーネ橋と四つの橋が架かっているが、観光名所になるのはなんといってもリアルト橋である。

大運河沿いの貴族の館

このリアルト橋のかかる大運河は、ヴェネツィア共和国の時代、多くの船が行き交うヴェネツィアの目抜き通りであった。長さが三キロメートル以上、幅は三〇〜七〇メートル、水深は平均五メートルで、運河の両側には、水面から直接立ち上がるように、大貴族の館《パラッツォ》が切れ目なく連なって立ち並んでいる。

この大運河沿いに貴族の館が建ち並ぶようになるのは、ヴェネツィアが東地中海貿易で財を築き始めた一二〜一三世紀のことであった。かつてヴェネツィア貴族の多くが商人であったことから、

かつては大運河に架かる唯一の橋であったリアルト橋

大運河沿いに建ち並ぶ大貴族の館

ヴェネツィア・ゴシック様式の傑作「カ・ドーロ」

一階には船着き場と商品を納める倉庫がもうけられ、船から直接荷揚げができた。主人が暮らすのは主に二階（ピアノ・ノービレ）か三階で、正面の運河から裏の路地（もしくは中庭）にかけて廊下を兼ねた大広間が中央を貫通して広がり、ここで商品の取引や接客がおこなわれた。広い中央広間の両脇に小さな居室が並ぶ三列構成が基本構造である。こうした館の基本構造は、ファサードの窓の配置で見て取ることができる。真ん中の広間があるところには三連や四連の窓が並び、両脇の小部屋の部分では間を開けて二つずつ窓が並んでいる。こうした構造の館は街中にあるが、大運河では水辺に視界が開けるために、どの館もファサードに意匠を凝らした。

なかでも美しいのは「黄金の館」という名で呼ばれるカ・ドーロであろうか。「カ」は「カーサ（家）」の省略形である。一五世紀前半にマリノ・コンタリーニがつくらせたヴェネツィア・ゴシック様式の館で、もとは名前の通り金色に塗られていた。今はその色を残していないが、その分、狭間飾り《トレーサリ》の美しさが際立っている。一九世紀末にこの館を買い取ったフランケッティ男爵が、以前の持ち主が壊してしまった部分を修復のうえ、一九六一年に市に寄付し、現在は国に遺贈された男爵所有の美術品を展示するフランケッティ美術館になっている。

商業地区リアルト

こうした大運河のなかでも、特にリアルト橋界隈には、ヴェネツィアの商業機能が集まっていた。北東側のたもとにはドイツ人商館（フォンダコ・デイ・テデスキ）があった。「フォンダコ」とは遠方で取引をする商人が拠点とする取引所と隊商宿と倉庫をあわせた建物のことであり、北アフリカを中心としたアラブ圏で広く見られる「フンドゥク」が由来である。イスラーム世界と取引するなかでイタリア商人が商館という考え方を学んだのであろうと考えられている。

　アルプスを越えた陸路でつながるドイツは、ヴェネツィアにとってヨーロッパ最大の顧客であり、この重要な取引相手の便宜を図るために、ヴェネツィア共和国はドイツをはじめとするアルプス以北の商人が安心して滞在し、取引に専念できる場を提供した。交易を円滑におこなうために外国商人に取引の場を提供しながら、地元のヴェネツィア人や他の外国商人とのトラブルを避けるためにある程度コントロールすることは、商業と治安を両立するために必要な政策であった。ほかにもペルシア人商館やトルコ人商館が大運河沿いにおかれることになるが、最も歴史が古く重要度が高かったのがドイツ人商館である。

リアルト橋近くにあるドイツ人商館

ドイツ人商館の屋上テラスからの眺め

　一二二二年に最初の記録が登場するが、この建物は一五〇五年の火災で消失し、一五〇八年にかけて再建された。現在見ることのできる白いファサードはいささか素っ気ないが、再建当初はジョルジョーネやティツィアーノによるフレスコ画で装飾されていた。湿気の多いヴェネツィアの外壁では、フレスコ画は耐用年数が短いのである。

ヴェネツィア最古の教会といわれるサン・ジャコモ・ディ・リアルト教会

イタリア王国に編入後の一八七二年以来、長らく中央郵便局が置かれていたが、二〇一六年に改装され、高級ブランドを取りそろえた免税店のショッピング・モールになった。かつての商館の機能の一部を取り戻した、ともいえるかもしれない。高級ブランドに興味がない向きにも、屋上のテラスからぐるりと一周見渡すことができるヴェネツィアの都市景観には、一見の価値がある。

橋を渡った西側には、リアルトの市場があった。魚市場《ペスケリーア》や青果市場《エルベリーア》では、現在でも午前中は市場が開かれている。市場は一〇九四年に設立され、最初の銀行が一二世紀にここで開業した。にぎやかな市場に囲まれるように、素朴な外見のサン・ジャコモ・ディ・リアルト教会（サン・ジャコモ教会）があり、四二一年に創建されたヴェネツィア最古の教会と伝えられている。一一世紀後半に地元の商人たちによって修復され、正面に掲げられた大きな時計は一四一〇年からここで時刻を知らせていた。大運河沿いの鉄の河岸（リーヴァ・デル・フェッロ）には、一五世紀から陸から運ばれた商品のための陸の税関（ドガーナ・ダ・テッラ）がおかれることになった。

イタリア戦争のさなか、ヴェネツィア共和国が一度失ったテッラフェルマの領土を取り戻しつつあった一五一四年、リアルト市場は大火で全焼した。その再建にあたったのが建築家スカルパニーノで、リアルト橋のたもとに建設された国家財政担当行政官の財務局館（パラッツォ・デイ・カメルレンギ）とともに、サン・ジャコモ教会前の広場を囲む三層の建物が作られた。一階はアーチが連なる開廊になっており、現在でも店舗や倉庫、事務所として使われている。二階三階は役所として使われた。三〇年ほどあとの一六世紀半ばに、よく似た様式で青果市場側の大運河沿いにも建物が整備され、ともにファブリケ・ヴェッキエ、ファブリケ・ヌオーヴェと呼ばれるようになった。新しい方はサンソヴィーノの設計であったが、共和国の顔として象徴的なサン・マルコ広場の建物とは打って変わって、簡素で実用的な作りである。

リアルト橋を石造に

中央部に跳ね上げ橋のある、木造時代のリアルト橋（カルパッチョ画、1494年）

この商業中心地の中核にあるリアルト橋は、一六世紀までは木造で、高いマストを備えた大きな船が大運河を通航できるように、中央に跳ね上げ橋が付いていた。その姿は一五世紀の画家カルパッチョが描いた「リアルト橋での聖十字架の奇蹟」のなかに見ることができる。

この橋が一六世紀初頭、腐食と老朽化が問題になったため、掛け替えのために一五〇七年、設計案のコンクールがおこなわれた。しかし、選考委員会が選んだ石造のリアルト橋の案には異論もあり、そうこうするうちに、カンブレー同盟戦争による財政悪化や一五七四年と七七年に起きた元首公邸の火災で焼けた大評議会の議場の修復が優先されるなどしてリアルト橋の工事は遅れた。一五八八年になってようやく、奇しくも橋《ポンテ》という名をもつ建築家アントニオ・ダ・ポンテの案が選ばれて工事がはじまり、一五九一年に完成した。石造りで橋の両側に商店が並び、外側にも欄干をもうけた歩道が付いた堂々たる橋である。重い石の重量を支えるために、橋の両端では六〇〇〇本の杭が地中に打ち込まれた。

現在まで残るこの石造の橋では、巨大なアーチを一つつくることで船の往来に配慮しているが、もはや跳ね橋は作られなかった。大型船は大運河を通航できなくなったのである。共和国の選考委員会が選んだ新たな橋は、大運河がこれまでもっていた商業のための港湾機能を放棄し、そのかわりに一七世紀のバロックの時代に向けて、共和国の繁栄を記念するモニュメントの一つとなることをめざしたものであった。

共和国の政治の中心サン・マルコ広場と商業の中心リアルトの双方で、一六世紀におこなわれた都市の再整備は、文化都市ヴェネツィアのイメージを作り出す政策を具現化したものであったのである。こうした政策が完成するのは、このあと述べるパッラーディオの作品が完成した一七世紀になってからであった。

疫病の終息を祈って——疫病と教会建設

元首公邸の火災によってリアルト橋の架け替え工事が遅れていたころ、ヴェネツィアをもう一つの災厄が襲っていた。一五七五〜七七年、この都市で疫病《ペスト》が猛威をふるったのである。病院は患者であふれ、古いガレー船までもが患者を収容する病院として使用された。ヴェネツィア市の人口は一六世紀後半が最大で、疫病発生の直前には一八万人と推定されているが、疫病が収束した一五七七年には死者は五万人を超えていた。一五八一年にはヴェネツィア市の人口は一二万四〇〇〇人に減少していたのである。以降、現在に至るまで、この都市の人口が一六世紀半ばの数を上回ったことはない。

疫病の流行を押さえ込もうと保健衛生管理官《プロヴェディトーレ・ディ・サニタ》はさまざまな措置を勧告したが、効果は上がらず、死者は増え続けた。ペスト患者を診察する医師は鳥のくちばしのような仮面をつけ、くちばし部分に薬草と香料を詰め込み、めがねをかけ、手袋をはめ、全身をロウ引きの長衣で覆い、患者に触れないように木の棒で衣服をめくって診察することで感染を防ごうと涙ぐましい努力をしたが、飛沫感染で広がるペストは防げなかった。

一五七六年九月、元老院はこの疫病が街から消えたならば救い主《レデントーレ》キリストに捧げる教会を建設し、奉納すると誓った。祈りの甲斐あってか、寒さのためか、冬のあいだに死者は減少し、翌年二月にジュデッカ島に教会を建てることが決定された。これがレデントーレ教会で、共和国はアンドレア・パッラーディオに建築を依頼した（次節参照）。

レデントーレ教会。祭りの日には手前の浮き橋が架けられる

一五七七年七月二一日、ヴェネツィア政府の中核である元首と元首府《シニョリーア》の人々が疫病終息を記念するミサに出席し、教会の最初の礎石がおかれた。儀式に参加する人々がジュデッカ島にわたるために、運河には船を並べてその上に木の板を渡した臨時の橋が作られた。レデントーレ教会はパッラーディオが一五八〇年に没したために、アントニオ・ダ・ポンテが

ロンゲーナ設計のサンタ・マリア・デッラ・サルーテ教会

引き継いで一五九二年に完成した。元首をはじめとするヴェネツィア共和国の首脳らがレデントーレ教会に参拝するこの儀式は、以後、疫病の終息を祝う祭りとなり、ヴェネツィア共和国時代には毎年七月の第三日曜日を中心に三日にわたって続く華やかなものになった。船で作る浮き橋は、現在でも毎年作られており、夜には花火が上がる夏の祭りである。

　この一六世紀末の流行からさらに五〇年後、一六三〇年にも大規模な疫病の流行があり、ヴェネツィア市人口の三分の一近くが死亡した。この疫病が終息したとき、それに感謝して聖母マリアに捧げられたのが、サンタ・マリア・デッラ・サルーテ教会である。

　八角形の集中式の平面プランと大きなドームを持つヴェネツィア・バロック様式の傑作で、バルダッサーレ・ロンゲーナが設計した。ロンゲーナ自身の言葉によれば、聖母マリアに捧げるために王冠《ロトンダ》のかたちをイメージしたものであった。ドームを支える壁につけられた大きな渦巻き装飾が特徴的である。ヴェネツィア人は愛着を込めて「大きな耳《オレッキオーニ》」と呼んだ。

　全体が白いイストリア石で出来た教会は重く、基礎には一〇〇万本以上の杭が必要であったといわれている。疫病が終息した一六三一年に着工し、完成はロンゲーナ没後の一六八七年であった。大運河の入口にある海の税関《ドガーナ・ダ・マーレ》の隣に位置し、ヴェネツィアの玄関口サン・マルコ小広場から海上を見渡したときにも目に入る絶好の場所にある。ヴェネツィアの伝説上の建国日が三月二五日の受胎告知《アヌンチアツィオーネ》の祝日であることもあって、聖母マリアに捧げられた教会はヴェネツィアに数多いが、なかでも最も有名な教会になった。

教会が奉献された一六八七年一一月二一日、元首はヴェネツィア市民が疫病を乗り越えることができたことを聖母マリアに感謝し、信心の証として毎年この日にサルーテ教会に詣でることを厳かに誓った。これは七月のレデントーレの祭りと並んで、ヴェネツィア共和国の重要な祭りとなり、神への信仰と共和国への帰属意識を確かめる日になった。今でもこの日にはサルーテ教会の前に船で作った浮き橋が架かり、多くの人々がその一年の無病息災を祈って参拝に訪れている。

5 パッラーディオ――古典主義ルネサンス建築の名手

建築家パッラーディオ

一五〇八年にパドヴァに生まれた建築家アンドレア・パッラーディオ（一五〇八～八〇年）もまた、ヴェネツィアに古典主義のルネサンス建築を導入した人物である。しかも前述のサンソヴィーノがヴェネツィア以外ではあまり高く評価されなかったのに対して、パッラーディオは一八～一九世紀のイギリスやアメリカで高い評価をうけ、現在に至るまで、国際的にも人気が高い。サンソヴィーノがヴェネツィアの政治的中心地サン・マルコ広場

アンドレア・パッラーディオ（ジョバンニ・バディスタ・マガンツァ画、1576年）

ヴィチェンツァ貴族ジャンジョルジョ・トリッシノ（ヴィンツェンツォ・カテーナ画、1510年）

アルヴィーゼ・コルナーロ（ティントレット画、1560〜65年）

に本格的なルネサンス様式を持ち込んだ人物だとするならば、パッラーディオはヴェネツィアの宗教建築と、ヴェネツィアほど周囲とあわせるべきだという道徳観念に縛られないテッラフェルマでのヴィッラ建築に、いっそう本格的なルネサンス様式を導入した建築家であった。

　パッラーディオはパドヴァ生まれであるが、建築家として活躍し、多くの作品を残したのは約五〇キロ離れたヴィチェンツァであった。一五歳の時に父とともにヴィチェンツァに移ったパッラーディオは、最初は石工として働きはじめ、やがてヴィチェンツァ貴族ジャンジョルジョ・トリッシノと出会い、後援を受けたことによって建築家になった。著名な人文主義者であるトリッシノは、古代ローマのウィトルウィウスや初期ルネサンスの代表的建築家・理論家のレオン・バッティスタ・アルベルティなど、古代建築についての当時の最先端の知識をパッラーディオに教え、彼の後援によってパッラーディオは実際に設計し、建築するチャンスを得た。パッラーディオという名前も、ギリシア神話のパラス・アテナ女神にちなんで、この人文主義者が与えたものである。

　また、トリッシノとともにパドヴァに滞在していた三〇歳代のころ、パドヴァで暮らしていたヴェネツィア人人文主義者アルヴィーゼ・コルナーロとも交流が生まれた。ヴェネツィア人によるテッラフェルマへの土地投資と土地の改良事業を積極的に勧め、実践した人物である。コルナーロの屋敷内には、ヴェネト地方で初の本格的なローマ風古典主義様式の建築といわれるロッジア・コルナーロがあった。

また、パドヴァ滞在中にパドヴァ大学で学んでいたヴェネツィア貴族とも知り合い、人文主義の教養と古典主義建築に関心を抱き、かつ財力もあるヴェネツィア貴族たちが、のちにパッラーディオに自らのヴィッラの建築を依頼する施主になった。ヴェネツィア共和国では、パドヴァが支配下に入ったあと、パドヴァ大学のみを共和国の大学とし、ヴェネツィア貴族が大学で学ぶのであれば、パドヴァ大学でなければならぬと定めていたのである。カンブレー同盟戦争のさなか一五〇九～一七年までは大学は閉鎖されていたが、特に一五三〇年代には通常に復帰し、再び隆盛を誇るようになっていた。

四〇代初めの一五四九年、パッラーディオはヴィチェンツァ市庁舎の主任建築家となり、亀裂が生じた市庁舎の修築工事をはじめとして、十数個の建物の設計・建築をした。注文の多くは個人の邸宅で、古典主義建築の要素を盛り込みながら、有力者の注文に応じて、個性的で格調高い建物を設計した。今もパッラーディオの作品が多数残るヴィチェンツァは「パッラーディオの街」として知られている。その間にも付近でヴェネツィア貴族の注文も含めて、多数のヴィッラを設計・建築している。

サン・マルコ広場に向かい合って建つサン・ジョルジョ・マジョーレ教会とヴィテッレ

都市ヴェネツィアでのパッラーディオ——宗教建築

パッラーディオがヴェネツィア市で建築家として活動しはじめるのは五〇歳を過ぎた一五六〇年代以降で、重要な仕事に携わることができたのは、サンソヴィーノ没後の一五七〇年代以降のことであった。六〇歳を越えた晩年の一〇年である。ヴェネツィア貴族ダニエレ・バルバロとマルカントニオ・バルバロの兄弟がパトロンとなり、サン・フランチェスコ・デッラ・ヴィーニャ教会のファサード（教会本体は元首アンドレア・グリッティがサンソヴィーノに設計を依頼）、サン・マルコ小広場と向かい合う小島にあるサン・ジョルジョ・マジョーレ教会、ジュデッカ島のレデントーレ教会の三件の宗教建築が、都市ヴェネツィアでのパッラーディオの主要作品とされている。また、レデントーレ教会と同じく、ジュデッカ島に作られたヴィテッレもパッラーディオの作品である。ヴィテッレとは独身女性の意味で、嫁資が用意できないために結婚できず、身内からも見放された貧しい若い女性を救済するためにレース編みなどを教えるために、イエズス会が設立した寄宿学校とその付属教会のことである。

サン・ジョルジョ・マジョーレ教会はファサードをサン・マ

ルコ小広場の方に向けて建てられ、同じくジュデッカ島の水辺に立つ二つもファサードを北に向けたため、一七世紀に完成したときには、サン・マルコ小広場からバチーノを見渡した際に、サン・ジョルジョ・マジョーレ教会、ヅィテッレ、レデントーレ教会と、古典主義のルネサンス建築がほぼ等間隔に三つ並んで目に入ることで、バチーノの視覚的統一感を増す働きをすることになった。

さらに、一八六一年になって鉄道駅を作る際に取り壊されてしまったサンタ・ルチア教会もパッラーディオの設計であり、これらの教会と共通点が多かった（サンタ・ルチア駅という駅名は取り壊した教会に由来している）。

パッラーディオが設計する威厳に満ちたローマ神殿風の建築は、のちのヴェネツィアの教会建築に強い影響を与えたが、ヴェネツィア貴族の館に取り入れるには、あまりに古典主義建築の要素が強すぎて、街並みのなかで目立ちすぎると感じられたらしい。サンソヴィーノがサン・マルコ広場に導入した古典主義建築が「古代風」という条件は押さえながらも周囲と調和が可能であったのに対して、たとえば「パッラーディオの街」を自認するヴィチェンツァに残るパッラーディオ作の私邸は、それぞれがかなり個性的で目を奪うものである（一九四頁参照）。「新たなローマ」を自認する一六世紀のヴェネツィアであっても、個人崇拝をはばかるヴェネツィアの伝統では個人の館をパッラーディオに注文するのはリスクが高かったのかもしれない。

テッラフェルマでのヴィッラ建築

パッラーディオが大いに活躍する場は、せまい島のヴェネツィアではなく、むしろテッラフェルマにあった。イタリア戦争のなかで一度失い、再び取り戻したテッラフェルマでは、食糧価格が高

ヴィッラ・フォスカリ（1559〜60年設計）

騰した一六世紀にヴェネツィア貴族が新たに土地を取得し、農業経営に乗り出すブームが起こった。

もともと海の上の上に立つ都市ヴェネツィアでは土地が狭く、人口密度が高かった。この狭い土地での人口が、一五六三年には約一六万八〇〇〇人、一六世紀末の疫病流行前には一八万人に達していたと推計されている。現在のヴェネツィアの島の人口が六万人弱であることを考えれば、驚異的な数である。特に気温も湿度も高い夏は快適な住環境とはいえなかった。運河が干上がれば悪臭が発生し、水があるため蚊も多い。夏の避暑地として、ヴェネツィアに近いテッラフェルマのブレンタ川沿いに別荘《ヴィッラ》を求めるヴェネツィア貴族が多かったのももっともであった。さらに土地に投資をし、農園を持つのであれば、その身分にふさわしく、文化的な流行も押さえた館が必要である。田園と緑に囲まれたヴィッラであれば、周囲の建築物との調和を最優先にすることもない。ヴィッラとは避暑用の別荘と農場経営の拠点を兼ねそなえた建築である。こうしたヴィッラの設計者として、パッラーディオは人気を博した。

一五三〇年頃から数十年にわたって、ヴェネツィア近郊ではヴィッラの建設ラッシュが起こったが、一五三〇年代末から一五六〇年代末にかけての三〇年間に、パッラーディオは現存するだけでも二〇件近いヴィッラを設計している。なかでも完成度の高い作品の多くはヴェネツィア貴族のためのものであった。たとえば、ヴィッラ・フォスカリやヴィッラ・バルバロがその例である。

パッラーディオが設計したヴィッラは、一五五〇年頃から、そのファサードに立ち並ぶ円柱が三角形のペディメントを支えるというローマ神殿のファサードを模した開廊玄関《ポルティコ》を組み込んだものが多い。この神殿ファサード風のモチーフは、パッラーディオ以前に一四八〇年代初めのジュリアーノ・ダ・サンガッロが設計したフィレンツェ郊外のヴィッラ・メディチが最初の例とされているが、のちにパッラーディオ建築のトレードマークと認識されるようになった。パッラーディオのヴィッラ建築のうちでも代表作とされるラ・ロトンダもそのひとつである（一五六六〜六七年、ヴィチェンツァ貴族のために建設されたが、都市ヴィチェンツァから徒歩圏内にあるため、パッラーディオ本人は著作のなかでヴィッラに分類せず、都市住宅のひとつとした）。

ヴィッラ・バルバロ（1577年設計）

パッラーディオのヴィッラ建築の代表作、ラ・ロトンダ

パッラーディオ建築を特に好んだのが、のちにグランドツアーでイタリアを訪れるようになったイギリス人であり、一八世紀のイギリス貴族のあいだでは、この神殿ファサード風の開廊玄関のモチーフを取り入れたパッラーディオ様式のカントリーハウスの建設が流行した（第8章参照）。

第8章　文化国家としてのヴェネツィア

1　一六世紀末の繁栄——取り戻したもの、変化したもの、失ったもの

取り戻した繁栄と平和

一六世紀前半の危機を乗り越えて、ヴェネツィア共和国は一六世紀末には繁栄を取り戻した。一時落ち込んだ香辛料交易の取扱量はほぼ以前の水準に戻り、リアルト市場はあい変わらずさまざまな東方商品であふれていた。トルコやキプロスからは綿が、クレタや南イタリアからはオリーヴ油が、イオニア諸島からは干し葡萄が、エジプトからは精製前の砂糖が、ペルシアからは絹が、バルカンからはロウと皮革がヴェネツィアのリアルト市場に運ばれ、ここからテッラフェルマやドイツなどに再輸出された。

都市の顔であるサン・マルコ広場やリアルト橋には、ヴェネツィアの再生のシンボルとなるロー

マ風ルネサンス建築が導入されてこの都市を美しく飾っていたし、一五七〇年から始まったオスマン帝国との戦争も三年後に終わった。続いてこの都市を襲った疫病《ペスト》も一五七七年に終息した。

一五八四年以降、共和国の財政はそれまでの戦争による緊縮を脱して、再び安定した。一五九〇年代から一七世紀初頭にかけて、ヴェネツィア市の港で徴収した停泊税と関税の総額は過去最大になった。アニャデッロの敗戦で一度は失いかけたテッラフェルマの陸上領土も、ほぼ一六世紀初頭の規模を取り戻し、維持し続けていた。イタリア戦争の過程で、イタリアの多くの地域が直接的・間接的にハプスブルク家の支配のもとにおかれるなか、ヴェネツィア共和国は動乱を生き延びて独立を保ち、外交関係も順調で、久々に平和を享受していた。

繁栄の基盤の変化

しかし、その繁栄は基盤の部分で変化が進んでいた。東地中海交易は今でも盛んであったが、かつてヴェネツィアが誇っていた東地中海の制海権はオスマン帝国の手に渡り、東地中海の海上領土で一六世紀末にまだヴェネツィアの手に残っていたのは、クレタ島とイオニア諸島（コルフ島、ケファロニア島、ザンテ島）くらいであった。

ヴェネツィア商業を支えていたヴェネツィア海運は見る影もなかった。共和国政府は一四七三年から一五七〇年まで国営造船所《アルセナーレ》の拡張をおこない、最新の造船所《アルセナーレ・ノヴィッシモ》と呼ばれる領域が完成されたことで、造船所機能に加えて八〇隻のガレー船団が待機できる艇庫の役割も備えた軍事施設になった。しかしその一方で、運行経費の高さから国有ガレー商船団政策は放棄され、ヴェネツィア商人は安価な運送費を好んで、オランダやイギリスの船に取引商品を積むようになった。ヴェネツィアの商

造船所（アルセナーレ）の入口（カナレット画、1732年頃）

船数は頂点にあった一五六〇年から一六〇〇年までのあいだに、およそ半減したのである。

こうした海運の衰退を補ったのが製造業の成長である。ヴェネツィアはこれまで香辛料などの東方商品の対価として、ヨーロッパ産の高級毛織物をシリアやアレクサンドリアに輸出してきた。これらの輸出用毛織物は従来、フランドルや北イタリアなど他地域から輸入してきたが、イタリア戦争によって毛織物生産地が大打撃を受けたことによって、代わりにヴェネツィア市で毛織物工業が発展して生産量を伸ばし（一六二～一六六頁参照）、一六世紀末には年に二万五〇〇〇反を生産するまでになった。

ムラーノ島に集約されたガラス製造や、印刷業、砂糖の精製とロウの精製、絹織物工業も発展をはじめ、二〇〇〇機もの絹織機がこの都市で稼働していた。どれも東地中海市場とヨーロッパ市場に売り込むための商品である。

失った市場――フランスとイギリス

しかし一六世紀の過程で、ヴェネツィアのヨーロッパ市場からフランスとイギリスが消えていた。イタリア戦争のなかで、皇帝カール五世の支配する広大なハプスブルク領に国の両側からはさまれたフランスは、苦境を脱するべくオスマン帝国と同盟を結んだ。オスマン帝国もまた、ハンガリーをめぐって、神聖ローマ帝国と対立していたからである（一四七～四八頁参照）。

　神聖ローマ帝国に対抗する軍事同盟の一方で、フランスはオスマン帝国と経済的な関係も築こうとした。一五三六年、フランス王フランソワ一世とオスマン帝国のスレイマン大帝とのあいだで、フランス船とフランス商人にオスマン帝国諸港への入港許可を与える商業条約が結ばれた。その結果、フランス商人は、ヴェネツィア港もヴェネツィア商人も経由することなく、オスマン帝国から購入した香辛料や綿を直接、南フランスのマルセイユ港に運ぶようになったのである。

　フランスのあとにイギリスが続いた。ヴェネツィアとオスマン帝国とのキプロス戦争（一五七〇～七三年、第四次対オスマン帝国戦争）の際に、一時的にヴェネツィア商業が麻痺したこと、オランダ独立戦争の過程で一五七六年にアントウェルペンがスペインによって略奪された際に北海とアドリア海を結ぶ陸路が閉鎖されたことを契機として、イギリス商人は直接、東地中海に赴いてイギリスで需要が高い干し葡萄や葡萄酒、香辛料を買い付けるようになったのである。一五八一年にイギリスでトルコ会社《カンパニー》が設立され、イギリスの東地中海交易の統轄権を与えられた。一五八三年にはヴェニス会社が設立され、一五九二年にはこの二つが合併して東地中海会社《レヴァント・カンパニー》となり、オスマン帝国諸港やイオニア諸島でのイギリス商人の交易をとりまとめることになったのである。

東地中海会社（レヴァント・カンパニー）の紋章

　フランスもイギリスも、一六世紀の過程でもはやヴェネツィア商人の仲介を必要としなくなった。逆にヴェネツィア商人の方が商品輸送のためにイギリスやオランダの船を必要とするようになっていたのである。

残った市場——ドイツ

ヴェネツィア商人の手に残った最大のヨーロッパ市場が、ドイツ（神聖ローマ帝国）である。アルプス山脈を越えたドイツは当時最大の香辛料の市場であったし、ウルムやニュルンベルクはヨーロッパ筆頭のファスティアン織の産地で、ヴェネツィア商人が扱うシリア綿の輸出先となった（ファスティアン織とは、丈夫な麻を縦糸にして横糸に綿を用いた厚手の毛羽のある綾織りのこと）。ケルン、フランクフルト、ニュルンベルクでは絹織物工業が成長しつつあり、ヴェネツィアからペルシア絹を購入した。リアルト橋のたもとにおかれたドイツ人商館（フォンダコ・デイ・テデスキ）からの関税収入は、一五九〇年代に拡大していたのである。

2　一七世紀——教皇庁との論争とカンディア戦争

一七世紀の変化

しかし、一七世紀、再び状況は変化した。一六世紀のポルトガルによる香辛料交易とはヴェネツィアは十分に競争可能であったが、一五九五年にオランダがアフリカ周り航路での香辛料交易に参入し、東南アジアの生産地に支配を広げると、アジアからの香辛料交易のルートは大きく変化し、一七世紀にはヴェネツィアにとって香辛料は「西から輸入するもの」に変わった。

また、一六〇二年にヴェネツィアがヴェネツィア海運を保護する航海法を制定して以来、安価な輸送料で一六世紀のヴェネツィア商業を支えていたイギリス船やオランダ船がヴェネツィア港を離れた（一五七〜五八頁参照）。ヴェネツィア商業の重要な市場であったドイツでは、ボヘミアでのプロテスタントの反乱に端を発する三十年戦争（一六一八〜四八年）が勃発し、カトリックの皇帝側に同じハプスブルク家を王家とするスペインがつき、プロテスタントの反乱側にスウェーデンや、敵対するハプスブルク家の勢力をそぎたいフランスが加勢して介入したことで国際戦争に発展した。三〇年に及ぶ戦争で、戦場になったドイツは荒廃し、購買力を失ったのである。

宗教的独立の政策

ヴェネツィア共和国はその誕生のころから、ビザンツ帝国領であることを盾にして、中世ヨーロッパの全体を支配する普遍的な権力であらんとするローマ教皇庁や皇帝権力から、一定の距離をとろうとしてきた。キリスト教カトリックの国として、聖マルコのライオンをシンボルに掲げ、国内の教会に多くの聖遺物をまつりながらも、教皇の権力からの独立を保っていることがヴェネツィア共和国の誇りであった。ヴェネツィアでは教会財産であっても世俗の人々の財産と同じように課税されたし、犯罪で告発された聖職者は共和国の裁判所で裁かれた。対抗宗教改革期に悪名高い異端審問所の活動も認められてはいたが、三名の俗人からなる異端対策委員（サーヴィ・コントロ・レレジア）が同席するという条件があった。

教皇庁から一定の距離をとるというヴェネツィア共和国の宗教的独立政策は、たとえばガリレオ・ガリレイのような学者を共和国に引きつけることになった。ガリレオは一五九二年から一六一〇年まで、ヴェネツィア共和国が国内で唯一の大学とすると定めたパドヴァ大学の教授を務め、幾何学、数学、天文学を教えている。

地中海交易の中心とまではいえなくなっても、商業都市ヴェネツィアではさまざまな宗教を奉じ

サン・ラッザーロ・デッリ・アルメーニ島

る外国人が居住しており、それぞれの外国人コミュニティがそれぞれの宗教施設をもっていた。ギリシア人は一五世紀末にサン・ジョルジョ・デイ・グレーチ教会と同信組合会館《スクオーラ》の建設許可を得ており、アルメニア人はリド島の沖合にあるサン・ラッザーロ・デッリ・アルメーニ島に修道院をもっていた。プロテスタントはドイツ人商館で、ユダヤ人はゲットーのシナゴーグで、イスラーム教徒はトルコ人商館でそれぞれの宗教のもと礼拝ができたのである。

ユダヤ人居住区ゲットーの拡大

なお、ユダヤ人居住区ゲットーが最初に作られたのは、ヴェネツィアでのことである。一五一六年にヴェネツィア元老院で、都市内に居住するユダヤ人をカナレッジョ区のゲットー・ヌオーヴォと呼ばれていた小島に集住させ、隔離するという法案が成立した。「ゲットー（Ghetto）」というこの地区の名称は、もともと近くに銅の鋳造工場があったことから「鋳造する（gettare）」という言葉が語源である。鋳造工場が都市の東の国営造船所《アルセナーレ》の近くに移転したことで、この場所は宅地となり、この法令によってユダヤ人居住区に指定された。一六世紀後半以降、ヨーロッパ各地でユダヤ人居住区が作られたとき、ヴェネツィアに倣ってゲットーと呼ばれるようになった。

ヴェネツィアのゲットーは、周囲を運河で囲まれた小島で、二つの橋で周囲の地区とつながり、夜間は門に鍵をかけることになっていたが、昼間は通行が自由であり、島の中心の広場にはユダヤ

ゲットー・ヌオーヴォの広場

人営業の銀行があった。

　ユダヤ人商人や金融業者は早くからヴェネツィアで活動してきたが、長い間、ヴェネツィア共和国は対岸のメストレでの営業を認めたのみで、公式には都市内にユダヤ人が居住することを認めてこなかった。例外は一四世紀末のジェノヴァとの抗争の終盤、キオッジア戦争の時だけである。

　状況が変わったのは、一六世紀のカンブレー同盟戦争に際してであった。アニャデッロの敗戦以後、テッラフェルマから都市ヴェネツィアに逃げ込んできた避難民のなかには、ユダヤ人も含まれていた。一五一六年のユダヤ人居住区設立法案は、戦時中の緊張のなかで高まるキリスト教徒とユダヤ教徒との軋轢を解消するための隔離案であったが、同時に金融業者や医師として有能なユダヤ人を都市ヴェネツィアに定着させる働きをもち、共和国が居住区を保護することでユダヤ人からの税収を得ることも可能にした。

　この後、ヴェネツィアのゲットーは一五四一年と一六三三年の二度にわたって周辺の地区に拡大された。ゲットーという地名は、ヴェネツィアではユダヤ人居住区ができる前から存在していたため、最初のユダヤ人居住区が「新ゲットー（ヌオーヴォ）」、一五四一年に拡大した地区がもとの鋳造工場にちなんで「旧ゲットー（ヴェッキオ）」、一七世紀に拡大した地区がユダヤ人居住区として最も新しい「ゲットー・ノヴィッシモ」と、名称がいささか紛らわしい。

　この二度のゲットーの拡大は、ヴェネツィア共和国の商業振興策としておこなわれた。

一五世紀末以降のスペインの政策によって、イベリア半島を追われたユダヤ人をセファルディムという。彼らは地中海沿岸に広く散らばったが、なかでもオスマン帝国はユダヤ人の技術力や人的ネットワークを歓迎し、多くのユダヤ人がオスマン帝国の領域に移住した。そしてこのセファルディムたちは、今度は「オスマン帝国の臣民」の立場で、イタリア各地に地中海交易をおこなう商人としてやってくるのである。彼らは従来イタリアに定着していたユダヤ人（アシュケナジム）とは異なる習慣をもつため、ヴェネツィアに最初に作られたゲットーとは異なる居住区を求めた。オスマン帝国との商業関係をもたらす彼らを定着させるために、ヴェネツィア共和国は、隣接した地区に二度の居住区の拡大を認めたのである。特に一七世紀の拡大は、一六三〇年にこの都市を襲った疫病《ペスト》による被害からの復興政策の一環として、新たな商業機会の拡大を期待したものでもあった。

教皇庁との論争──パウルス五世の聖務停止令

ヴェネツィア共和国は自国の教会財産と聖職叙任権をめぐって教皇と繰り返し争ってきた。アニャデッロの敗戦後に教皇ユリウス二世に降伏した際、それまで黙認されていた領土内の聖職叙任権を奪われたが、クレメンス七世を支援して関係を深めた結果、領土内の聖職叙任権を再び認められている。ヴェネツィア共和国が指名した候補者をローマ教皇が任命するという暗黙の了解である。

ところが一七世紀初頭、世俗の国家が聖職者に及ぼす権限に異を唱え、教皇の権力を強く主張する教皇が登場する。一六〇五年に即位した教皇パウルス五世は、ヴェネツィア元老院が任命した総大司教《パトリアルカ》がその職にふさわしいかどうか、ローマで審議するとしたのである。同年、事件が重なった。重罪を犯したヴェネツィア人聖職者二名を十人委員会が処罰し、教皇庁への引き渡しを拒否したのである。

おりしも、一六〇六年一月初頭に元首に就任したレオナルド・ドナは、教皇の圧力に屈するべきではないとする反教皇派の人物であった。ヴェネツィア政府の強硬な対応に業を煮やした教皇は、元首と元老院議員を破門し、都市ヴェネツィアとその領域に対して聖務停止令を下した。しかし、共和国は教皇の出した小勅書は無効だと反論し、領域内の聖職者に聖務を続けるよう命じて、従わない聖職者を共和国から追放した。

このとき、ヴェネツィア共和国の代弁者に任命されたのが、聖母マリア下僕会の管区長パオロ・サルピである。ヴェネツィア商人の子であり、神学のみならず、数学、植物学、言語学、哲学、解剖学、光学にも通じ、カトリック教会とプロテスタントとの関係を分析したトレント宗教会議の歴史を執筆している。さらにパドヴァ大学では望遠鏡についてガリレオと議論し、血液循環と瞳孔の機能についての重要な発見をし、磁力に関する論文もある多才な学者である。

パオロ・サルピ（ジョージ・ヴァーチュ画、18世紀）

学識豊かな神学者であったサルピは、「君主は人間の力では決して変えることのできない神の定めによって、俗界の領土とその管轄範囲において、法律を制定する権能をもつ」と主張、これに対して教皇庁は「教皇は俗界を諸国家に委託しているに過ぎないのであるから、法律を無効にすることもできる」として、教皇の絶対的な権力を主張した。
教皇が世俗国家に対して及ぼす統制権をめぐって、

ヴェネツィア共和国と教皇庁とが繰り広げた論争は、「文書による闘争《グエッラ・デッレ・スクリットゥーレ》」と呼ばれ、国際的にも大きな反響を呼んだ。論争は、教皇側にスペインや神聖ローマ帝国がつき、ヴェネツィア側にフランス、イギリス、オランダがつく対立に発展したが、最終的にはフランス王アンリ四世が仲介に入り、一六〇七年、ヴェネツィアは正式に従来の特権を保持し、教皇は聖務禁止令を解除し、今後、一国家に対して聖務禁止令を出さないという合意にいたった。互いに非を認めるというかたちをとったものの、実質的にはヴェネツィア共和国の勝利であり、ローマ教皇の権威をいたく傷つけることになった。

一六〇七年、サルピは元首公邸からの帰宅途中、数人の暴漢に襲われ、首と顔を刺された。下手人は逃げたが、ヴェネツィアでは教皇庁からの刺客だとのもっぱらの噂であった。重傷を負ったサルピは、その後も政府への助言を続け、さらに二度襲撃を受けて生き延び、一六二三年にヴェネツィアで死去した。暗殺者に狙われながらも共和国のために尽くしたこの学者に対して、ヴェネツィアではめずらしくも記念碑を立てる提案がなされたが、これは教皇庁の強い反対に遭った。このため、サルピの自宅近くのサンタ・フォスカ広場に現在ある銅像が建てられたのは、共和国滅亡後、ヴェネツィアも教皇庁もイタリア王国に併合されたあとの一八九二年になってのことであった。

カンディア戦争（一六四五〜六九年）——第五次対オスマン帝国戦争

三〇年戦争が終盤を迎えていた一六四四年、マルタ島を拠点に海賊行為を繰りかえしていた聖ヨハネ騎士団が一隻の船を攻撃し、拿捕《だほ》した。かつてロードス島を拠点に十字軍活動の一環としてイスラーム教徒の船を攻撃していた騎士団は、一五二二年にオスマン皇帝《スルタン》スレイマン一世に島を奪われて以来、シチリア島近くのマルタ島を拠点にしていたのである。問題は、拿捕された船に聖地メッカに向かうイスラームの巡礼者たちが乗っており、その中にスルタンの後宮の女性たちも含まれていたことであった。聖ヨハネ騎士団は捕虜を近くのクレタ島に連行し、水などを補給するとともに、船内にいたギリシア人奴隷を解放するつもりで上陸したが、事態を重く見たクレタ島のヴェネツィア総督（ドゥーカ・ディ・カンディア）は直ちに退去を命じた。

しかし、時すでに遅かった。オスマン帝国スルタンのイブラヒムと周りの政治家たちは、この事件の責任をヴェネツィア共和国に問い、翌年クレタ島を攻撃したのである。ヴェネツィアは直ちに守備隊を増強するために艦隊を派遣し、キプロス戦争の時と同じく、サン・マルコ財務官職に就任する権利とヴェネツィア貴族への加入権を高額の融資と引き替えに選ばれた人々に与えることで、戦費を調達した。さらに全ヨーロッパに援助を求めて使節を派遣したが、ヨーロッパ諸国は強大なオスマン帝国にひとり立ち向かうヴェネツィアに同情の念を表明したものの、具体的な援助が届くことはなかった。

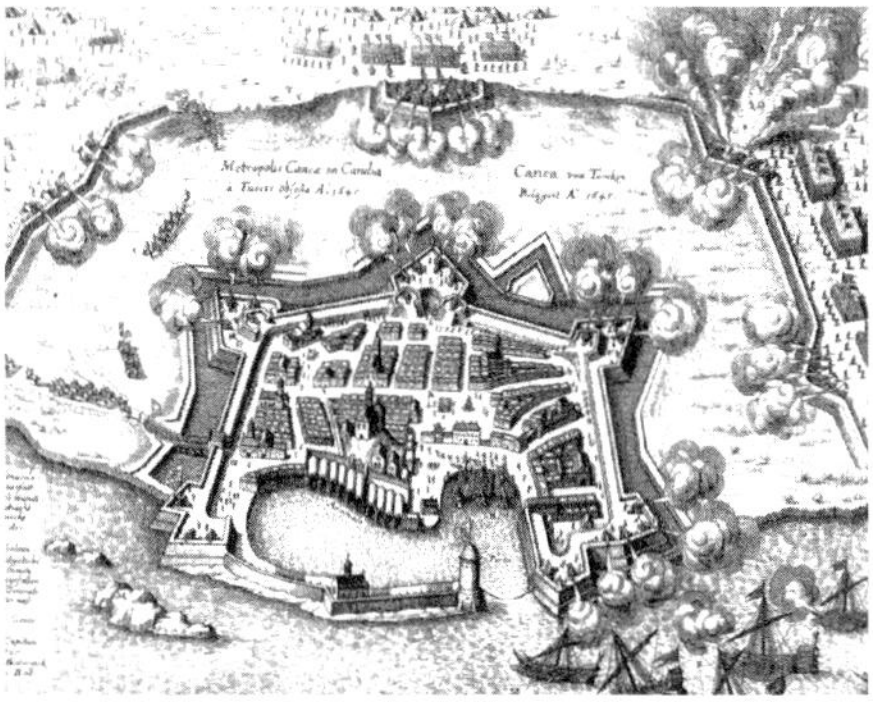
オスマン帝国の攻撃を受けるクレタ島のカネア港

オスマン帝国軍はクレタ島のカネア港に上陸し、レッティモを占領し、クレタの首府カンディア（現イラクリオン）を包囲した。この包囲戦は以後二二年間も続くことになる。スルタンのイブラヒムは、精神的に不安定で狂人だと噂されていたにもかかわらず、対立候補となるべき他の兄弟たちがすで

ポカイア湾でオスマン帝国軍と戦うヴェネツィア・オランダの艦隊（ベーアシュトラーテン画、1656年）

に殺害されていたために皇位に上った人物であった。ヴェネツィア艦隊がダーダネルス海峡を閉鎖したことでオスマン帝国指導層の不評を買い、一六四八年には廃位され、直後に暗殺されてしまったが、この戦争はスルタンが代替わりしても終わらなかった。

一六四五年から六九年まで、二四年間にわたって続いたオスマン帝国とのカンディア戦争は、壮絶な防衛戦としてキリスト教世界の賞賛の的となった。多くの教会がヴェネツィアの戦勝祈念の祈禱を捧げ、時たま義勇軍がやってくることもあったが、ほとんどの期間はヴェネツィア共和国が単独で戦った。何千人もの犠牲者と何百万ドゥカートもの戦費を費やした末、ついに一六六九年、ヴェネツィアは降伏条件に同意した。ヴェネツィア共和国は一三世紀から四五〇年近く保有し、多くの労力をかけて築き上げてきたクレタの植民地を失ったのである。

モレア征服（一六八四〜九九年）——第六次対オスマン帝国戦争

一六八三年、黒海をはさんだポーランドやロシアとの戦争に区切りがついたオスマン帝国は、ハプスブルク家オーストリアとの戦争に乗り出した。第二次ウィーン包囲である。当初はオスマン帝国優位に進んだ戦争は、ポーランドの軍隊がオスマン軍の背後を襲ったことによって逆転し、オスマン軍は退却した。

　これを契機として、ヴェネツィアはオーストリア、ポーランド、ローマ教皇と神聖同盟を結んで第六次対オスマン帝国戦争をはじめた。このときオーストリアは一六八六年にハンガリーの中心都市ブダを、一六八八年にはベオグラードを得た。ヴェネツィアはエーゲ海に艦隊を進め、ペロポネソス半島（モレア）を獲得した。

　一六八七年にはペロポネソス半島奥深く、アテネ近郊まで達していたヴェネツィア軍は、アクロポリスに向かい合う丘から砲撃し、パルテノン神殿での爆発を引き起こすことになった。敵方が神殿を火薬庫に使っていたためである。ヴェネツィア軍司令官フランチェスコ・モロシーニは、第四回十字軍の際にヴェネツィアが得た四頭の青銅の馬に匹敵する戦利品を望んで、パルテノン神殿の女神アテナの戦車と馬を取り外そうとしたが、首尾よくいかず、あきらめざるを得なかった。それでもヴェネツィア共和国にとっては久々の勝利であった。モロシーニは戦功を認められ、一六八八年に帰国後におこなわれた元首選挙で、選挙人の全会一致で元首《ドージェ》に選ばれた。

第108代元首フランチェスコ・モロシーニ（ナッツァーリ画、17世紀）

　オスマン帝国は一六九七年に北セルビアでハプスブルク軍に敗れ、一六九九年、カルロヴィッツ条約でハンガリーの領土喪失を認めた。この条約によって、オスマン帝国によるハンガリー支配と、トランシルヴァニアの属国支配が終わりをつげ、クロアツィア地方はオーストリアに、ダルマツィア地方はヴェネツィアに割譲された。オスマン帝国にとって初めての大きな領土減少であり、

ヴェネツィア軍の砲撃を受けて爆発するパルテノン神殿（フランチェスコ・ファネリ画、1695年）

あとから振り返れば、問題が明らかになりつつあった軍制改革がおこなわれなかったことで、帝国衰退へのターニングポイントである。

　しかし、ヴェネツィア共和国にそれをチャンスに変える力はなかった。元首モロシーニが一六九四年に死去した際には、この勝利を記念して元首公邸の投票の間に大理石の大きな凱旋門が設置されたが、ヴェネツィア共和国には獲得した領土を維持するだけの力もなく、一八世紀初頭、ペロポネソス半島はオスマン帝国に奪い返された。

国際交易の中心から地方経済の中心へ

長い戦争はヴェネツィア財政に大きな負担をかけ、さらに、その間にライヴァルであるフランス、イギリス、オランダがオスマン帝国諸港でヴェネツィアに取って代わった。海運力の低下を補ってきたヴェネツィアの高級毛織物工業も、東地中海市場の流行に合わせたイギリスやオランダの安価な毛織物との競争に敗れ、衰退に向かった。最盛期の一六世紀末には年産二万六〇〇〇反あった生産量は、一七世紀末には二〇〇〇反に減少していたのである。

　一七世紀にこれらの喪失を埋め合わせたのが、特にオスマン宮廷にターゲットをあわせた輸出用の高級絹織物生産であり、ヨーロッパ市場も視野に入れた砂糖精製やガラス製造、鏡やレースとい

トルコ人商館（カーロ・ナヤ撮影、1870年）

ヴェネツィア・グラスのシャンデリア（18世紀、カ・レッツォーニコ美術館蔵）

った奢侈品の製造業であった。一七世紀後半、カンディア戦争終結後、ヴェネツィアはオスマン帝国との交易を再開し、一六八五年までには再びコンスタンティノープルで活躍する主要な外国商人の地位を占めるようになった。ヴェネツィアでも、大運河沿いに一三世紀に作られた貴族の館が、一六二一年に共和国によって借り上げられてトルコ人商館として提供され、オスマン帝国領の商人たちが利用した。

ヴェネツィアにとって重要な取引相手であったドイツも、一七世紀後半には三十年戦争の痛手から緩やかに回復した。ヴェネツィア港の停泊税収入は一六七〇年から一七〇二年にかけて約七〇パーセントの増加を示し、ヴェネツィア商船数も拡大した。ただし、以前のような大型船ではなく、近距離輸送のための中小型船が主力である。

テッラフェルマでの産業の発展が、港としてのヴェネツィアの回復を後押しした。パドヴァ、トレヴィーゾ、ベルガモなどのテッラフェルマでの毛織物工業の発展はむしろライヴァルとなってヴェネツィア市の毛織物生産の凋落を招いたが、絹織物の分野では、ヴェネツィア市で生産する高級絹織物と、テッラフェルマで発展した養蚕と絹撚糸工業は住み分けることが可能であった。一七世紀の過程で、テッラフェルマ各地は上質の絹撚糸の生産地に発展した。また、テッラフェルマでは製紙業も発達し、ヴェローナ領やポー川デルタでは一六世紀末から米の生産が始まり、とくに一六四〇年代から多く輸出されるようになった。ヴェネツィアの港は、こうしたテッラフェルマ産品の積み出し港であり、テッラフェルマの産業に原料を供給する物資の集散港になったのである。

一七～一八世紀のヴェネツィアの生活水準は高く、経済そのものは繁栄を続けていたが、国際社会における位置づけとして、海上商業勢力としてのヴェネツィアの重要性は低下した。国際商業の中心地ではなく、特色はあるにせよ、地方経済の中心である。一七世紀以降のヴェネツィアの名声は、もっぱら文化の面で語られるようになるのである。

ファブリアーノの製紙工場（16世紀）

3　歓楽と観光の都

一六世紀の祝祭とコンパニア・デッラ・カルツァ

一六世紀以降、イタリアばかりでなくヨーロッパ各地で君主の権力を強化するための装置のひとつとして、祝祭が活発におこなわれるようになった。「ヴェネツィア共和国の威信」の復活を目指したヴェネツィアも、この祝祭をプロパガンダとして大いに活用した。元首アンドレア・グリッティのおこなったヴェネツィア共和国の威信を高めるためのヴェネツィア市の再整備政策は、ヴェネツィアの政治の中心サン・マルコ広場をローマ・ルネサンス建築の導入によって美しく整えたばかりでなく、この広場を舞台にしておこなう祝祭にも及んでいた。

祭りの際には、従来からあちらこちらの広場で闘牛のような動物狩りがおこなわれてきたが、ヴェネツィアには謝肉祭《カルネヴァーレ》が最高潮に達するジョヴェディ・グラッソ（四旬節前の最後の木曜日）に特別におこなう催しがあった。一二世紀の戦いでヴェネツィアに敗北したアクイレイアが、共和国への忠誠の証として毎年雄牛一頭、豚一二頭、パン三〇〇個を贈る習わしになっていたのである。牛と豚は共和国の高官による裁判で死刑を宣告され、元首公邸《パラッツォ・ドゥカーレ》の横のサン・マルコ小広場《ピアツェッタ》まで行進し、そこで追い回され、生け捕りにされて、首をはねられる。一六世紀には、共和国政府は謝肉祭の公式行事をもっと品のいいものに改革しようとした。元首グリッティも、喜劇や踊り、仮面舞踏会、花火、祭礼行列《プロセッション》といった、ルネサンス文化から生まれた演劇的なものに変えようと、いくつかのイヴェントを後押しした。とはいえ、昔からある民衆の楽しみを奪うことはできず、ヴェネツィアの祝祭は、中世からの要素とルネサンス文化の要素が混ざり合った多様なものになっていく。

カルネヴァーレ期間中のサン・マルコ小広場の見世物
（ガブリエル・ベッラ画、18世紀）

一六世紀に流行し、謝肉祭をはじめとする祝祭のプロデュー

特徴的なデザインのカルツァを履いた若者（「イギリス人使節の到着」カルパッチョ画、1495～1500年より）

スをする主役になったのが、コンパニア・デッラ・カルツァである。有力貴族の子弟が結成し、祝祭を企画・運営した集団で、謝肉祭やキリスト昇天祭《センサ》などの公式の祭りや、会員の婚礼、外国の君公のヴェネツィア訪問などの際に、大がかりな見世物やパレードを主催した。それぞれの集団が特定のデザインのカルツァ（タイツ）を身につけることで集団への所属を示したことから、この名で呼ばれている。一五世紀後半から一六世紀前半にかけて、少なくとも三〇から四〇ほどのコンパニアが存在し、平均的な会員数はそれぞれ二〇から三〇名ほどであったという。一六歳から二〇歳くらいまでの若者が集まって結成し、五年ほどの短期間で解散することが多いが、一〇年以上継続した例もあった。ヴェネツィアでは二五歳以上の男性貴族は全員、大評議会に所属し、政治的な責務を担うことになっているため、公務に忙殺される前の若者時代のサークル活動ということであろう。

　コンパニア・デッラ・カルツァは、謝肉祭の祝祭での闘牛や動物狩りの獲物を調達し、模擬馬上槍試合や仮面舞踏会や花火などのスペクタクルを企画し、演劇の舞台を作り、外国からの来賓の接待をした。時にはヴェネツィア政府が来賓の接待をコンパニアにゆだね、補助金を与えることさえあった。さまざまな祝祭・演劇・舞踏・音楽などのイヴェントのパトロンとしての文化的機能や、外交機能も担った集団である。この集団の発足には十人委員会などの政府の許可が必要であり、会費や祝祭を実施する費用としてかなりの経済力を要求されるため、前提として相当の資産が必要であった。会員同士は親密な人間関係を結び、サークル内で築かれた人間関係はその後の政治活動のなかでも継続するものであった。和栗珠里氏は、このコンパニアに所属するのはヴェネツィア貴族のなかでも特に裕福な名家に属するエリート候補生であり、この集団に所属することでヴェネツィアの有力貴族が若いころから会員同士や来賓とのあいだで親密な人間関係を築いたことは、有力貴族の寡頭制強化に結びつく社会的機能をもっていたと指摘している。

柵の外に立つ左から三番目の若者の肩には所属を表す刺繍が見える（同前）

　コンパニア・デッラ・カルツァの活動は、一六世紀に隆盛を誇るが、その世紀の終わりには見られなくなる。その興隆は、一六世紀のヴェネツィア政界での、有力貴族の手に政治を集約しようとする政策が見られた時期と重なっていた。爵位の概念のないヴェネツィア貴族のあいだでは、公式な身分の差はなく、おのおのの貴族は票決で平等な権利を行使する存在であり続けるが、一六世紀以降、財産と名声を兼ねそなえ、婚姻の絆で互いに深く結びついた有力貴族と、そのほかの貧困貴族との格差は広がっていったのである。

演劇とオペラ

イタリアでは一六世紀半ばにコンメディア・デッラルテという仮面道化劇が成立した。一六世紀の祝祭では、貴族や知識人が演じる高尚な演劇も流行したが、こうしたイヴェントでのアマチュア演劇に対して、「その技術《アルテ》で生計を立てる職業俳優たちが演じる喜劇」が語源である。もともとは大道芸と結びついた即興的なもので、類型的な登場人物がお定まりのストーリーを展開することを特徴とした。たとえば、インナモラーティと呼ばれる恋人たち、ずるがしこい召使いザンニ、道化者でトリックスターのアルレッキーノ。主人公となる召使いたちが機転を利かせて、欲深で好色なヴェネツィア商人パンタローネや、博学だがろくなことを言わないドットーレ、いつも怒っている短気な軍人カピターノといった偉そうで鼻につくが、どこか憎めない主人たちを助けたり、裏をかいて若い恋人たちを助けたりする物語である。キャラクターにはそれぞれ典型的な仮面、服装、性格付けがあり、観客は登場人物の姿を見るだけで、その役回りが把握できた。

コンメディア・デッラルテは一六世紀のヴェネツィアやナポリを中心に成立し、やがてフィレンツェやマントヴァ、フェッラーラなどの宮廷で保護を受け、一七世紀にはフランスやスペイン、イギリスなどにも広まっていく。

ヴェネツィア以外の地域では、演劇は宮廷の保護を受け、宮廷の祝祭や貴族の館でのプライベートなものとして発展していくが、ヴェネツィアでは公共の劇場が作られ、閉じられた宮廷ではなく、広く庶民に開かれたものとして発展した。一七世紀前半、ヴェネツィアには、広く一般の観客を対象とし、入場券を売ってその収益で興行する常設の劇場が成立した。

一七世紀のヴェネツィアで劇場の興行が成功したのには、音楽と演劇が融合したオペラの誕生が大きく影響している。一六一三年からサン・マルコ教会の楽長に就任したクラウディオ・モンテヴェルディ（一五七六〜一六四三年）は、教会音楽の作品を数多く残したが、オペラの創作にも打ち込んだ。モンテヴェルディがはじめて「音楽による劇」を作曲したのはマントヴァ宮廷で仕えていた一六〇七年のことであったが、ヴェネツィアで活躍するなかで、この頃ヴェネツィアではじめてできたオペラハウスのために、多くのオペラを作曲したのである。華やかな舞台装飾や気の利いた寓話的な作品、コーラスや音楽、理想化された古典世界といったものが大いにあたり、一七世紀には一七もの劇場が生まれた。

ジェロージー座のイザベッラ・アンドロイーニが演じるコンメディア・デッラルテの一場面（フランケン・ヒエロニムス画、16世紀）

ヴェネツィア生まれで、一八世紀にヴェネツィアで活躍した劇作家カルロ・ゴルドーニ（一七〇七〜九三年）は、およそ二五〇の戯曲とオペラを書いた。特に演劇の分野でコンメディア・デッラルテを土台にして、登場人物にそのキャラクターを用いながらも、物語から過激で卑俗な部分を取り除いて洗練された人間喜劇を作り上げた。ヴェネツィア最古の劇場のひとつで、一七世紀の建築当初はサン・ルカ劇場と呼ばれていた劇場は、ゴルドーニの作品を数多く上演し、一八七五

教会音楽のほか、多くのオペラを作曲したクラウディオ・モンテヴェルディ（1644年発行の追悼詩集より）

250もの戯曲やオペラを書いたカルロ・ゴルドーニ（アレッサンドロ・ロンギ画、1750年頃）

年の改築の際にこの劇作家に敬意を表して、ゴルドーニ劇場《テアトロ・ゴルドーニ》と名前を変えて再開している。

オペラと演劇が一八世紀ヴェネツィアの劇場の中心になった。一〇月には演劇の上演がはじまり、クリスマスの中断をはさんで、謝肉祭から四旬節まで上演された。オペラは夏がシーズンで、春の終わりのキリスト昇天祭《センサ》から公演が始まった。

ヴェネツィア生まれの作曲家アントニオ・ヴィヴァルディ（一六七八〜一七四一年）は、若き日にはサン・マルコ教会の楽団のヴァイオリン奏者であった父とともに、ヴァイオリンを演奏していた。聖職についてのち、捨て子を養育する施設であるピエタ慈善院（オスペダーレ・デッラ・ピエタ）の付属音楽院でヴァイオリン教師となり、やがて聖歌隊指揮者として活躍した。ヴェネツィアにあった四つの慈善院では、女子の孤児たちが音楽教育を受けて演奏活動をし、その収益が善意の寄付や政府の補助金とともに施設の運営資金になった（女子は結婚しない場合、慈善院にとどまったが、男子の場合は職業訓練を受けて一六歳で院を出た）。ヴィヴァルディは慈善院の音楽隊のために多くの曲を書き、さらに九四のオペラを作曲したと手紙の中で述べている。

一八世紀末のヴェネツィア共和国の最後を飾ったオペラハウスが、フェニーチェ劇場である。一

ヴェネツィアの文化的中心となったフェニーチェ劇場（カニョーニ画、1829年）

ヴェネツィア生まれの作曲家アントニオ・ヴィヴァルディ（F.M.ド・ラ・カーヴ画、1725年）

七九〇年から九二年にかけて建設され、一五〇〇席を有するヴェネツィア共和国最後の大建築となった。イタリアのみならずヨーロッパのなかでもトップクラスの歌劇場として、ヴェルディ、ドニゼッティ、ロッシーニらの作品が上演され、成功を収めた。もはやヴェネツィアが国際的な名声を博すのは、芸術の分野だけであった。

ヨーロッパ規模で名をあげたことで、フェニーチェ劇場は、ヴェネツィア共和国滅亡後もこの都市の文化的中心であり続けた。ナポレオンがヴェネツィアを征服した際の締めくくりはフェニーチェ劇場での凱旋の宴であり、この都市がオーストリアの支配下にあったときには、この劇場がオーストリアからの独立とイタリア王国への併合を願う愛国主義者の牙城になった。火災に遭っても何度も再建されるのは、そのシンボルとしての重要性のためであろう。一八三六年の火災では正面《ファサード》を除いてすべて焼け落ちたが、一年で再建された。不死鳥というその名の通り、炎のなかから新たによみがえったのである。さらに一九九六年に内部が全焼した際にも、二〇〇三年までかかって再建を果たしている。

一年の半分が祝祭

一八世紀には、ヴェネツィアはもはや商業の中心地としてではなく、歓楽の都として有名になっていた。キリスト教で最も重要な祭りは、イエス・キリストの復活を祝う復活祭である。「春分の後の満月が過ぎた最初の日曜日」に祝うため、毎年、日が変わる移動祭日である。この復活祭の準備期間として、四六日前から前日までを四旬節といい、かつてイエスが荒れ野で四〇日を過ごし、断食したことを思い起こして、肉食を控え、悔い改め、祈りと慈善に捧げるべき時期である。謝肉祭《カルネヴァーレ》は、その慎みと祈りの時期の前に食べて飲んで浮かれ騒ぐ祭りであった。もともとはキリスト教とは無関係の異教の祭りを起源とするともいわれるが、中世のあいだにキリスト教の慣習に取り込まれた。通常は一週間ほどのお祭り騒ぎであるが、ヴェネツィアの場合は一二月二六日の聖ステファヌスの祭日から約半年にわたって続く、世俗の色合いの強い祭りになった。

ヴェネツィアの謝肉祭のシンボルになった仮面は、個人を隠し、匿名性を得ることによって身分や人間関係から自由になれることが魅力であるが、それゆえに公権力による規制もつきものであった。一三世紀半ばからヴェネツィアでは仮面の使用が認められていたが、乱用によって風紀が乱れるとして、制限令や禁止令が何度も出されている。一四六一年にはすべての仮面が禁止されたが、空文化し、一七世紀には正式に謝肉祭のあいだのみ、仮面の使用が認められた。一八世紀には仮面は時期を問わず、一般的に使われるようになっていく。ヴェネツィアの画家ピエトロ・ロンギは、一八世紀ヴェネツィアの風俗画を多く描いたが、そのなかには「バウッタ」と呼ばれる仮面付きの黒マントを羽織った男たちや、顔の真ん中だけを覆う「モレッタ」という半マスクをつけてショールをかぶった女たちが数多く登場する。

さらに仮面が「必要」とされたのが、遊戯場《リドット》である。ヴェネツィアの劇場の持ち主はほとんどがヴェネツィア貴族であったが、賭博場の胴元になったのも貴族であった。共和国政府は賭博を規制する目的で、一六三八年に貴族のマルコ・ダンドロに自邸で遊戯場《リドット》を開設する認可を与えた。二〇世紀の一九二〇年代には、向かいの大運河近くの角にハリーズ・バーが作られ、ヘミングウェイなど多くのアメリカ人が常連になった。

遊戯場には、賭博用のテーブルが用意された部屋が一〇ほどあり、おびただしい人がいたにもかかわらず、完全な沈黙が支配していた。ここには仮面をつけない者は入室を許されず、談話室もあるので、春を売る女性たちに会うこともできた。チョコレートやお茶やコーヒーが饗され、葡萄酒や砂糖菓子、レモネードなどが売られていた。一七四九年出版のイギリス人旅行者向け案内書『グランドツアー』では、賭博場では結局は胴元が勝つものであるし、ここでは既婚の婦人方も仮面をつけているために謝肉祭のようなあらゆる遊興にふけっているので、紳士は自由にご婦人に話しかけたり冷やかしたりできるけれども、のちのち無頼漢や刺客を相手にする羽目にならないように、あまり破廉恥なことは慎むように、と注意をうながしている。

仮面をつけて遊戯場（リドット）にたむろする人々（グアルディ画、18世紀）

多くの貴族が賭博で没落したために、一七七四年、大評議会は七二〇対二一で、公営遊技場の閉鎖を決めた。しかしこの悪習はあまりもこの都市に根付いており、公営遊戯場が閉鎖されたあとも、貴族の廷内で私営遊戯場が蔓延するのを阻止できなかった。貴族たちの私的なクラブはカジノと呼ばれていた。

最初のカフェ

遊戯場はスリルも楽しみのうちの社交の場であったが、もっと健全な社交の場がカフェである。コーヒーの原産地はエチオピアで、飲み物として最初に成立したのはアラビアであるが、ヴェネツィアはヨーロッパで最初にコーヒーを出すようになった都市のひとつである。ロンドンで最初のコーヒーハウスが誕生したのが一六五二年、アムステルダムにコーヒーが定期的に輸入されるようになったのが一六六三年であった。

それを追ってヴェネツィアでは一六八三年に、最初のコーヒー店がサン・マルコ広場の新行政官庁《プロクラティエ・ヌオーヴェ》の一階に開店した。コーヒーを楽しみながら、文化や政治談義、流行の啓蒙思想についての会話が交わされ、新聞や官報や書物が置かれ、ニュースや噂話が飛び交う場所になったのである。現在も一八世紀創業のカフェとして、新行政官庁の一階にカフェ・フロリアンが、旧行政官庁《プロクラティエ・ヴェッキエ》の一階にカフェ・クアードリが、その由緒ある

18世紀創業のカフェ・フロリアン

趣で観光客を集めている。

歓楽の都

『日記』で一六世紀のヴェネツィアの出来事を克明に記したマリン・サヌードによると、一六世紀の初めにヴェネツィアの娼婦の数は一一六五四人をくだらなかった。説教師ベルナルド・オキーノは説教のなかで、ヴェネツィアには一万から一万二〇〇〇の娼婦の家があると述べている。一六世紀初頭のヴェネツィアの人口が一二万人ほどであったことを考えると、住民一〇人に一名というすさまじい数になる。研究者のラリヴァイユは同時期のローマと同じぐらいの比率だとしているが、ローマが教皇庁の都として、他の都市より独身男性住民が多い都市であることを考えると、港町とはいえヴェネツィアの比率ははなはだ高い。

リアルト広場の背後には、オステリアやタベルナと呼ばれる宿泊施設があり、一階が居酒屋で上階が宿屋になっていたが、ここは娼婦が集まる場所でもあった。ヴェネツィア共和国はリアルト広場の近くに「カステレット（ベッドの城）」という公営の娼家を設けて公的な管理の下におく政策をとったが、一五世紀を過ぎると次第に規制を逃れた歓楽街が広がっていった。

そういった貧しい娼婦たちと一線を画したのが「コルティジャーナ」あるいは「コルティジャーナ・オネスタ」と呼ばれる高級娼婦である。直訳すれば「宮廷の女性」で、もともとは王侯貴族に仕えるお付きの女性、すなわち貴婦人を指していた言葉が、一五世紀末のローマで高級娼婦をさす婉曲表現として使われるようになった。美しさだけでなく、音楽を巧みに奏で、文化や哲学その他の議論をかわす知性と教養を兼ねそなえた女性たちである。一六世紀ヴェネツィアの代表的なコル

教養豊かな高級娼婦ヴェロニカ・フランコ（ティントレット画、1575年頃）

ティジャーナが、ヴェロニカ・フランコであった。

ヴェネツィアで生まれたヴェロニカ・フランコ（一五四六〜九一年）は、三人の兄弟とともに家庭教師から教育を受けた。十代で裕福な医師と結婚したが破綻し、その後、高級娼婦への道を歩んだ。一五六五年頃出版された『ヴェネツィアの主たる誉れ高いコルティジャーナすべてのカタログ』に名前がある。このリストには女性たちの名前、住所、価格が記載されており、下は半スクードから、上は三〇スクードを超える価格が記されていた。ヴェロニカは一流どころで、接吻ひとつで五スクード、これだけでヴェネツィアの労働者一週間分の給金に相当した。それ以上のおつきあいを希望するなら五〇スクードが必要と言われていた。古典に通じ、文学や哲学についての会話ができることはコルティジャーナの条件であったが、ヴェロニカは一流の知識人とも対等に批評を交わし、書簡集と詩集を出版した。一五七四年夏にヴェネツィアを訪れた若きフランス王アンリ三世は、高級娼婦の細密画の一覧を勧められてヴェロニカを選び、ヴェロニカは国王にソネット二篇を献上している。

共和国政府は一五六二年に、絢爛豪華に着飾った娼婦たちを貴族の婦人と見誤ることがないようにと、絹の衣装や宝飾品を娼婦が身につけることを禁じたが、高級娼婦の場合、こうした禁令が守られることはまずなかった。ティントレットが描いたヴェロニカの肖像画には、大粒の真珠の首飾りと宝石を身につけた姿が描かれている。養殖技術がない当時、粒のそろった真珠は現在以上にきわめて高価なものであった。

また、トスカーナ地方出身で一六世紀のローマで辛辣な風刺詩人として名をあげたピエトロ・アレティーノ（一四九二〜一五五六年）は、一五二七年からヴェネツィアに腰を落ち着け、さまざまなジャンルの論文と歯に衣着せぬ風刺と批判を大量に生産して生計を立てた。印刷業者が数多くあり（一五世紀末に一五〇〇の印刷所があるといわれた）、ヴェネツィア共和国の名誉を毀損しない限り、言論の自由にとやかくいわないヴェネツィアという国は、王侯貴族を褒めそやすか皮肉り風刺する文章で生活していた文士にとって暮らしやすい場所であった。アレティーノは、多くのヴェネツィア貴族やアルヴィーゼ・コルナーロのような人文主義者、さらにはティツィアーノら芸術家とも親密なつきあいをした。そしてこの人物は、売春宿を舞台にした最初のポルノグラフィともいわれる『気まぐれなおしゃべり《ラジョナメンティ》』（一五三四年）の著者でもあった。この本はいち早くフランス語に翻訳されて広く読まれ、快楽の街ヴェネツィアのイメージ作りに一役買っていた。一八世紀のジャン＝ジャック・ルソーもこの都市に一年あまり滞在し、「世界中にこれ［ヴェネツィアの娼婦］に匹敵するものはいない」と回想している。

風刺詩人として名を上げたピエトロ・アレティーノ（ティツィアーノ画、1548年頃）

コルティジャーナの官能と文化の香りあふれる華麗で洗練されたイメージは、多くの外国人客がヴェネツィアに期待するものになったのである。

4　グランドツアー

グランドツアーの観光客

船でしか行けない海の上にあり、数々の小島が多くの太鼓橋でつながれた他に類を見ない景観をもち、一〇〇〇年以上の政治的安定を誇る希有な都市として、ヴェネツィアは外国の観光客を引きつけた。主権国家が台頭し、ヨーロッパのほとんどが国王を中心とした君主国であった時代に、いまだ共和国として繁栄を誇る国であり、祝祭の都、ルネサンスの美の残る場所、そしてスウェーデン国王グスタフいわく「イタリアの古い栄光を唯一宿している都市」であった。

一八世紀ヨーロッパでは、貴族の子弟の教育のしあげとして、数年かけて文化の中心地を巡る旅に出ることが流行していた。「グランドツアー」と呼ばれる長期の旅である。特にイギリス貴族の場合、行き先はフランスかイタリアで、ヴェネツィアは人気を集めた観光地のひとつであった。ゲーテの『イタリア紀行』など著名人の書いた旅行記は、実際にその地を見てみようとする人々の興味をかき立てた。

ヴェネツィアの場合、一八世紀に訪れた人々はしばしば、この都市の美しさを損なう不潔さや悪臭、堕落した習慣、あるいは悪名高い十人委員会による監視と抑圧に不満を述べているが、同時に華やかな祝祭や、治安の良さ、共和国政府が下層民に対して与えている行き届いた社会政策などに賞賛を贈った。

観光みやげの景観画

こうした観光客、なかでも裕福な観光客が好んで購入したのが、観光地の風景を描いた景観画である。グランドツアーの観光客たちは、時間と資金に余裕があれば旅の思い出の風景や古代の遺跡などを画面に盛り込んだ肖像画を描かせたが、名所旧跡を写実的に描いた「景観画《ヴェドゥータ》」は、いわばその簡易版である。代表的な名所旧跡を実際の距離は無視して一枚の画面に盛り込んだ場合、「カプリッチョ（奇想画）」という。旅の土産として同じく観光地であったローマでも人気のジャンルであった。

ローマのコロッセオのすぐ横にパンテオンが描かれた典型的なカプリッチョ（ジョバンニ・パオロ・パンニーニ（1725～50年）

ヴェネツィアで最も有名な景観画家はカナレットであろう。現在の我々にとっても、絵はがきやポスターで最も多く目にするヴェネツィアの絵は、おそらくカナレットのものである。

カナレット（一六九七～一七六八年）、本名アントニオ・カナルは、父のベルナルドが舞台装置の背景を描いていた画家であったため、小カナル《カナレット》と呼ばれた。最初の後援者《パトロン》はのちのリッチモンド公チャールズ・レノックスであったが、やがて一六二六年から二八年にイギリス商人ジョセフ・スミスの注文を受けたのが、大きなステップになった。このイギリス人が同国人にカナレットの絵を積極的に売り込んだのである。

リアルト橋付近のカナル・グランデの景観（カナレット画、1730年頃）

ジョセフ・スミス（一六八二～一七七〇年）は、一八歳の時からヴェネツィアに在住していたイギリス商人で、一七四四年、六二歳の時にヴェネツィア駐在のイギリス領事に任命された人物である。商業と美術品売買で財をなし、リアルト橋に近い大運河沿いの館を改装して自宅にし、快活で愉快な主人役を務めながらヴェネツィアを訪問するイギリス人を歓迎し、自らが後援する芸術家たちの展覧会を催して、画家を売り込んだ。その筆頭がカナレットであった。

カナレットは、ローマに赴いて流行の景観画《ヴェドゥータ》の手法を学び、景観画を描くのに「カメラ・オブスクラ」を使った。暗室に取り付けた凸レンズを通して外部の像を映し出す装置、つまりカメラの原型である。この技術をヴェネツィアで最初に使用したのは、数学者で画家でもあったルカ・カルレヴァリス（一六六三～一七二九年）であったが、景観画家としてはカナレットのほうが評価が高い。風景を像として写すことはできても、実際に絵筆を用いて描くのは画家の技量であり、新技術は構図を決めてかたちを写し取る参考になった程度なのであろう。実際、カナレットの描いた風景は縮尺や建物のあるなしなど、現実の風景とは異なるところも多い。何を描くものとして選び取るかは画家の重要な才能であった。

スミスが自宅のために注文した景観画は、サン・マルコ広場とサン・マルコ小広場が五枚とリアルト橋が一枚、いずれも都市ヴェネツィアの象徴となる名所であり、客に見せて売り込むためのサンプルの役割を果たしたのかもしれない。その結果、現在カナレットの作品は、ウィンザー宮に五〇点以上、ナショナル・ギャラリーに一二点、個人コレクションも含めるとロンドンにはさらに八〇点近く存在しているといわれている。イギリスでの人気が高まったため、一七四六年にカナレットは領事スミスの紹介状を携えてロンドンに渡った。その後、ほぼ十年にわたってロンドンに滞在し、ロンドンの景観画を描いたあと、一七五〇年代半ばにヴェネツィアに戻った。カナレットの作品は、版画家のブルストロンらによる版画として大量に生産され、世界中に観光地ヴェネツィアのイメージを広めたのである。

パッラーディオ人気

一八世紀の外国人観光客にもう一つ人気が高かったのが、一六世紀の建築家パッラーディオの作品である（二六一頁参照）。一七八六年九月末にイタリアをめぐる旅の途中でヴェネツィアを訪れたゲーテも、到着四日目にパッラーディオが設計したというカリタ修道院（コンヴェント・デッラ・カリタ、現在アカデミア美術館）を見に出かけている。しかもドイツでパッラーディオの著作『建築四書』を読んでその設計図を記憶しており、できあがった現物を見て十分の一も実現していないことに落胆しつつも、それでもすばらしいものであろうと大いに楽しみにしていた。ところが実際できあがっているのはほんの十分の一もないくらいである。けれどもこの部分だけでも、彼の稀代の天才の名を辱めないもので、これまでに私の見たこともないような設計の完全さと工事の正確さとを

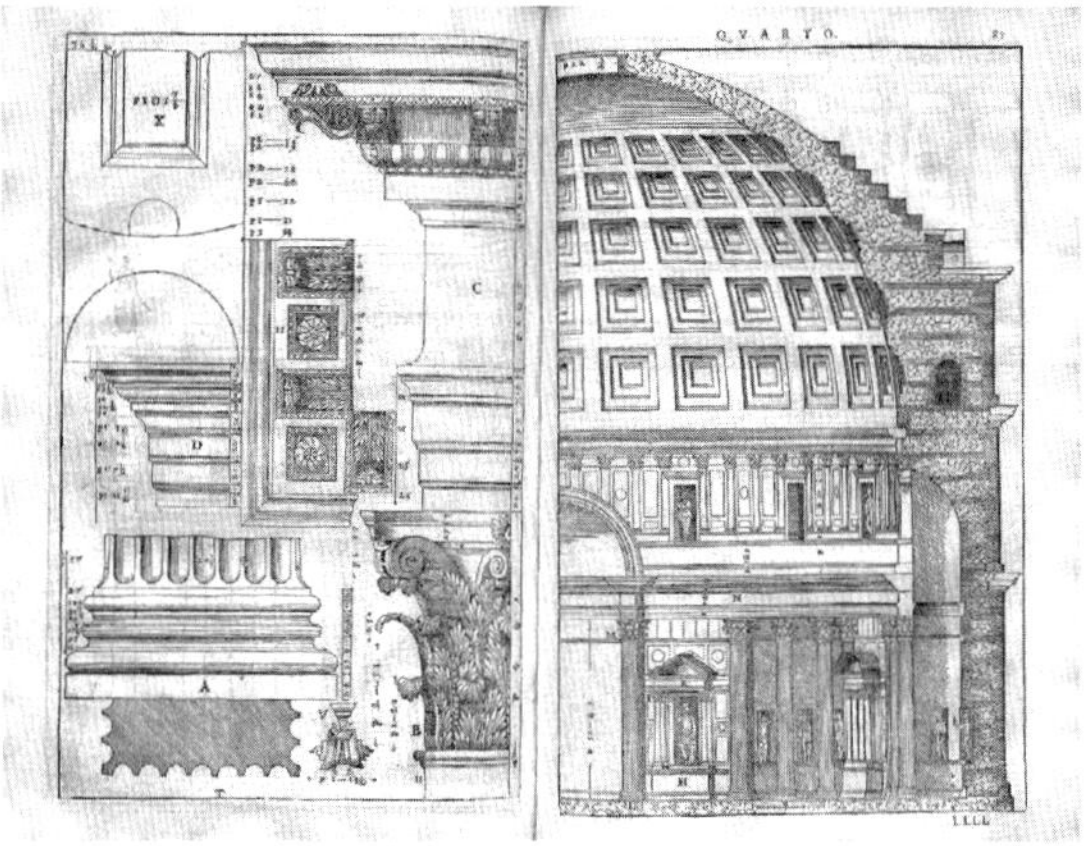

パッラーディオ著『建築四書』

示していた。こうしたすぐれたものの観察のためには、幾年費やしても惜しくはない。これ以上に高尚なもの、これ以上に完全なものを私はついに見たことがなかったとすら思う。」手放しの褒めようである。

前述の通り、グランドツアーで訪れるイギリス貴族たちにも、パッラーディオは大いに人気であった。一七世紀はじめにイタリアを旅した建築家イニゴ・ジョーンズが紹介して以来、パッラーディオの建築はイギリスでブームを巻き起こした。一七世紀の革命で立憲君主政を確立したイギリスにとって、大陸の絶対王政は乗り越えるべきライヴァルであった。国王や教皇の権力を劇的に示すものとして一七世紀に流行したバロック建築を、イギリスは絶対王政の象徴と見なして敬遠し、代わりに共和政の国ヴェネツィアで活躍したパッラーディオの建築様式を議会主権にふさわしい建築様式として歓迎したのである。一七一五年にはパッラーディオの『建築四書』の英訳も出版されている。

そうしたイギリス人の要望にあわせてであろう、カナレットは「パッラーディオ建築のある奇想画《カプリッチョ》」（パルマ、国立美術館蔵）という作品のなかで、パッラーディオが設計したものの、ヴェネツィア政府の募集した設計案コンクールで選ばれなかったため、建設されることのなかった幻のリアルト橋を描いた。しかも橋の両横にはパッラーディオが活躍した都市ヴィチェンツァのキエリカーティ宮と市庁舎《バシリカ》が並んでいる。もちろん現実の風景として、サン・フランチェスコ・デッラ・ヴィーニャ教会やサン・ジョルジョ・マジョーレ教会、レデントーレ教会などのパッラーディオ作品も多数描いている。

パッラーディオ設計の幻のリアルト橋（カナレット画）

ジャンバッティスタ・ティエポロ

グランドツアーで訪れる外国人には、他国には珍しい女性画家としてロザルバ・カッリエーラ（一六七五〜一七五七年）も人気が高く、肖像画の注文が殺到した。ヴェネツィアの人々の暮らしをユーモラスに描いたピエトロ・ロンギ（一七〇一〜八五）、風俗画や景観画を得意としたフランチェスコ・グアルディ（一七一二〜九三年）なども有名であるが、一八世紀のヴェネツィアを代表する画家はジャンバッティスタ・ティエポロ（一七二七〜七〇年）であろう。重力を感じさせない軽やかな天井画を得意とし、一八世紀最大の室内装飾画家ともいわれる。貴族の館や教会で、古典や神話に題材をとった劇的なフレスコ画を多数描き、柔らかい筆致と色彩が、特にロココのフランス人に好まれた。ティエポロの描いた天井画の人物たちがまとう軽やかな布地は、一六世紀にティツィアーノが描いたどっしりした厚みのある絹地ではなく、まさに一八世紀に流行していた薄くて軽い絹のタフタそのものである。

5　共和国の終焉

「武装中立」の一八世紀

一八世紀のヴェネツィアは、外交上は「武装中立」の立場をとりつづけた。

ヨーロッパでは、一七〇〇年にスペイン国王カルロス二世が後継者を残さず没し、フランス国王ルイ一四世の孫がフェリペ五世として即位した。諸国がこれを承認したのはフェリペがフランス王位継承権を放棄することが条件であったが、放棄が撤回されたことで、一七〇一年、スペイン継承戦争が始まった。

フランスとスペインのブルボン王家と、オーストリアのハプスブルク家との争いは一七一四年まで続いた。自然国境説を主張して国土拡大を図るルイ一四世に対して、周囲の国々は同盟を組んで立ち向かい、ハプスブルク家オーストリアにはイギリスとオランダがつき、ミラノ公国、マントヴァ公国、サヴォイア公国はブルボン家についたが、サヴォイアは一七〇三年にオーストリア側に移った。この戦争はユトレヒト条約（一七一三年）とラシュタット条約（一七一四年）で終結し、オース

「マリアの教育」（ジャンバッティスタ・ティエポロ画、1732年頃）

トリアはミラノ公国、マントヴァ公国、ナポリ王国、サルデーニャ王国、警備国家を領有することになった。サヴォイア公国は東方に領土を拡大し、シチリア王国を得た。ヴェネツィア共和国は国際間の均衡を保つと主張しながら、実際には中立という方法しかとれなかった。

攻撃を仕掛けてくるオスマン帝国に対しては、武装中立の建前もむなしかった。一七一四年、オスマン帝国の攻撃が始まった。これが第七次、最後のオスマン帝国との戦争である。ペロポネソス半島の領土は再び失われたが、ヴェネツィア共和国は一七一六年の防衛戦で善戦し、コルフ島の死守には成功した。しかし、一七一八年のパッサロヴィッツ条約で共和国はペロポネソス半島を放棄し、最後に残ったのはコルフを含むイオニア諸島とダルマツィアの諸港だけであった。

積極的な政策をとることなく、息を潜めてヴェネツィアが延命を図るなか、一八世紀末、変化はイタリアの外からやってきた。

ナポレオンの登場——ヴェネツィア共和国滅亡

一七八九年三月に、最後のヴェネツィア元首ロドヴィーコ・マニンが選出された。元首は清廉な人物だと認められてはいたが、決断力に欠けると評され、なによりも一世紀ほど前に政府への拠出金と引き替えにヴェネツィア貴族に加入したばかりの新家系出身の人物であった。あるサン・マルコ財務官は「フリウリ出身の元首の出現とともに、共和国は死んだ」と発言した。複雑な元首選挙で当選するからには一定の賛同を得ていたはずであるが、新元首への反感も渦巻いていたのである。

数ヵ月後、パリで革命が勃発した。ヴェネツィア共和国は一七九一年、ルイ一六世の弟プロヴァンス伯が共和国領内に亡命することを認めたが、フランスとオーストリアとの戦争が始まった際、

レオーベン条約の署名場面。フランス総裁政府代表としてナポレオンが出席している（ギヨーム・ギヨン・レティエール画、1805年）

反革命戦線への参加は拒んだ。一七九四年、オーストリア軍が共和国領内に侵入する危機が迫ったときも、中立を宣言するが、それ以上のことはしなかった。

しかし、一七九六年三月、ロベスピエールの恐怖政治を終わらせたフランス総裁政府は、ナポレオン・ボナパルトをイタリア方面軍司令官に任命した。そして、プロヴァンス伯を保護していること、フランスを批判する印刷物に寛容であること、オーストリア軍の領内通過を認めたことを理由に、ヴェネツィアを非難したのである。

プロヴァンス伯はヴェローナを去ったが、ナポレオン率いるフランス軍は一七九四年四月にオーストリア・ピエモンテ連合軍を破り、ミラノからオーストリア人の大公フランツ二世を追い出し、ロンバルディア地方を占領した。ピエモンテは単独講和に同意し、サヴォイアとニースをフランスに割譲せざるを得なかった。フランス軍は着々と東進し、一一月にヴェローナに進軍する。

一七九七年四月、レオーベンで、敵対するはずのフランスとオーストリアは、ヴェネツィア領の分割について合意に達した。オーストリアはミラノを含むロンバルディア地方とベルギーへの要求を放棄することを条件に、ヴェネツィア共和国のテッラフェルマ領を獲得する、その補償としてヴェネツィア共和国にはボローニャ、フェッラーラ、ロマーニャなどの旧教皇領を与えるという内容であったが、ヴェネツィアには事前協議もなく、実現できるものでもなかった。

一七九七年四月三〇日、フランス軍はヴェネツィア共和国に無条件降伏を要求し、翌朝早朝の大評議会で、ナポレオンの要求を受け入れるか否かをめぐって票決がおこなわれた。貴族の多くがすでに市外に逃れ、票決に意義があるかどうかも定かでない状態であったが、票決は執行された。結論は降伏であった。

ヴェネツィア市内に入るナポレオン軍（ジーン・デュプレシス・ベルトー画、18世紀）

五月一二日、共和国最後の元首は辞任し、大評議会は解散した。五月一六日、フランス軍が船で都市内に入り、自由と解放を標榜する革命軍として、警察国家として名高いヴェネツィアの監獄を開けて、政治犯を解放しようとしたが、そこにいたのは政治とは無関係な犯罪者数人に過ぎなかった。

ヴェネツィア共和国の正式な消滅を決定したのは、同年一〇月末のカンポフォルミオ条約であった。フランスとオーストリアはウーディネ郊外のカンポフォルミオで条約を結び、レオーベンでの密約を確認して、ヴェネツィア共和国の領土分割を正式に決めた。都市ヴェネツィア、イストリア地方、ダルマツィア地方、ポー川とアディジェ川までのテッラフェルマ領はオーストリア領となること、その代わりにオーストリアは、フランスの衛星国としてミラノを首都とするチザルピーナ共和国とジエノヴァを中心とするリグリア共和国の成立を承認すること、さらにオーストリア領ネーデルラントとコルフ島などのアドリア海の島々がフランス領となることが定められた。

この条約の執行によって一七九八年一月、オーストリア軍が都市ヴェネツィアに入り、ヴェネツィアは完全に自治を失った。奇しくも、かつて地中海交易の主導権を争うライヴァルであったヴェネツィア共和国とジェノヴァ共和国は、ともにこの条約によって、地図上から姿を消したのである。

外国支配下のヴェネツィア

一〇〇〇年以上の独立を誇ったヴェネツィア共和国は、大きな戦いもなく降伏した。

共和国崩壊後、ヴェネツィアはフランスとオーストリアとが取り決めた条約によって、両国のあいだを行き来することになった。一七九七年五月からの最初の短いフランス支配時代、翌一七九八年一月からオーストリアのオーストリア支配時代を経て、一八〇五年のアウステルリッツの戦いで勝利したフランスは、再びヴェネツィアを奪取した。

ナポレオンが失脚する一八一五年まで、サルデーニャ島とシチリア島を除いて、イタリア半島のほぼ全域が、フランス皇帝ナポレオンの支配下にあった。ピエモンテ地方からローマにかけての北西部と中部はフランス帝国に併合、ロンバルディア地方からヴェネツィアを中心とするヴェネト地方を含む北東部はナポレオンを国王とするイタリア王国となり、南のナポリ王国も一八〇六年にフランス軍に占領され、ナポレオンの兄や義弟が国王となった。

ヴェネツィアは一八〇五年にミラノを首都とするイタリア王国に組みこまれた。この間、新行政官庁《プロクラティエ・ヌオーヴェ》に王宮を置くために、サン・マルコ広場西側が取り壊されてナポレオン翼が建設され、海側では王立庭園が造園された。ヴェネツィアの東でも、漁師が暮らしていた居住区一帯がいくつかの教会も含めて取り壊されて公園《ジャルディーニ》が造園され、かつてヴェネツィアの司教座教会であったサン・ピエトロ・ディ・カステッロ教会に続くサンタンナ運河を一部埋め立てて、広くまっすぐな通りが作られた。現在のガリバルディ通りである。

この約一〇年のナポレオン時代に、ヴェネツィアははじめて急速な近代化を経験したが、港としてのヴェネツィアにとって大きな打撃になったのが、ナポレオンの政策によるイギリスとの通商停止（大陸封鎖）である。ナポレオン没落後のウィーン会議の結果、ヴェネツィアは再びオーストリア領に併合されるが、ハプスブルク帝国の商業港としてトリエステとフィウメが優勢になると、競争に負けたヴェネツィアのダメージはさらに深まることになった。

一八一五年のウィーン体制の成立から一八六一年のイタリア統一までの期間を、イタリア史では「リソルジメントの時代」という。イタリア半島全体にオーストリアの影響力が及んだ時期であるが、革命や反乱の絶えない不安定な時代であった。ヴェネツィアの場合はイタリア王国への編入が遅れ、一八六六年まで、ヴェネツィアはオーストリア帝国を構成するロンバルド・ヴェネト王国の一部となった。ミラノとヴェネツィアにそれぞれ総督が置かれ、ウィーン政府が集権的な統治をおこなった。一七九七年以降、都市ヴェネツィアでは急激な衰退が進んでいた。一七九七年には一三万七二四〇人の住民がいたが、住民が次々と出て行った結果、一八二四年には一一万三八二四人に減少し、その三分の一が公的扶助を必要とする貧困状態にあった。

一八三〇年になるとヴェネツィアは自由港に昇格し、一八四一〜四四年、ヴェネツィアを陸地とつなぐ鉄道橋が建設された。海上のヴェネツィアがはじめて陸とつながったのである。オーストリア帝国による、ロンバルド・ヴェネト王国のそれぞれの首都ミラノとヴェネツィアを鉄道で結ぶ計画であった。この計画はヴェネツィア市が経済的に再浮上する希望になったが、しかし、この鉄道開通により、アドリア海に向かうサン・マルコ広場は都市の表玄関としての役割を失うことになった。さらに大運河に二つの橋が架けられた。アカデミア橋（一八五四年）と鉄道駅前のスカルツィ橋（一八五八年）である。都市を二つに分ける大運河に架かる橋は従来リアルト橋のみであったが、二つの橋が架かったことで、ヴェネツィアは船がなくともなんとか生活できる街になった。

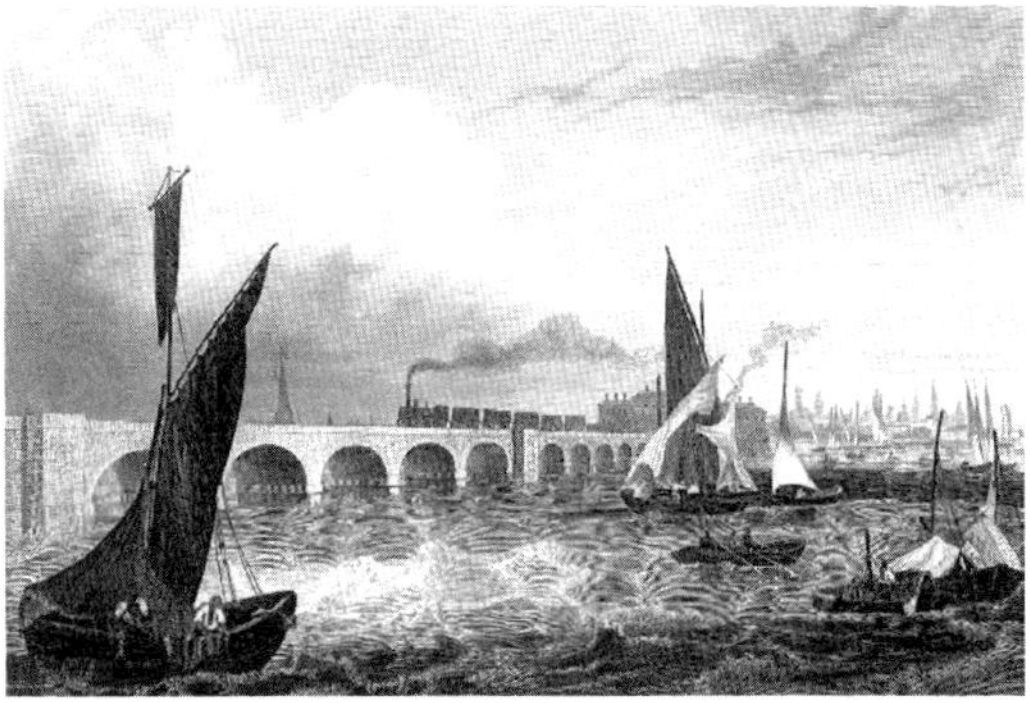

ラグーナに建設された鉄道橋（作者不詳、1846年）

リソルジメントへの期待――ダニエレ・マニンの第二共和国設立と敗北

一九世紀半ばのイタリア国家統一運動《リソルジメント》の主役のひとつは、サルデーニャ王国のサヴォイア王家である。サヴォイア家はもともとフランスからピエモンテ地方にかけての地域を本拠地とするが、ナポレオンのイタリア征服によって領土を奪われて宮廷をサルデーニャ島に移し、ウィーン体制後、再びジェノヴァを含めて北西部イタリアの旧領を取り戻した。

サヴォイア王家は各地でオーストリア帝国や教会国家を敵として戦う愛国者と同盟を組み、イタリア半島統一を目指した。一八四八年、各地で起こった反乱によっていくつかの都市で短い革命政権ができた。サルデーニャ国王も呼応してオーストリアと開戦し、イタリア統一への期待が高まったが、結局この「第一次独立戦争」は敗北に終わる。ヴェネツィアも統一に期待を託してオーストリアに反旗をひるがえした革命政権のひとつであり、その運動を率いたのが弁護士ダニエレ・マニンであった。

一八三〇年にヴェネツィアが自由港として承認されて以降、都市ヴェネツィアは一時の極度の衰退と貧困の状態からは抜け出しつつあったが、オーストリア帝国の支配に対する不満はくすぶっていた。ロンバルド・ヴェネト王国はオーストリア帝国の支配下にあって、帝国の課した税は重く、政策の決定権はオーストリアの帝国政府にあったからである。ヴェネツィアは依然として人々を惹きつける観光地であり、画家のターナーや作家のディケンズらもこの時期に訪れている。しかし、観光業が住民の生活を支えるのは季候のいい夏のシーズンだけで、長い冬には失業と貧困が蔓延した。

都市ヴェネツィアの経済復興を願う人々は、スエズ運河計画に敏感に反応した。地中海と紅海を結ぶ運河が開削されるならば、この都市は再び商業都市として復活を遂げることができるかもしれない。ヴェネツィア商工会議所の副頭取は会員たちに、この都市を作ったのは商業であり、商業はかつての栄光を取り戻さねばならないと檄を飛ばした。ヴェネツィア商業の衰微は、喜望峰をまわる海路がインドへの陸路を終わらせたからであり、スエズ運河というかたちでこの通商路が再び開かれようとしているなら、これこそが我々にとっての希望なのだ、と。

スエズ運河が開通した際に、そのチャンスを生かし、商品を市場に届けるためには、ミラノとヴェネツィアを結ぶ鉄道建設が順調に進むことが重要であった。ダニエレ・マニンがヴェネツィアで

のちにサン・マルコ共和国の大統領となるダニエレ・マニン

人々の注目を集めることになったきっかけが、この鉄道計画の交渉である。

ダニエレ・マニンは一八〇四年にヴェネツィアで生まれた。姓が最後の元首ロドヴィーコ・マニンと同じであるが、親族ではない。ユダヤ系の父が一七五九年、元首の親戚でもある名付け親に敬意を表してキリスト教に改宗するとともにマニンに改姓したのである。ダニエレはパドヴァ大学で法学を修めて弁護士となった。そしてオーストリア帝国政府に対して改革を要求し、オーストリアが建設を予定しているミラノからの鉄道路線は、トリエステではなく、ヴェネツィアと結ぶべきだとする要求の先鋒に立ち、ヴェネツィアで人望を集めた。

一八四六年、本土とヴェネツィア市を結ぶ鉄道橋が開通したが、イタリアは凶作で食糧価格が高騰し、これまで平穏であったヴェネト地方でも暴動が発生し、オーストリア支配に対する不満が燃え上がろうとしていた。さらにローマ教皇が交代し、改革派の教皇の登場に、イタリア中で変化への期待が渦巻いていた。「教皇ピウス九世万歳《ヴィーヴァ・ピオ・ノーノ》！」という罪のない落書きの下には、「オーストリア人に死を！」というスローガンがこっそり書かれるようになった。ヴェネツィアでは、ダルマツィア出身の文学者で愛国者のニコロ・トンマゼーオが協力者になって、マニンとともにオーストリアに対して改革と言論の自由を要求していた。

マニンとトンマゼーオは、一八四八年一月一八日に突然逮捕された。しかし、この一八四八年は、ヨーロッパ中で革命の嵐が吹き荒れた年であった。同じ一月にシチリアで反乱が起こり、イタリア

ダニエレ・マニンとニコロ・トンマゼーオの解放を喜ぶヴェネツィアの人々（ナポレオーネ・ナニ画、1876年）

マニンと協力したダルマツィア出身の愛国者ニコロ・トンマゼーオ

全土に影響が広がった。二月にはフランスのパリで革命が勃発し（二月革命）、国王ルイ・フィリップが退位を余儀なくされ、第二共和政に移行する。これが波及した三月、ウィーンで暴動が起こり、ウィーン体制の立役者メッテルニヒが辞任・亡命する騒ぎになった。

ヴェネツィアでは、メッテルニヒ辞任の知らせとともにサン・マルコ広場に集まった群衆がマニンらの解放を求め、オーストリアから派遣されていたヴェネツィア総督は大規模な戦闘になるのを恐れてこれを認めた。三月二二日、マニンらは「サン・マルコ共和国」の樹立を宣言し、やがてマニンが大統領に就任する。ヴェネト共和国とも、ヴェネツィア共和国の再興として第二共和国とも呼ばれる臨時政府である。同じ頃、ミラノでも「ミラノの五日間」と呼ばれるオーストリア支配に対する反乱が起こっており、樹立された臨時政府が、サルデーニャ王カルロ・アルベルトの進軍を要請した。三月二三日、サルデーニャ国王はオーストリアに宣戦布告し、第一次イタリア独立戦争が始まる。

共和国再興を唱える一方で、ヴェネツィア新政府もまた、サルデーニャ国王による統一イタリアへの加盟を決めた。

しかし、肝心のサルデーニャ国王の戦争が不調であった。七月の戦いでサルデーニャ王国軍はオーストリアとの戦闘に敗れ、八月には撤退してしまった。イタリアの愛国的共和主義者マッツィーニは「国王の戦争は終わった、民衆の戦争が始まるのだ」と宣言し、マッツィーニの支持者がヴェネツィアにも派遣されたが、ヴェネツィア臨時政府は急進的な共和主義には同調しなかった。マニンたち市民には、暴徒と化すかもしれない労働者たちは危険に思われたからである。

翌一八四九年三月、サルデーニャ国王カルロ・アルベルトはオーストリアとの戦争を再開したが、ノヴァーラの戦いで大敗して退位し、息子のヴィットーリオ・エマヌエーレ二世が新国王として即位した。サルデーニャ国王とオーストリアとの講和条約で、ヴェネツィアのサン・マルコ共和国に援軍として派遣されていたピエモンテ艦隊は撤退を命じられた。

ヴェネツィア市はラグーナを囲むオーストリア軍によって包囲されていた。

一度降りたものの、再度サン・マルコ共和国の大統領となっていたマニンは、「いかなる犠牲を払ってでもオーストリアに対して徹底抗戦する」と満場一致で決議した共和国の代議員たちによって、共和国の独裁権を与えられることになった。

一八四九年五月四日、ヴェネツィアのラグーナを封鎖するオーストリア軍によって、砲撃が開始された。最初はラグーナを横切る鉄道橋の出発点に近いマルゲーラ要塞を攻撃対象にしていた砲撃は、七月末にはヴェネツィア市内に届くようになり、やがて都市の三分の二が砲弾の射程内に入った。一日あたり一〇〇〇発の砲弾が撃ち込まれたという。ヴェネツィアの人々は砲撃と火災と包囲による食糧不足に加えて、コレラにも襲われることになった。サン・ピエトロ・ディ・カステッロ司教座教会の前には埋葬を待つ遺体が列をなして並び、八月の暑さで腐敗が進んでいた。マッツィ

オーストリア軍の砲撃を受けて炎上するサン・ジェレミア教会（ルイージ・クエレーナ画、1850年頃）

ーニが二月に樹立したローマ共和国はすでに六月末に崩壊しており、援軍が到来する見込みはなかった。

孤軍奮闘の末、ついに八月一九日、マニンは降伏の使者をオーストリア軍に送った。二四日、降伏が成立する。さらにその後、ナポリとスイスから来ていた義勇兵が故国へ戻るための資金として、ヴェネト出身の兵士よりも高い給与を得て除隊になったのを知ったヴェネツィア兵の暴動が起こったが、やがてそれも静まり、街中で降伏が受諾された。一度目の共和国の滅亡時とは異なり、二度目は死力を尽くした防衛戦の果ての降伏であった。

マニンを含む三九名の市民は、降伏条件として即時退去を要求された。マニンの妻はマルセイユの港でコレラのため死亡し、娘もまもなく病没、マニンは一八五七年、亡命先のパリで客死した。五三歳であった。ヴェネツィアのサン・マルコ区にあるマニン広場は、この指導者ダニエレ・マニンの名を記念したものであり、イタリア王国併合後の一八七五年にマニンの銅像が建てられた。盟友のニコロ・トンマゼーオの銅像は、アカデミア橋のサン・マルコ側にあるサント・ステファノ広場に立っている。

この第一次独立戦争のさなか、即位したサルデーニャ国王ヴィットーリオ・エマヌエーレ二世は、一〇年後、一八五九年にフランス軍と同盟を組んで第二次独立戦争を戦って北中部イタリアを獲得し、ガリバルディ率いる義勇兵の活躍によってシチリアと南イタリアを併合したことで、一八六一年にイタリア王国を成立させた。しかし、半島の統一を祝うには、まだヴェネトとローマが欠けていた。一八六六年、オーストリアとプロイセンが対立した普墺戦争を契機としてヴェネト併合が実現し、ローマを含むラツィオ地方は一八七〇年に占領されて、一八七一年、ようやくイタリア王国の首都がローマに移されることになった。イタリアの統一王国の成立は、一八六八年の明治維新や一八七一年のドイツ統一と、ほぼ同時期のことなのである。

イタリアは第二次世界大戦後に、国民投票によって王政を廃止し、一九四六年からイタリア共和国となった。ヴェネツィアは現在、ヴェネト州の州都で、島の人口は六万人弱、本土側の新市街メストレを入れても二六万人ほどの小さな都市である。しかし、その特異な景観と歴史は、今なお多くの人を惹きつけてやまない。

あとがき

古代末期の混乱のなかで生まれたヴェネツィアは、ビザンツ帝国との関係を強調することで「西の皇帝」神聖ローマ帝国の一部にならず、カトリックでありながらローマ教皇から一定の距離をおく政策をとった。周辺的な立場を利用して東地中海の海上勢力として成長し、ビザンツ帝国やイスラーム世界と西ヨーロッパとの橋渡しをすることで、利益を得たのである。ヴェネツィアの海上領土の拡大は、東地中海商業を円滑に進めるための商業拠点の獲得を目的としていた。イタリア半島での陸上領土の拡大も、やはり当初は商業の安定と安全保障を念頭においたものであった。

しかし、その領土が最も広がった一五世紀以降、ヴェネツィアを取り巻く状況は大きく変化した。一五世紀半ばに東方でオスマン帝国が台頭し、取引相手であったビザンツ帝国とマムルーク朝が飲み込まれたこと、一六世紀に西方で強力な君主国が台頭し、アフリカ周り航路が開設されたことによって、東方からの商品が地中海の東に届くというシステムそのものが揺らいだ。この時点で、中世のヴェネツィアの地中海商業を支えていた繁栄の前提は崩れたことになる。

ヴェネツィアの歴史で面白いのはその後ではないか、とわたしは考えている。

ものごとが成功するときには、成功の前提条件がある。その国が存在する場所といった地理的条件は変えようがない。ヴェネツィアは地中海に面した都市であったからこそ、地中海交易に乗り出して栄えたのであり、この都市が地中海の東寄りにある以上、大西洋交易には向いていない。

しかし、ヴェネツィア共和国は、繁栄の前提条件が崩れはじめた一五世紀半ばから、一八世紀末に滅亡するまで、三五〇年にわたって繁栄を続けた。一七世紀以降、国際社会における重要度を下げるが、国際海上交易都市から産業都市を経て地方港へ、都市国家から領土を持つ地域国家へ、商業都市から文化都市へと、性格を変えながら、ある程度の経済水準を維持しつづけた。

ヴェネツィア共和国のこうした変化を支えたのが、これまで注目されることの少なかった陸上領土《テッラフェルマ》である。商業の安全保障のために拡大したテッラフェルマは、近代国家のような中央集権的なかたちでヴェネツィア共和国に統合されることはなかったが、ヴェネツィア貴族や市民の土地投資の対象となり、食糧を供給した。やがてテッラフェルマで発展した産業は、国際商業都市であり続けることが難しくなった時代のヴェネツィアに地方港としての役割を与えた。現在のヴェネツィア市の観光キャッチフレーズが「チッタ・ウニカ（このひとつしかないすばらしき都市）」であるように、この都市は水の上というめずらしい立地にあり、独特の景観をもつがゆえに「特異な都市」として注目されがちである。しかし、ヴェネツィアは共和国末期にあっても孤立した文化都市、観光都市であったわけではなく、対岸に広がるテッラフェルマを支えにして経済活動を維持していた。そしてテッラフェルマの側でも、ヴェネツィアを必要とした。近隣の地域中心都市の支配を受ける農村領域は、中央政府であるヴェネツィアに仲裁機能を期待した。由緒ある現地都市の貴族たちもまた、ヴェネツィアの宗主権をときに忌々しく思いながら、地元の争いを有利におさめるために宗主都市の威光を利用し、税を課されても、関係を維持し続けることを選んだ。

一八世紀のヴェネツィアの政策の意義について本書ではほとんど検討することができなかったが、ヴェネツィア共和国が滅んだのち一九世紀にこの都市が見る影もなく寂れていくのは、一八世紀の共和国の政策がこの地域の経済力の維持に効果があったことを示しているのであろう。

現在の日本が、これからめざましい成長に向かうと考えるのは難しい。人口は減少し、社会はさまざまな問題を抱え、先が見えない現状のなかで、同じく苦闘しながらも衰退を三〇〇年以上引き延ばした国の歴史を考えることには意味があると期待している。

わたしが最初にイタリア史に興味をもったのは、大学受験からの帰路に電車で読んでいた小説と、陣内秀信先生の迷宮都市ヴェネツィアを紹介する新書の影響であったように思う。その後、広島大学文学部西洋史専攻に入学し、佐藤眞典先生の中世イタリア史の講義に出会った。佐藤先生には、所属学部が異なるにもかかわらず、毎週、文学部の学生のためにイタリア語文献講読ゼミを開講していただき、たくさんのお話をうかがった。イタリアへの関心はこのときうかがったことが基礎になっている。また文学部では、イギリス中世史の山代宏道先生に学部から修士、博士課程に至るまで面倒を見ていただいた。講義のテーマであったイギリスのノルマン征服が、南イタリアのノルマン人の活動と結びつくことに思い至ったとき、視野が開けた思いがした。また、近世イギリス史の井内太郎先生の講義もイギリスの地中海交易について考えるきっかけになった。院生仲間として同じくイタリア近世史を選んだ工藤達彦さんと話していたことが、留学を決意する後押しになった。

ヴェネツィア史の勉強をはじめるにあたって、永井三明先生、齊藤寛海先生、髙田京比子先生、和栗珠里先生、藤内哲也先生の著書・論文が助けになった。さらにその後、関西イタリア史研究会に参加したことで、それまで文字で知るばかりだった先生方に実際にお目にかかり、お話をうかががったことは大きな刺激になった。齊藤先生や山辺規子先生に最初にお目にかかって励ましていただいたときのことを、今でもまぶしくおぼえている。ジェノヴァ史の亀長洋子先生、フィレンツェ史の北田葉子先生にお目にかかったのもこの研究会の場であったと思う。

また、齊藤先生には、一九九九年から二〇〇〇年にかけて、ヴェネツィアに留学した際に、ヴェネツィア文書館のミケーラ・ダル・ボルゴさんをご紹介いただき、たいへんお世話になった。イタリア政府とロータリー財団から奨学金をいただき、ヴェネツィア大学のジュゼッペ・デル・トッレ先生、パドヴァ大学のジュゼッペ・グッリーノ先生のもとで一年ずつ学んだが、その経験をいまだに十分に生かし切れていないことがたいへん心苦しい。それでも二年近く、ヴェネツィアという都市に暮らすことができたことは、何よりすばらしい体験であった。このとき部屋をシェアしていたオスマン史研究者の飯田己貴さんのおかげで、多くの方をご紹介いただいた。これまでお世話になった多くの方々に心からお礼を申し上げたい。

本書が刊行されることになったのは、創元社に紹介してくださった玉木俊明先生のおかげである。卒業論文を書くために和栗先生の論文を入手したとき、その隣に掲載されていたのが玉木先生の「地中海からバルト海へ」という論文であり、これは海上勢力としてのヴェネツィアの位置づけを考える出発点になった。その先生に出版を勧めていただいたことは望外の喜びである。大きなチャンスをいただいたことにお礼を申し上げたい。また、いっこうに完成しない原稿に辛抱強くつきあい、励ましてくださった創元社の堂本誠二さんに厚くお礼を申し上げる。

二〇一八年二月一四日

中平 希

ベック、クリスチャン（仙北谷茅戸訳）『ヴェネツィア史』（文庫クセジュ）白水社、2000年。

ベヴィラックワ、P.（北村暁夫訳）『ヴェネツィアと水――環境と人間の歴史』岩波書店、2008年。

ブローデル、フェルナン（岩崎力訳）『都市ヴェネツィア』岩波書店、1990年。

コルフェライ、ルカ（中山悦子訳）『ヴェネツィア――「水の都」歴史散歩』河出書房新社、1996年。

デイヴィス、ロバートC.、B. リンドスミス（和泉香訳）『ルネサンス人物列伝』悠書館、2012年。

フィリップス、ジョナサン（野中邦子・中島由華訳）『第四の十字軍――コンスタンティノポリス略奪の真実』中央公論新社、2007年。

ゲーテ、ヨハン・ヴォルフガング・フォン（相良守峯訳）『イタリア紀行』岩波文庫、1942年。

グリーン、モーリー（秋山晋吾訳）『海賊と商人の地中海――マルタ騎士団とギリシア商人の海洋史』NTT出版、2014年。

ヒバート、クリストファー（横山徳爾訳）『ヴェネツィア（上）（下）』原書房、1997年。

ケリー、ジョン（野中邦子訳）『黒死病――ペストの中世史』中央公論新社、2008年。

マクニール、W．H．（清水廣一郎訳）『ヴェネツィア――東西ヨーロッパのかなめ、1081－1797』岩波書店、1979年、講談社学術文庫、2013年。

マアルーフ、アミン（牟田口義郎・新川雅子訳）『アラブが見た十字軍』リブロポート、1986年、ちくま学芸文庫、2001年。

モリス、ジャン（椋田直子訳）『ヴェネツィア帝国への旅』東京書籍、2001年。

オットカール、N．（清水廣一郎・佐藤眞典訳）『中世の都市コムーネ』創文社、1972年。

ペッツォーロ、L．（西澤龍生訳）「火縄銃と犂と――16・17世紀におけるヴェネーツィア農民軍の歴史的考察と諸問題」西澤龍生編『近世軍事史の震央』彩流社、1992年、171～197頁。

ロマーノ、ルッジェーロ（関口英子訳）『イタリアという「国」――歴史のなかの社会と文化』岩波書店、2011年。

ラスキン、ジョン（内藤史朗訳）『ヴェネツィアの石』法藏館、2006年。

ロウ、コーリン、L. ザトコウスキ（稲川直樹訳）『イタリア十六世紀の建築』六耀社、2006年。

シェーファー、マージョリー（栗原泉訳）『胡椒――暴虐の世界史』白水社、2015年。

ヴィルアルドゥワン、ジョフロワ・ド（伊藤敏樹訳）『コンスタンチノープル征服記――第4回十字軍』筑摩書房、1988年、講談社学術文庫、2003年。

ゾルジ、アルヴィーゼ（金原由紀子・松下真記・米倉立子訳）『ヴェネツィア歴史図鑑――都市・共和国・帝国：697～1797年』東洋書林、2005年。

高山博『中世地中海世界とシチリア王国』東京大学出版会、1993年。

竹内勝徳・藤内哲也・西村明編『クロスボーダーの地域学』南方新社、2011年。

藤内哲也『近世ヴェネツィアの権力と社会――「平穏なる共和国」の虚像と実像』昭和堂、2005年。

藤内哲也「十六世紀ヴェネツィアにおけるゲットーの創設」『鹿大史学』58，2011年、55〜66頁。

藤内哲也「近世ヴェネツィアにおけるゲットーの拡大」『鹿大史学』59、2012年、43〜54頁。

藤内哲也編著『はじめて学ぶイタリアの歴史と文化 』ミネルヴァ書房、2016年。

山辺規子『ノルマン騎士の地中海興亡史』白水社、1996年、白水Uブックス、2009年。

山辺規子「中世イタリアのポデスタ――移動する『最高統治官』」2000年西洋史読書会大会報告資料、2000年。

和栗珠里「土地所有とヴェネツィア富裕階級のメンタリティの変化」『文化史学』45 、1989年、153〜172頁。

和栗珠里「16世紀ヴェネト地方における水利事業と農業」『帝塚山学院大学教養課程研究紀要3』1995年、97〜112頁。

和栗珠里「1520〜1570年代におけるヴェネツィア人の土地所有――アルヴィーゼ・コルナーロの活動と思想」『地中海学研究』20、1997年、103〜126頁。

和栗珠里「コンパニーア・デッラ・カルツァとルネサンス期のヴェネツィア貴族階級」『イタリア学会誌』48、1998年、162〜180頁。

和栗珠里「ヴェネツィア芸術の隆盛と土地所有」『イタリア学会誌』40、1990年、179〜204頁。

和栗珠里「ヴェネト地方の田園とヴィッラ」『日伊文化研究』40、2002年、32〜39頁。

和栗珠里「『ポスト・カンブレー期』ヴェネツィアの加藤支配層とパトロネジ」『西洋史学』214、2004年、85〜105頁。

和栗珠里「ルネサンス期ヴェネツィアの貴族とスクォーラ・グランデ」『地中海学研究』31、2008年、23〜38頁。

和栗珠里「16世紀ヴェネツィアの門閥家系――サン・マルコ財務官就任者の分析より」『桃山学院大学人間科学』39、2010年、29〜56頁。

和栗珠里「16世紀ヴェネツィアにおける官職売買――サン・マルコ財務官の事例より」『桃山学院大学人間科学』45、2014年、123〜150頁。

渡辺真弓『パラーディオの時代のヴェネツィア』中央公論美術出版、2009年。

〔邦文翻訳文献〕
アブー=ルゴド、J. L.（佐藤次高・斯波義信・高山博・三浦徹訳）『ヨーロッパ覇権以前――もうひとつの世界システム（上）（下）』岩波書店、2001年、岩波人文書セレクション、2014年。
アンサーリー、タミム（小沢千重子訳）『イスラームから見た「世界史」』紀伊國屋書店、2011年。

中平希「十六世紀ヴェネツィア共和国財政と税制――テッラフェルマ支配解明に向けて」『史学研究』241、2003年、45～65頁。

中平希「税関連上訴に見る16世紀ヴェネツィア共和国の中央政府・地方都市・農村地域」佐藤眞典先生御退職記念論集準備会編『歴史家のパレット』渓水社、2005年、128～149頁。

中平希「十五・十六世紀ヴェネツィア共和国におけるテッラフェルマ支配――イタリア領域国家の中央と地方」広島大学博士学位論文、2005年。

中沢勝三「ネーデルラントから見た地中海」歴史学研究会編『地中海世界史3　ネットワークのなかの地中海』青木書店、1999年、89～112頁。

中谷惣『訴える人びと――イタリア中世都市の司法と政治』名古屋大学出版会、2016年。

中山明子「農村コムーネとネオ・シニョリーア―13～14世紀シエナの都市＝農村関係の実態、その理解に向けて」『大阪音楽大学研究紀要』52、2014年。

根津由喜夫『ビザンツの国家と社会』山川出版社、2008年。

岡田温司『グランドツアー――18世紀イタリアへの旅』岩波新書、2010年。

大黒俊二「ヴェネツィアとロマニア――植民地帝国の興亡」歴史学研究会編『地中海世界史2　多元的世界の展開』青木書店、2003年、136～169頁。

太田敬子『十字軍と地中海世界』山川出版社、2011年。

齊藤寛海『中世後期イタリアの商業と都市』知泉書館、2002年。

齊藤寛海・山辺規子・藤内哲也編著『イタリア都市社会史入門――12世紀から16世紀まで』昭和堂、2008年。

佐藤公美『中世イタリアの地域と国家――紛争と平和の政治社会史』京都大学学術出版会、2012年。

佐藤公美「地域を越える『争い』と『平和』――中世後期アルプスとイタリア半島における『間地域性（インターローカリティ）』」『洛北史学』18、2016年、1～25頁。

佐藤眞典『中世イタリア都市国家成立史研究』ミネルヴァ書房、2001年。

澤井一彰『オスマン朝の食糧危機と穀物供給――16世紀後半の東地中海世界』山川出版社、2015年。

清水廣一郎『イタリア中世都市国家研究』岩波書店、1975年。

清水廣一郎他「近世初頭のヴェネツィア――経済と海運」『史潮』3、1978年。

鈴木董『オスマン帝国――イスラム世界の『柔らかい専制』』講談社現代新書、1992年。

髙田京比子「中世イタリアにおける支配の変遷　二〇〇四年におけるひとつの到達点の紹介」『神戸大学文学部紀要』35、2008年。

髙田京比子「交易にはポー川を通るべし――ヴェネツィアと内陸近隣諸都市の争い・秩序」服部良久編著『コミュニケーションから読む中近世ヨーロッパ史』ミネルヴァ書房、2015年、321～343頁。

髙田京比子『中世ヴェネツィアの家族と権力』京都大学学術出版会、2017年。

髙田良太「中世後期クレタの都市社会と民族集団」京都大学博士学位論文、2010年。

髙田良太「一二〇四年とクレタ――外部勢力支配地域と中央政府の関係の変容」井上浩一、根津由喜夫編『ビザンツ 交流と共生の千年帝国』昭和堂、2013年、205～231頁。

堀井優「16世紀前半のオスマン帝国とヴェネツィア——アフドナーメ分析を通して」『史学雑誌』103-1、1994年。

堀井優「オスマン帝国とヨーロッパ商人——エジプトのヴェネツィア人居留民社会」深沢克己編著『近世ヨーロッパの探求9　国際商業』ミネルヴァ書房、2002年。

堀井優「中世アレクサンドリアの空間構成」歴史学研究会編『港町の世界史2　港町のトポグラフィ』2006年、245〜270頁。

深沢克己「レヴァントのフランス商人——交易の形態と条件をめぐって」歴史学研究会編『地中海世界史3　ネットワークのなかの地中海』青木書店、1999年、113〜142頁。

深沢克己『商人と更紗——近世フランス＝レヴァント貿易史研究』東京大学出版会、2007年。

飯田己貴「近世ヴェネツィア絹織物産業とオスマン市場」歴史学研究会編『港町の世界史1　港町と海域世界』青木書店、2005年、299〜332頁。

飯田巳貴「一六、一七世紀のヴェネツィアとアドリア海の海外領土——経済的側面からの考察」越村勲編『16・17世紀の海商・海賊——アドリア海のウスコクと東シナ海の倭寇』彩流社、2016年、55〜70頁。

陣内秀信『ヴェネツィア——水上の迷宮都市』講談社現代新書、1992年。

陣内秀信『イタリア海洋都市の精神』講談社、2008年。

陣内秀信『水都ヴェネツィア』法政大学出版会、2017年。

亀長洋子『中世ジェノヴァ商人の「家」——アルベルゴ・都市・商業活動』刀水書房、2001年。

亀長洋子「キオスに集う人々——中世ジェノヴァ人公証人登録簿の検討から」歴史学研究会編『港町の世界史1　港町と海域世界』青木書店、2005年、333〜364頁。

亀長洋子『イタリアの中世都市』山川出版社、2011年。

北原敦編『イタリア史』山川出版社、2008年。

北田葉子『近世フィレンツェの政治と文化——コジモ1世の文化政策（1537－60）』刀水書房、2003年。

北田葉子『マキァヴェッリ——激動の転換期を生きぬく』山川出版社、2015年。

北村暁夫・伊藤武編『近代イタリアの歴史』ミネルヴァ書房、2012年。

工藤達彦「一六世紀『教会国家』の統治官と布告」『史学研究』238、2002年、1〜20頁。

松本典昭『メディチ君主国と地中海』晃洋書房、2006年。

三森のぞみ「フィレンツェにおける近世的政治秩序の形成」『歴史学研究』822、2006年、1〜13頁。

宮下規久朗『ヴェネツィア——美の都の一千年』岩波新書、2016年。

永井三明『ヴェネツィア貴族の世界——社会と意識』刀水書房、1994年。

永井三明『ヴェネツィアの歴史——共和国の残照』刀水書房、2004年。

中平希「ヴェネツィア『神話』とその再生——ガスパロ・コンタリーニ『ヴェネツィア人の行政官と共和国』に見る16世紀の国家像」『西洋史学報』24、1997年、58〜86頁。

paperback edition, 1995.
Tagliaferri, Amelio (a cura di), *Venezia e la terraferma attraverso le relazioni dei rettori: Atti del convengno, Trieste, 23-24 ottobre 1980,* Milano, 1981.
Tenenti, A. e U. Tucci (a cura di), *Storia di Venezia dalle origini alla caduta della Serenissima, vol. 5, Il Rinascimento. Società ed economia*, Roma: Istituto della Enciclopedia Italiana fondata da Giovanni Treccani, 1996.
Tenenti, A. e U. Tucci (a cura di), *Storia di Venezia dalle origini alla caduta della Serenissima, vol. 4, Il Rinascimento. Politica e cultura*, Roma: Istituto della Enciclopedia Italiana fondata da Giovanni Treccani, 1996.
Varanini, G. M., "Aspetti e problemi del sistema fiscale veneto nel Quattrocento: struttura e funzionamento della camera fiscale di Verona," in *Il primo dominio veneziano a Verona (1405-1509), Atti del convegno, Verona 16-17 settembre 1988,* Verona, 1991, pp. 143-189.
Ventura, Angelo, *Nobilità e popolo nella società Veneta del' 400 e '500*, prima edizione Bari, 1964; seconda edizione Milano, 1993.
Viggiano, Alfredo, *Governanti e governati: Legittimità del potere ed esercizio dell' autorità sovrana nello Stato veneto della prima eta moderna,* Treviso, 1993.
Viggiano, Arfredo, *Lo specchio della Repubblica: Venezia e il governo delle isole Ionie nel' 700*, Verona, 1998.
Woolf, S. J., "Venice and Terraferma: Problems of the Change from Commercial to Landed Activities," in *Crisis and Change in the Venetian Economy in the Sixteen and Seventeenth Centuries*, ed. by B. Pullan, London, 1968, pp. 175-201.
Zamperetti, Sergio, "I <sinedri dolosi>. La forumazione e lo sviluppo dei corpi territoriali nello stato regionale veneto tra '500 e '600," *Rivista Storica Italiana*, vol. 90, 1987, pp. 269-320.
Zamperetti, Sergio, *I piccoli principi. Signorie locali, feudi e comunità soggette nello Stato regionale veneto dall' espansione territoriale ai primi decenni del' 600,* Venezia, 1991.
Zamperetti, Sergio, "Magistrature centrali, rettori e ceti locali nello Stato regionale veneto in età moderna," in *Comunità e poteri centrali negli antichi stati italiani: alle origini dei controlli amministrativi: Atti del Convegno <Cominità e poteri centrali negli antichi stati italiani> (28-29 giugno 1996),* Napoli, 1997, pp. 103-115.
Zorzi, Alvise, *Una Città, una Repubblica, un Impero, Venezia 697-1797*, Milano, 1980.

■邦文文献

新井政美『オスマンvs.ヨーロッパ――〈トルコの脅威〉とは何だったのか』講談社、2002年。

服部良久編著『コミュニケーションから読む中近世ヨーロッパ史――紛争と秩序のタペストリー』ミネルヴァ書房、2015年。

羽田正『東インド会社とアジアの海』講談社、2007年。

林佳世子『オスマン帝国500年の平和』講談社、2008年、講談社学術文庫、2016年。

樋渡彩・法政大学陣内秀信研究室編『ヴェネツィアのテリトーリオ――水の都を支える流域の文化』鹿島出版会、2016年。

樋渡彩『ヴェネツィアとラグーナ――水の都とテリトーリオの近代化』鹿島出版会、2017年。

Gilbert, Felix, "Venice in the Crisis of the League of Cambrai," in *Renaissance Venice*, ed. by J. R. Hale, London, 1973, pp. 274-292.

Gleason, E. G., *Gasparo Contarini: Venice, Rome and Reform,* Berkeley, 1993.

Grubb, James S., *Firstborn of Venice: Vicenza in the Early Renaissance State,* Baltimore and London, 1988.

Grubb, James S., *Provincial Families of the Renaissance: Private and Public Life in the Veneto,* Baltimore and London, 1996.

Hale, J. R. (ed.), *Renaissance Venice,* London, 1973.

Kirshner, Julius (ed.), *The Origins of the State in Italy 1300-1600*, Chicago, 1995.

Knapton, Michael, "I rapporti fiscali tra Venezia e la Terraferma: il caso padovano del secondo '400," *Archivio Veneto,* s. 5, 117, 1981, pp. 5-65.

Knapton, M., G. Gullino, S. Ciriacono, P. Ulvioni, G. Silini, *Venezia e la terraferma: economia e società*, Bergamo, 1989.

Lane, F. C., *Venice and History: The Collected Papers of F. C. Lane*, ed. by A Committee of Collegues and Former Students, Baltimore, 1966.

Lane, F. C., *Venice: A Maritime Republic*, Baltimore and London, 1973.

Melchiorre, Matteo, *Conoscere per governare: Le relazioni dei Sindici Inquisitori e il dominio veneziano in terraferma (1543-1626)*, Udine, 2013.

Pederzani, Ivana, *Venezia e lo <Stado de Terraferma>: Il governo delle comunità nel territorio bergamasco (secc.XV-XVIII),* Milano, 1992.

Pezzolo, Luciano, "Podestà e capitani nella Terraferma Veneta (secoli XV-XVIII)," in *Venezia e le Istituzioni di Terraferma,* a cura di G. Ortalli, G. Scarabello, M. Knapton, L. Pezzolo, S. Rota, Bergamo, 1988, pp. 57-65.

Pezzolo, Luciano, *L'oro dello stato. Società, finanza e fisco nella Repubblica veneta del secondo '500*, Venezia, 1990.

Pezzolo, Luciano, "La finanza pubblica: dal prestito all' imposta," in *Storia di Venezia, vol. 5, Il Rinascimento. Società ed economia*, a cura di A. Tenenti e U. Tucci, Roma, 1996, pp. 703-751.

Povolo, Claudio (a cura di), *LISIERA: Immagini, documenti e problemi per la storia e cultura di una comunità veneta: Strutture- congiuture- episodi*, tom. I-II, Vicenza, 1981.

Pullan, Brian, "The occupations and investments of the Venetian nobility in the middle and late sixteenth century," in *Renaissance Venice*, ed. by J. R. Hale, London, 1973, pp. 379-408.

Rapp, R. T., *Industry and Economic Decline in Seventeenth Century Venice,* Cambridge, Massachusetts and London, 1976.

Romano, R., F. C. Spooner e U. Tucci, "Le finanze di Udine e della Patria del Friuli all' epoca della dominazione veneziana," *Memorie storiche fotogiuliesi*, 44, 1960-61, pp. 237-268.

Rubinstein, N., "Italian Reactions to Terraferma Expansion in the 15th Century," in *Renaissance Venice*, ed. by J. R. Hale, London, 1973, pp. 197-217.

Sella, Domenico, "Crisis and Transformation in Venetian Trade," in *Crisis and Change in the Venetian Economy in the Sixteen and Seventeenth Centuries*, ed. by B. Pullan, London, 1968, pp. 88-105.

Sella, Domenico, "The Rise and Fall of the Venetian Woollen Industry," in *Crisis and Change in the Venetian Economy in the Sixteen and Seventeenth Centuries*, ed. by B. Pullan, London, 1968, pp. 106-124.

Tafuri, Manfredo (translated by Jessica Levine), *Venice and Renaissance*, Cambridge, 1990;

主要参考文献

■欧文文献

Arnaldi, Girolamo e Manlio Pastore Stocchi (a cura di), *Storia della cultura veneta: Dal primo Quattrocento al concilio di Trento*, vol. 1-3, Venezia, 1980-1981.

Bertelli, S., N. Rubinstein and C. H. Smyth (eds.), *Florence and Venice: Comparisons and Relations, Acts of two Conferences at Villa I Tatti in 1976-1977,* Firenze, 1979-1980.

Besta, Fabio (a cura di), *Bilanci generali della Republica di Venezia*, vol. I, Venezia, 1912.

Black, Christopher F., *Early Modern Italy: A Social History,* London and New York, 2001.

Bonney, Richard (ed.), *Economic Systems and State Finance,* Oxford, 1995.

Bonney, Richard (eds.), *The Rise of the Fiscal State in Europe, C. 1200-1815,* Oxford, 1999.

Borelli, G., P. Lanaro e F. Vecchiato (a cura di), *Il sistema fiscale Veneto: problemi e aspetti XV-XVIII secolo, Atti della prima giornata di studio sulla Terraferma Veneta, Lazise, 29 Marzo 1981,* Verona, 1982.

Burke, Peter, *Venice and Amsterdam: A Study of Seventeenth Century Elites*, Cambridge, 1st edition, 1974, 2nd edition, 1994.

Cacciavillani, Ivone, *Le magistrature di controllo nell' ordinamento veneziano,* Padova, 1997.

Cappelli, A., *Cronologia, cronografia e calendario perpetuo,* settima edizione, Milano, 1998.

Chambers, David. S., *The Imperial Age of Venice: 1380-1580,* London, 1970.

Chittolini, Giorgio, *La formazione dello stato regionale e le istituzioni del contado,* Torino, 1979.

Chittolini, Giorgio, Anthony Molho e Pierangelo Schiera, *Origini dello Stato: Processi di formazione statale in Italia fra medioevo ed età moderna,* Bologna, 1994.

Contareni, Gasparis, "De magistratibus et republica venetorum," in *Gasparis Contareni Cardinalis Opera,* Paris, 1571, pp. 259-326.

Cozzi, Gaetano (a cura di), *Stato, società e giustizia nella Repubblica Veneta (sec. XV- XVIII),* Roma, 1980.

Cozzi, Gaetano, *Repubblica di Venezia e Stati italiani: Politica e giustizia dal secolo XVI al secolo XVIII,* Torino, 1982.

Cozzi, Gaetano e Michael Knapton, *La Repubblica di Venezia nell' età moderna, dalla guerra di Chioggia al 1517,* Torino: UTET, 1986.

Cozzi, Gaetano e P. Prodi (a cura di), *Storia di Venezia dalle origini alla caduta della Serenissima, vol. 6, Dal Rinascimento al Barocco,* Roma: Istituto della Enciclopedia Italiana fondata da Giovanni Treccani, 1994.

Cracco, G. e M. Knapton (a cura di), *Dentro lo "Stado italico" : Venezia e la terraferma fra quattro e seicento,* Trento, 1984.

Dean, Trevor and K. J. P. Lowe (eds.), *Crime, Society and the Law in Renaissance Italy,* Cambridge, 1994.

Del Torre, Giuseppe, *Venezia e la Terraferma dopo la Guerra di Cambrai: Fiscalità e amministrazione (1515-1530),* Milano, 1986.

Dursteler, Eric R. (ed.), *A Companion to Venetian History, 1400-1797*, Leiden and Boston, 2014.

Ferraro, Joanne M., *Family and Public Life in Brescia, 1580-1650: The Foundation of Power in the Venetian State,* Cambridge, 1993.

Gamberini, Andrea and I. Lazzarini (ed.), *The Italian Renaissance State*, Cambridge, 2012.

人名索引

▶た行

▶な行

▶さ行

索　引

事項・地名索引

中平 希（なかひら・めぐみ）

広島市生まれ。広島大学文学部卒業、広島大学大学院文学研究科（西洋史学専攻）博士課程後期単位取得退学。博士（文学）取得。現在、鳥羽商船高等専門学校一般教育科教授。著書：齊藤寛海編『世界歴史体系 イタリア史2 中世・近世』（共著、山川出版社）、『歴史家のパレット』（共著、渓水社）、『はじめて学ぶイタリアの歴史と文化』（共著、ミネルヴァ書房）。論文：「一六世紀ヴェネツィア共和国財政と税制——テッラフェルマ支配解明に向けて」『史学研究』241号など。

ヴェネツィアの歴史
海《うみ》と陸《りく》の共《きょう》和《わ》国《こく》

2018年3月20日　第1版第1刷発行
2025年5月20日　第1版第8刷発行

著　者……………………………………
中　平　　希

発行者……………………………………
矢　部　敬　一

発行所……………………………………
株式会社 創　元　社
https://www.sogensha.co.jp/
〒541-0047 大阪市中央区淡路町4-3-6
Tel.06-6231-9010㈹

印刷所……………………………………
株式会社 フジプラス

ISBN978-4-422-20342-3 C1322